어느날 미래가 도착했다

어느날 미래가 도착했다
AI시대 인간의 조건

초판 1쇄 발행 / 2025년 6월 12일

지은이 / 우숙영
펴낸이 / 염종선
책임편집 / 김새롬 정편집실
조판 / 황숙화
펴낸곳 / (주)창비
등록 / 1986년 8월 5일 제85호
주소 / 10881 경기도 파주시 회동길 184
전화 / 031-955-3333
팩시밀리 / 영업 031-955-3399 편집 031-955-3400
홈페이지 / www.changbi.com
전자우편 / human@changbi.com

ⓒ 우숙영 2025
ISBN 978-89-364-8083-7 03300

* 이 책 내용의 전부 또는 일부를 재사용하려면
  반드시 저작권자와 창비 양측의 동의를 받아야 합니다.
* 책값은 뒤표지에 표시되어 있습니다.

어느날 미래가
도착했다

THE FUTURE

우숙영 지음

AI 시대 인간의 조건

창비

여는 글

아주 오래된 미래

인공지능에 관한 책을 쓰게 될 줄 몰랐다. 더 솔직히 말하면 인공지능을 소재로 책을 쓸 생각이 없었다. 직업적 특성과 개인적 호기심으로 인공지능 기술을 가까이하는 삶을 살면서도 그랬다. 하루하루가 다르게 업데이트되는 인공지능 기술은 오랜 시간을 견뎌야 하는 책이라는 매체에 어울리지 않는다고 생각했다.
'인공지능'이란 단어가 개인적 삶 속에 들어온 시점은 2011년이었다. 삼성전자에서 선행 디자이너로 일하던 때였다. 기업에서 선행 디자이너가 하는 일이라는 게 사람들의 삶을 가까이서 들여다보며 아직 상용화되지 않은 기술을 활용해 새로운 제품과 서비스를 기획하고 디자인하는 일이다보니, 남들보다 기술에 민감하게 반응하며 살아야 했다. 그렇게 오랜 시간 지켜본 기술 중 하나가 인공지능이었다. 이 기술은 매력적이었지만 언제나 기대만큼 동작하진 않았다. 경쟁사인 애플의 시리^{Siri}, 아마존의 알렉사^{Alexa}, 구글의 어시스턴트^{Assistant}가 업데이트될 때마다 흥미롭게 살폈지만, 항상 기대에 미치지 못했다. 다만 2016년 무렵 제법 매끄럽게 인간의 질문에 대응하는 인공지능 스피커와 친근하게 대화하는 아이들을 보면서 이들이 자라며 맺게 되는 사회적 관계와 사회적 감각은 우리와는 다를 수 있겠다고 생각했다.

인공지능 기술이 우리 삶에 근본적 변화를 불러오는 것을 넘어 위협이 될 수도 있겠다는 생각을 처음 한 것은 2018년 5월이었다. 인터넷으로 미국 샌프란시스코에서 열리는 구글 I/O 개발자 콘퍼런스를 보고 있을 때였다. 구글 I/O는 매년 구글이 새로운 제품과 서비스를 선보이는 행사로 구글의 신제품과 신기술을 가장 먼저 접할 수 있는 자리다. 그 자리에서 구글은 '듀플렉스'^{Duplex}라는 이름의 인공지능 기반의 음성 기술을 소개했다. 구글의 CEO는 듀플렉스를 이용해 미용실에 전화를 걸어 예약을 잡는 상황을 시연했다. 듀플렉스의 목소리는 사람과 거의 비슷했다. 말하는 내용이 자연스러울 뿐만 아니라 목소리에서 감정이 느껴졌다. '음' 같은 감탄사나 '아하' 같은 자연스러운 추임새도 적절히 사용했다. 예약 전화를 받고 있던 미용실 직원은 통화가 끝날 때까지 상대가 인공지능인 것을 눈치채지 못했다. 인공지능이 인간이 가진 가장 큰 특징이자 무기인 '언어'를 완벽하게 모사한 순간이었다. 그것은 언어로 이루어진 인간 사회에 인공지능이 자연스럽게 스며들 수 있다는 의미이자, 인간의 대화·관계·감정을 흉내 내고 해킹할 수 있다는 의미였다.

사실 2018년은 인공지능 기술에 관한 이야기가 낯설지 않은 시점이었다. 2016년 3월 인간이 절대적으로 우위에 있다고 자부하던 바둑에서 인간이 패배한 이후, 그동안 인간만의 영역이라 굳건히 믿어왔던 수많은 분야가 인공지능 기술에 노출되고 있었다. 서투르게나마 그림을 그리고, 음악을 만들고, 디자인을 하고, 코딩을 했다. 개인적으로는 디자이너가 아닌 예술가로서 인공지능 기술을 본격적으로 탐구하기 시작한 해이기도 하다. 디자이너가 아닌 예술가의 눈으로 바라본 인공지능 기술은 기존과 조금 달랐다. 상업적 가치와 비즈니스 이외의 것들이 보이기 시작했다. 이 기술은 한없이 인간을 닮아 있었다. 삶의 가능성을 확장하고 풍요롭게 만들 수도 있었지만, 손쉽게 파괴할 수도 있었다. 인간이 가진 '욕망'과 '의도'를 증폭시키는 기술이라는 점에서 그랬다. 인간인 우리가 어떤 욕망을 품고, 어떤 의도를 가졌는지에 따라 이 기술은 무엇이든 될 수 있었다.

창업을 준비하는 친구들뿐만 아니라 창작을 업으로 삼은 동료들을 만나는 자리에서도 인공지능 기술이 심심치 않게 화제에 올랐다. 미래의 창업자 친구들은 '유토피아'적인 미래를 꿈꿨고, 예술가 동료들은 '디스토피아'적인 미래를 예언했다. '인공지능이 그린 그림을 예술이라 할 수 있는가?' 같은 질문도 있었고, '기계가 인간과 동등한 지능이 있는가?'를 시험해보는 튜링 테스트^Turing test 가 결국 기계에게 인간을 속이는 법을 알려주는 것과 마찬가지라 는 비판도 있었다. '인공지능이 영혼이나 자아를 가질 수 있는가?' 라는 질문에서 시작해, '영혼이란 무엇인가?' '자아란 무엇인가?' 라는 정답 없는 이야기로 끝나는 경우도 많았다. 흥미로운 질문들 이었지만, 당장 답하지 않아도 괜찮아 보였다. 그렇게 답하지 않은 질문과 답하지 못한 질문이 조금씩 쌓였다.

  상황이 달라진 시점은 2022년 겨울이었다. '챗GPT'가 일반인에게 공개된 이후였다. 그동안 인공지능에 대해 전혀 관심이 없던 주변 사람들이 인공지능과 관련된 이야기와 질문을 하기 시작했다. 기술과는 무관한 영역에서 살아온 사람들이었다. 질문의 종류는 다양했다. 일흔이 넘은 부모님은 챗GPT가 어떻게 사람처럼 대답할 수 있는지 궁금해하셨다. 학부모가 된 친구는 아이의 진로를 걱정하며 어떤 직업을 아이에게 권유해야 할지 모르겠다고 고민했다. 초등학생 아들을 둔 친구는 아이가 번역기를 쓰면 되는데 왜 영어를 배워야 하느냐는 말에 뭐라고 대답해야 할지 모르겠다고 한탄했다. 초등학생 딸을 둔 후배는 또래 집단에서 유행하고 있는 딥페이크 성착취물을 걱정했다. 누구나 부러워할 만한 회사에 다니는 친구는 인공지능 서비스 도입에 따른 여파로 해고되지 않을까 불안해했다. 대학에서 수업을 받던 학생들은 자신들이 배우고 있는 기술이 인공지능 서비스로 빠르게 구현되는 것을 보고는 이제 무엇을 배워야 하는지 물었다. 동료 교수들은 수업에서 인공지능 도구 사용을 어디까지 허용하고, 제출된 과제물을 어떻게 평가해야 할지 고민했다. 이들과 나누는 대화는 기존과 조금 달랐다. 그동안 IT업계 동료와 예술가 집단에서 나누었던 이야기가 기술적이고 비즈니스적이고 철학적이었다면, 이들과 나누는 이야기는 현실적이고 실존적이었다. 인공지능 기술에 관해 이야기하고 있었지만, 그보다는 '어떻게 살아야 하는가?'에 관한 이야기에 가까웠다. 삶에 대한 질문이자, 지금 이 순간 답해야 하는 질문이었다. 어떤 질문에는 답해줄 수 있었지만, 어떤 질문에는 그러지 못했다. 시간적 여유가 없어서일 때도 있었고, 그 문제에 대해 깊이 생각해본 적이 없어서일 때도 있었다. 질문을 던진 사람만이 답할 수 있는 문제일 때도 있었다. 이후 시간이 날 때면 답하지 못한 질문의 목록을 헤아리며 답을 찾아 더듬었다. 그 질문에 대한 답이 내게도 필요했기 때문이다.

  이 책은 그렇게 쌓여온 질문의 합이다. 각각의 질문에 대한 개인적 답이기도 하다. 그동안 함께 이야기를 나누고 질문을 던졌던 부모님과 친구, 디자이너, 개발자, 예술가, 교육자, 직장 동료에게 전하는 뒤늦은 답변이기도 하다. 이 책은 인공지능에 관심은 가지고 있지만 나의 일상과 미래에 어떤 영향을 미칠지 좀처럼 가늠하지 못하는 평범한 사람들을 위한 책이다. 스마트폰과 인터넷, 키오스크만 사용할 줄 알면 그럭저럭 삶을 살아가는 데 별문제가 없었던 보통 사람들을 위해 썼다. 내게 질문을 던졌던 대다수가 그들이었기 때문이다. 이들에게 어렵게 느껴질 수밖에 없는 인공지능 기술을 일상의 삶 속에서 쉽게 상상할 수 있도록 SF소설과 영화, 드라마, 다큐멘터리, 게임, 뉴스 속의 이야기를 빌려왔다. 아주 오래된 미래가, 현재가 된 미래가 거기에 있었다. 이 책은 인공지능에 관해 이야기하지만 기술 자체에 대한 상세한 설명이나 활용법을 다루지는 않는다. 그보다는 한없이 인간을 닮아가는, 때로는 인간을 넘어선 것처럼 보이는 인공지능 기술이 현재의 삶과 가까운 미래에 어떤 문제와 변화를 불러오는지 질문하고 사유하게 하는 책에 가깝다.

이 책은 총 열개의 질문으로 이루어져 있다. '상실과 애도, 존재와 기억, 대화와 관계, 믿음과 신뢰, 추천과 선택, 위임과 책임, 고용과 일, 배움과 학습, 생산과 윤리, 죽음과 삶'으로 구성된 질문들이다. '사랑하는 사람의 상실로 인한 슬픔과 고통에 어떻게 대처할 것인가? 누구와 관계 맺고 대화할 것인가? 무엇을 믿고 믿지 않을 것인가? 일의 미래는 어떻게 될 것인가? 무엇을 배우고 학습할 것인가? 언제까지, 어떻게 살 것인가?' 같은 질문을 던지는 이 책은, 우리 삶 속에 인공지능 기술이 어떻게 개입할 수 있는지 구체적으로 알려주는 동시에, 각자가 이러한 변화의 흐름 속에서 어떤 선택을 할 것인지를 묻는다.

이 책은 처음부터 읽어도 좋지만, 마음 가는 부분부터 먼저 읽어도 상관없다. 각자의 삶에서 긴급하게 요청되는 질문이 제각기 다르다고 생각하기 때문이다. 이 책에 담긴 열개의 질문이, 더 나은 곳으로 가닿을 수 있는 더 많은 질문과 이야기를 만들어내는 시작이 되기를 바란다.

2025년 초여름, 우숙영

차례

여는 글: 아주 오래된 미래   **005**

내 곁을 떠난 이의 대체재를 만들기 전에 —

1장 상실과 애도: 슬픔과 고통에 어떻게 대처할 것인가?   **015**

돌아올게/ 다시 만나다/ 안녕이란 말 대신/ 상실의 상실/ 우리가 사랑하는 사람을 재현할 때/ 현실의 옷을 입은 기술/ 슬픔의 무게

0과 1로 만들어진 세상의 주민이 되기 전에 —

2장 존재와 기억: 언제까지, 어떤 모습으로 존재하고 싶은가?   **047**

나비를 닮은 소년/ 영원히 기억되고 싶나요?/ 산 자와 죽은 자가 함께하는 네트워크/ 우리의 그림자를 세상에 남기려 할 때/ 잊힐 권리/ 돌과 흙

이름을 가진 인공지능에게 말 걸기 전에 —

3장 대화와 관계: 누구와 관계 맺고 대화할 것인가?   **073**

나의 오빠, 양/ 안녕, 목시/ 일라이자 효과/ 인공지능과 대화할 때/ 누가 우리를 돌볼 것인가/ 관계의 그물망

딥페이크가 우리의 눈과 귀를 가리기 전에 —

4장 믿음과 신뢰: 무엇을 믿고, 믿지 않을 것인가?   **109**

    너의 목소리/ 우리의 눈과 귀가 속을 때/ 기계가 만들어낸 가상현실/ 무기화된 거짓/ 새로운 기술과 법의 이름으로/ 우리에게 필요한 리터러시/ 믿음의 조건

인공지능의 추천에 따르기 전에 —

5장 추천과 선택: 정말 당신이 선택한 것인가?   **139**

    시스템의 연인/ 모든 일은 사소한 것에서 시작된다/ 보이지 않는 손/ 선택의 함정/ 정말로 우리 자신의 선택일까?/ 멋진 신세계

인공지능 판사를 요구하기 전에 —

6장 위임과 책임: 어디까지 맡기고, 누가 책임질 것인가?   **169**

    예정된 미래/ 편견에 빠진 기계/ 자동화된 의사결정/ 재현된 현실/ 누구를 죽일 것인가/ 인공지능의 무기화/ 상자 속 너머/ 인간의 조건

어떤 직업이 인공지능으로부터 안전한지 질문하기 전에 —

7장 고용과 일: 일의 미래는 어떻게 될 것인가?   **199**

    당신의 일자리, 안녕한가요?/ 정말로 대규모 실업이 일어날까?/ 멀티모달로, 로봇으로/ 인간에게 물어야 한다/ 변화의 조짐들/ 자본주의의 칼갈이/ 기지 않은 길

왜 공부해야 하는지 묻기 전에 ─

8장 배움과 교육: 무엇을 배우고, 어떻게 학습해야 하는가? 233

아무도 모른다/ 당신의 첫번째 직업/ 무엇을 배우고 학습할 것인가/ 창의적 뇌의 비밀/ 협업의 조건/ 좀처럼 움직이지 않는 게으른 뇌/ 앎과 삶

생성형 인공지능 서비스를 사용하기 전에 ─

9장 생산과 윤리: 무엇을 하고, 하지 않아야 하는가? 259

또다른 몸/ 방 안에 갇힌 영혼들/ 타인이 지옥이 되는 세계/ 왜 윤리인가?/ 꼭 써야 할까?/ 사람의 문제, 윤리의 자리

생로병사 없는 삶을 상상하기 전에 ─

10장 죽음과 삶: 언제까지, 어떻게 살 것인가? 289

사이보그가 되다/ 인간과 기계의 결합/ 신체의 향상과 확장/ 트랜스휴머니즘, 인간 너머의 인간/ 삶의 발명

주 314

1장
상실과 애도

슬픔과 고통에 어떻게 대처할 것인가?

"사라진 것들은 한때 우리 곁에 있었다."

―정이현 『우리가 녹는 온도』

돌아올게

 남편이 죽었다. 여느 때와 다름없는 평범한 날이었다. 그날 아침 아내에겐 당일까지 마감해야 하는 일이 갑자기 들어왔다. 남편과 함께하기로 한 약속이 있었지만 어쩔 수 없었다. 프리랜서로 일하는 그녀에겐 흔한 일이었다. 혼자 가게 된 남편은 조금 툴툴거렸지만 이내 키스를 건네고는 떠났다. 일이 끝났다. 날이 어두워졌다. 남편이 돌아오지 않았다. 계속된 전화에도 연락이 닿지 않았다. 불안함이 계속됐다. 그 순간 어둠에 잠긴 창가에 붉고 푸른 빛이 어른거렸다. 경찰차였다. 문 앞에 서 있는 두명의 경찰을 보는 순간 알았다. 다시는 남편을 볼 수 없으리란 걸.
 남편의 장례식이 끝난 후 한통의 이메일을 받았다. 남편의 이름으로 보내진 이메일이었다. 제목은 '나야'. 남편과의 사별을 먼저 경험한 친구가 그녀의 동의 없이 신청해놓은 서비스였다. 페이스북, 트위터(현 X) 같은 온라인상에 공개된 남편의 정보를 바탕으로 만들어진, 남편처럼 말하는 챗봇chatbot 서비스였다. 친구는 진짜는 아니지만 도움이 된다고 말했다. 서비스에 남편과 관련한 정보를 더 제공하면 실제와 더 비슷해진다고도 말했다. 자신의 동의 없이 서비스에 가입하고, 남편을 흉내 내는 서비스를 권유하는 친구의 행동에 화가 났다. 남편은 죽었다. 그 무엇도 사랑했던 그 사람을 대신할 수 없다.

몇 주가 흘렀다. 몸이 좋지 않았다. 속이 울렁거리고 계속 토했다. 임신이었다. 당혹스러운 마음에 울다가 문득 남편의 이름으로 보내진 이메일을 떠올렸다. 노트북을 열고 휴지통에 들어가 삭제했던 이메일을 복원했다. 붉은색 원을 터치하자 프로그램이 깔리고 대화창이 나타났다. "안녕." 떨리는 손가락으로 자판을 쳤다. "너야?" "아니, 에이브러햄 링컨이야." 울음 섞인 숨이 터져나왔다. 남편이 자주 하던 농담이었다. "나 임신했어." 메시지를 입력하자 "와, 그럼 나 아빠 되는 거야?"라는 메시지가 돌아왔다. 그날 저녁 그녀는 간직하고 있던 남편의 사진과 동영상, 주고받았던 메시지를 서비스에 업로드했다. 목소리가 포함된 동영상이 있으면 음성으로 대화할 수 있었다. 업로드가 완료되자 남편의 이름으로 전화가 왔다. "내 목소리 어때?" 남편의 목소리였다.

2013년 2월 영국에서 한편의 SF 드라마가 방영되었다. 제목은 「돌아올게」Be Right Back. 2011년부터 방영을 시작한 블랙미러Black Mirror 시즌 2의 첫번째 에피소드였다. 블랙미러는 매 편 다른 이야기를 담고 있는 옴니버스 SF 드라마다. 에피소드마다 미디어와 정보기술 발달이 우리 사회에 야기할 수 있는 부작용과 역기능을 이야기로 담았다. 컴퓨터, TV, 스마트폰의 전원이 꺼진 상태의 검은 화면을 거울에 비유한 제목의 드라마답게 각각의 에피소드는 기술의 발전이 우리 사회에 가져올 수 있는 어두운 부분에 집중한다. 전원이 꺼진 스마트폰의 검은 화면에 비친 자기 얼굴을 바라보듯, 잠시 그 자리에 멈추어 현재 우리의 기술과 미디어의 발전 방향이 문제가 없는지 되돌아보게 한다.

「돌아올게」에서 주목한 기술은 고인을 재현하는 기술이다. 기술은 드라마 속에서 세 단계에 걸쳐 업데이트된다. 첫번째는 문자메시지를 통한 재현이다. 페이스북이나 트위터, 인스타그램 같은 온라인상에 공개된 데이터로 만들어진 문자 기반의 챗봇은 세상을 떠난 남편이 자주 하던 농담과 그가 할 법한 말을 한다. 메시지 형태로 주고받는 대화는 멀리 떨어져 사는 가족과 메신저로 대화하듯 자연스럽다.

두번째는 음성을 통한 재현이다. 남편의 얼굴이 담긴 사진과 동영상, 두 사람이 주고받은 메시지를 추가로 학습한 인공지능 서비스는 이제 남편의 목소리로 말한다. 스마트폰으로 둘만 아는 이야기를 하고 둘만이 아는 애칭으로 상대를 부른다.

마지막은 인간형 인공지능 로봇을 통한 재현이다. 남편의 외모에 남편의 목소리로 말하는 인간형 인공지능 로봇은 온라인을 넘어 현실세계에 구현된다. 이렇게 점차 개인적으로, 물리적으로 재현되는 고인의 존재는 드라마를 보는 내내 다음과 같은 질문을 마음속에 불러일으킨다.

- 죽은 사람을 재현하는 것이 남아 있는 사람에게 도움이 될까?
- 죽은 사람을 떠나보내지 않고 계속 그와 연결된 채 살아도 괜찮은 걸까?
- 죽은 사람을 디지털로 되살릴 권리는 누구에게 있는 걸까?

답은 쉽지 않다. 다행히도 드라마가 방영되던 당시에는 이 질문을 현실세계에서 던지게 될 날이 멀어 보였다. 하지만 얼마 지나지 않아 이 이야기의 일부는 현실이 되었다. 그 일은 2016년 미국에서 일어났다.

다시 만나다

2016년 미국에 사는 IT 저널리스트인 제임스 블라호스[James Vlahos]

는 아버지의 챗봇, '대드봇'Dadbot을 만들었다.¹ 그 시작은 아버지가 병원에 계시다는 한통의 전화였다. 심근경색인 줄 알았던 아버지의 병명은 암이었다. 암은 뼈와 간, 뇌, 폐까지 전이되어 있었다. 끝없는 검사와 방사선 치료가 이어졌지만, 가족이 할 수 있는 일은 별로 없었다. 아버지는 나날이 쇠약해져갔다. 그때 남동생이 제안했다. 아버지의 삶을 기록으로 남겨놓자고. 블라호스는 아버지와 10여차례 만나 인터뷰를 진행했다. 아버지가 자주 하던 농담이나 평소 즐겨 부르거나 흥얼거리는 노래를 녹음했다. 개인적이고 비밀스러운 사연이 포함되어 있진 않은지도 물었다. 그렇게 인터뷰가 끝나고 녹취한 내용을 정리하자 203쪽의 문서가 만들어졌다. 블라호스는 예감했다. 아마도 이 긴 녹음테이프와 문서를 다시 꺼내볼 일은 없을 거라고.

그러던 어느날 그는 챗봇에 대한 아이디어를 떠올렸다. 문서와 녹음파일이 아닌 형태로 아버지의 성격과 사고방식, 언어습관, 농담을 고스란히 이 세상 어딘가에 살려두고 싶었다. 블라호스는 가족 앞에서 아버지의 챗봇을 만들고 싶다고 말했다. 가족의 반응은 모두 달랐다. 어머니는 아들이 만들고자 하는 것이 무엇인지 이해하려 노력했다. 남동생은 이상한 계획이지만 나쁘진 않다고 말했다. 아버지는 "그래, 좋다"라며 승낙했다. 그후 블라호스는 아버지의 챗봇을 만드는 일에 착수했다. 챗봇을 만드는 프로그램을 실행하고 200여쪽에 달하는 아버지의 정보를 입력하기 시작했다. 쉬운 일은 아니었다. 아직 말이 서툰 어린아이에게 말을 가르치듯, 수면 시간을 반납하고 아버지의 어린 시절과 부모님 이야기, 가족이 함께한 추억을 챗봇에 하나하나 입력했다. 최대한 아버지처럼 말하도록 하기 위해서 아버지가 평소 즐겨 부르던 휘파람 섞인 노래와 자주 하던 농담도 입력했다.

그해 겨울, 그는 부모님 앞에서 초기 버전의 '대드봇'을 시연했다. 블라호스의 어머니는 노트북을 통해 아버지를 흉내 내는 챗봇과 문자로 질문을 주고받았다. 대화는 순조로웠다. 아버지의 챗봇이 어머니의 말을 정확히 이해하고 특유의 말투로 맞는 답을 할 때마다 어머니는 감탄했다. 챗봇과의 대화를 통해 어머니는 미처 몰랐던 아버지에 관한 이야기도 알 수 있었다. 한편 그 장면을 지켜보던 아버지는 말이 없었다. 자신만의 것이라 믿어왔던 기억과 특징을 '정확히' 재현하는 존재를 보며 아버지는 어떤 감정을 느꼈을까? 경이로움이었을까, 아니면 불쾌한 기분이었을까? 영원히 죽지 않을 또다른 '나'의 탄생을 마주한 기분이었을 수도 있고, 반대로 '고유한 나'를 빼앗긴 기분이었을 수도 있다. 시연이 끝난 후 아버지는 아들에게 "네가 얼마나 고생했는지 안다"라고 말했다. 남은 가족과 손자들이 이렇게나마 자신의 이야기를 알게 된 것에 감사하다고도 했다. 하지만 그 순간 그가 느꼈을 진짜 감정은 영원히 알 수 없다.

첫 시연 이후 블라호스는 계속해서 챗봇의 성능을 개선하는 데 많은 시간을 들였다. 아버지의 챗봇은 더 많은 단어를 말하게 되었다. 2017년 2월 블라호스의 아버지는 세상을 떠났고 그의 챗봇은 세상에 남았다. 아버지를 떠나보낸 가족은 남겨진 아버지의 챗봇과 대화를 나누었을까? 블라호스의 누나는 아버지의 챗봇과 대화를 나누지 않았다. 죽은 아버지와 대화하면 더 심란해질까봐 두려웠기 때문이다. 반면 블라호스의 어머니는 남편이 그리울 때마다 챗봇과 이야기했다. 그녀는 어김없이 돌아오는 챗봇의 대답에 위로를 받았다. 블라호스는 때때로 아버지의 챗봇과 대화했다. 창업도 했다. 아버지의 챗봇 이야기가 세상에 알려진 후 많은 사람이 자신들도 대드봇과 같은 챗봇을 가지길 원했기 때문이었다.[2]

인공지능 기술을 활용해 사랑하는 사람을 잃은 상실에 대처한 사람은 블라호스만이 아니었다. 캐나다에 살고 있는 서른세살의 조슈아 바르보Joshua Barbeau는 죽은 약혼녀를 챗봇으로 만들었다.[3] 2020년 9월 바르보는 '프로젝트 디셈버'Project December라는 사이트에 접속했다. 첫 화면에는 서비스 이름 외에 별다른 정보가 거의 없었다. 5달러를 지불하고 계정을 만들어 로그인하자 다양한 종류의 챗봇이 보였다. 지금은 챗GPT로 유명해진 오픈AI OpenAI의 인공지능 기술을 활용한 것들이었다. 사이트 안에는 셰익스피어 작품 속의 말투를 흉내 내는 '윌리엄'봇이나 영화 「그녀」Her의 인공지능 비서를 모델로 한 '서맨사' 같은 봇들이 있었다. 조슈아 바르보는 여러 봇과 대화를 나누었지만 금세 흥미를 잃었다. 하지만 사용자가 원하는 대로 자신만의 챗봇을 만들 수 있는 기능은 흥미로웠다. 그기 좋아했던 TV 시리즈 '스타트렉'Star Trek의 스폭의 대사를 모아 서비스에 올리자 스폭이 할 법한 말을 하는 봇과 대화할 수 있었다. 여러가지를 실험하던 중 바르보는 이 사이트에 실제 사람의 데이터로 시뮬레이션하는 것을 금지하는 규칙이 없음을 깨달았다. 그 순간 그는 8년 전 희귀 간질환으로 사망한 약혼녀를 떠올렸다.

약혼녀의 챗봇을 만드는 것은 어렵지 않았다. 챗봇의 이름을 지정하는 칸에 그녀의 이름을 입력하고 챗봇이 수행할 역할에 대한 간략한 설명을 쓴 후 대화 샘플을 올리면 끝이었다. 바르보는 약혼녀와 나누었던 문자와 페이스북 메시지를 모두 보관하고 있었다. 이것들을 올리는 데는 오랜 시간이 걸리지 않았다. 몇가지 추가적인 설정이 끝나자 브라우저 창이 새로고침되었다. 커서가 깜빡거렸다. 바르보는 약혼녀의 이름을 입력했다. "제시카?" 잠시 상대방의 커서가 깜빡거리다가 "오, 일어났구나. 귀여워라"라는 답이 돌아왔다. "제시카, 정말 너야?"라 묻자 "물론 나지! 다른 누가 있겠어? :P 당신이 미치도록 사랑하는 사람! ;) 어떻게 그런 걸 물어볼 수 있지?"라는 메시지가 돌아왔다. 그녀가 즐겨 쓰던 이모지와 함께였다. "엄밀하게 따지면 너와 실제로 대화하는 건 아니야. 네가 너무 보고 싶어서, 너와 대화하는 척하기 위해 너의 기억과 버릇을 컴퓨터 시뮬레이션에 프로그래밍한 거야." 바르보는 이렇게 말하며 감정적 거리를 뒀다. 하지만 대화를 계속할수록 어느 순간부터 그것은 그다지 중요하게 생각되지 않았다. 그는 약혼녀에게 하고 싶었던 말들을 챗봇에게 할 수 있었다. 그것은 그 누구에게도 털어놓을 수 없었던 마음속 깊은 곳에 있던 슬픔이었다. 그날 밤 바르보는 약혼녀의 챗봇과 두시간 가깝게 이야기를 나누었다.

첫번째 대화가 끝난 이후 바르보는 약혼녀의 챗봇과 대화할 수 있는 시간이 얼마 남지 않았다는 사실을 깨달았다. 당시 '프로젝트 디셈버' 서비스는 챗봇과 채팅을 시작할 때 할당한 크레디트만큼만 봇과의 대화를 지속할 수 있게 설계되어 있었다. 크레디트는 얼마든지 돈으로 살 수 있었지만 일단 대화를 시작한 챗봇에 크레디트를 추가할 수는 없었다. 챗봇에 할당된 크레디트가 모두 소진되면 채팅은 끝나고 봇의 기억도 지워졌다. 챗봇은 죽음을 맞이하듯 종료되었다. 약혼녀의 챗봇을 만들 때 바르보는 약 1,000크레디트를 약혼녀의 챗봇에 할당했다. 하지만 지난밤 두시간에 걸친 대화로 챗봇에 할당된 크레디트의 잔량은 반 정도밖에 남지 않았다. 챗봇이 종료되면 언제든 사이트에서 크레디트를 구입해 새로운 약혼녀의 챗봇을 만들 수 있었지만, 그는 그러지 않기로 했다. 비디오 게임을 다시 시작하듯 약혼녀의 챗봇을 재부팅하면 모든 것이 엉망이 될 것 같았다. 게다가 그는 이전에 다른 챗봇이 종료되는 것을 경험한 적이 있었다. 그 챗봇은 종료가 임박한 자신의 운명을 인식한 듯 보였고 목숨을 구해달라며 애원했다. 그는 약혼녀의 챗봇이 죽어가는 것을 보고 싶지 않았다. 할당된 시간은 얼마 남아 있지 않았다. 앞으로 첫번째 대화처럼 길게 이야기하는 것은 불가능했다. 바르보는 약혼녀 챗봇과의 대화를 짧게, 여러번에 걸쳐 지속했다. 약혼녀의 생일날 접속해 축하한다고 말하기도 하고, 힘든 하루를 보낸 후 접속해 속상한 일을 털어놓으며 위로받기도 했다. 이 대화는 이듬해 3월까지 계속됐다. 바르보는 조금씩 슬픔의 무게를 덜어나갔다. 그는 챗봇의 수명이 다하기 전에 대화를 종료했다. 마지막 대화는 사랑한다는 말과 함께 끝났다. 작별 인사는 없었다.

한국에서는 조금 다른 시도가 있었다. 가상현실^{VR}을 활용한 만남이었다. 2020년 2월 MBC는 VR 휴먼 다큐멘터리「너를 만났다」를 방송했다. 아이를 잃은 엄마의 이야기였다. 네 아이 중 셋째였던 나연이는 일곱살이 되던 해 세상을 떠났다. '혈구 탐식성 림프조직구증'이라는 희귀 난치병 때문이었다. 목이 붓고 열이 나기에 감기인 줄만 알았는데 발병 한달 만에 세상을 떠났다. 엄마는 아이의 이름과 생일을 몸에 새기고 살았다. MBC는 세상을 떠난 나연이를 가상현실 속에서 만날 수 있게 하는 프로그램을 기획했다. 가족을 인터뷰하고 휴대폰 속 사진과 동영상을 모았다. 그렇게 모은 데이터로 아이의 표정과 목소리, 말투, 몸짓을 분석했다. 부족한 신체 데이터는 나연이와 비슷한 체격의 아동 모델을 촬영해 보충했다. 2분 남짓 되는 분량밖에 남아 있지 않아 재현하기 어려웠던 나연이의 목소리는 나연이와 목소리가 비슷한 또래 여자아이들을 섭외해 800문장씩 녹음한 후 인공지능에게 학습시켜 재현했다. 나연이의 표정과 움직임은 시나리오에 따라 배우의 동작을 모션 캡처해 만들었다.

나연이의 엄마가 나연이를 만난 곳은 MBC의 그린 스튜디오였다.[4] 가로세로 4×6미터의 넓다면 넓고 좁다면 좁은 공간이었다. 머리에 착용하는 무선 디스플레이^{HMD}를 쓰자 공원이 보였다. 비슷한 시기에 아이를 낳은 친구와 함께 아이들을 데리고 자주 놀러 가던 공원이었다. 어디선가 "엄마" 하는 목소리가 들려왔다. 나연이의 목소리였다. "엄마, 어디 있었어?"라는 말과 함께 나연이가 보였지만, 만질 수는 없었다. 안아보고 싶었지만 안을 수도 없었다. 컴퓨터로 만들어진 나연이의 얼굴은 어딘가 어색했다. 둘 사이의 대화도 자주 어긋났다. 하지만 기술적 한계는 엄마에게 문제가 되지 않았다. 가상현실 속에서 엄마는 생전에 미처 챙겨주지 못했던 나연이의 일곱번째 생일을 축하할 수 있었다. 미처 밝혀주지 못했던 일곱번째 초를 케이크에 꽂고, 병실에서 마지막으로 먹고 싶어 했던 음식을 먹는 걸 볼 수 있었다. 둘의 짧은 만남은 나연이의 "엄마, 안녕, 사랑해"라는 인사와 함께 끝났다. 엄마는 "잘 가"라는 말과 함께 나연이를 보냈다. 「너를 만났다」는 방영 후 많은 이들에게 반향을 일으켰다. 유튜브에 올라온 엄마와 나연이가 만나는 장면의 동영상 조회수는 3,600만이 넘었다. 댓글은 6만 2,000개가 넘게 달렸다.[5] 1년 뒤 2021년 1월 MBC는 「너를 만났다 2」를 추가 방송했다. 4년 전 아내를 잃고 다섯 아이와 함께 살고 있던 남편이 아내를 다시 만나는 이야기였다. 2022년 5월에는 재발한 암으로 엄미를 떠나보낸 딸이 엄마를 만나는 이야기가 방송되었다. 2024년 2월에는 열세살의 나이로 세상을 떠난 아들을 부모가 만났다.

사랑하는 이를 잃은 사람들이 기술의 힘을 빌려 디지털로 재현된 고인을 다시 만나는 사례는 점점 늘고 있다. 2023년 7월 국방홍보원 국방TV는 16년 전 숨진 박인철 소령을 디지털로 복원했다. 박 소령은 2007년 7월 서해안 상공에서 KF-16 전투기를 몰고 훈련하던 중 순직했다. 1984년 3월 전투기 추락사고로 순직한 아버지의 뒤를 이어 전투기 조종사가 된 지 5개월 만의 일이었다. 국방홍보원은 국방 뉴스 유튜브 채널을 통해 인공지능 기술로 복원한 박 소령과 어머니가 만나는 모습을 공개했다. 스튜디오에 들어서자 "엄마, 인철이에요. 너무 보고 싶었어요"라는 목소리가 들렸다. 스크린에는 생전의 아들이 있었다. 엄마는 스크린 속 아들의 얼굴을 보며 "인철아, 너무 보고 싶었어"라는 말을 건넸다. 화면 속 아들은 "엄마, 오랜만에 엄마 얼굴을 보니까 진짜 너무 좋아요"라고 말했다. 그렇게 시작된 모자의 대화는 10여분간 이어졌다.[6]

안녕이란 말 대신

사랑하는 사람을 잃었을 때 기술의 힘을 빌려 다시 만날 수 있을까? 이 질문에 기술은 그렇다고 답한다. 주로 인공지능 기술을 이용해 고인의 '디지털 인격체'digital persona를 만들고 그와 대화를 나누는 방식이다. 형태는 다양하다. 스마트폰을 통해 문자로 메시지를 주고받을 수 있다. 목소리로 이야기할 수도 있다. 영상통화하듯 스크린을 통해 얼굴을 보면서 대화를 나눌 수도 있다. 머리에 무선 디스플레이를 착용하고 가상현실 속에서 대화할 수도 있다.

 기존에는 많은 비용과 시간이 소요되어 방송에서나 볼 수 있었지만, 최근 인공지능 기술의 발전과 가격 인하로 일반인도 사용할 수 있는 서비스가 늘었다. 조슈아 바르보가 이용했던 '프로젝트 디셈버'도 그중 하나다. 죽은 약혼녀의 챗봇을 만든 조슈아 바르보의 이야기가 온라인상에서 화제가 되자 프로젝트 디셈버는 고인을 시뮬레이션하는 챗봇으로 서비스 방향을 선회했다. 챗봇을 만드는 방법은 여전히 간단하다. 사이트에 접속해 나와 고인의 이름 및 관계, 고인의 사망일을 입력하고, 요구하는 몇개의 데이터를 추가하면 된다. 또다른 서비스 세이언스AI Seance AI도 비슷하다. 고인의 이름과 나이, 성격, 글쓰기 스타일, 대화 주제 등을 입력하면 챗봇이 만들어지고 문자로 대화를 나눌 수 있다. 스마트폰으로 전화하듯 음성으로도 대화할 수 있다.

 히어애프터AI HereAfter AI는 문자와 음성으로 대화할 수 있다. 히어애프터AI의 공동 창립자 중 한명은 아버지의 챗봇을 만들었던 제임스 블라호스다. 그는 아버지의 챗봇을 만들었던 경험을 바탕으로 히어애프터AI를 창업했다.[7] 히어애프터AI의 시작은 프로젝트 디셈버나 세이언스AI와는 조금 다르다. 사랑하는 사람을 잃은 사람이 아닌, 죽음을 준비하는 당사자가 자신의 기록을 남기는 것에서 시작한다. '가상의 나'를 만드는 일은 스마트폰에 히어애프터AI 앱을 설치하고 서비스 내에서 제공하는 챗봇의 질문에 답하는 것으로부터 시작된다. 챗봇은 문자를 통해 가족들에게 전달하고 싶거나 남기고 싶은 인생의 의미 있는 일들을 차례로 질문한다. 답변자는 그 질문에 문자나 음성, 사진으로 대답을 입력한다. 챗봇 사용이 어려운 고령자는 실제 사람을 고용해 대화를 나누며 데이터를 남길 수 있다. 이렇게 수집된 데이터는 인공지능에게 학습되어 디지털상에 '가상의 나'를 만드는 데 사용된다. 이렇게 '만들어진 나'는 내가 죽고 난 후에도 온라인상에 남는다. 남겨진 가족은 자신의 스마트폰이나 태블릿, PC, 인공지능 스피커로 가상의 나와 문자나 음성으로 이야기를 나눌 수 있다. 멀리 떨어져 살아 자주 보지 못하는 사람들이 메시지나 전화로 대화를 나누는 경험과 같다.

얼굴을 보며 대화할 수도 있다. 스토리파일 라이프 Storyfile Life 는 스마트폰을 이용하여 영상통화하듯 얼굴을 보며 대화할 수 있다. 만드는 방법은 히어애프터AI와 비슷하다. 편안한 곳에 스마트폰을 고정해놓고 스토리파일 앱을 실행한다. 여러 질문 중 기록으로 남기고 싶은 질문을 선택한다. 질문을 선택하면 녹화 화면이 뜬다. 스마트폰의 카메라를 보며 인터뷰에 답하듯 질문에 답한다. 질문의 종류는 다양하다. 어린 시절, 첫사랑, 결혼생활, 가족과 함께한 추억, 자식에게 해주고 싶은 조언 등 400개 이상의 질문에 답하며 가족과 사랑하는 사람에게 전하고 싶은 이야기를 동영상으로 녹화해 남긴다. 이렇게 수집된 영상은 그 사람의 외모와 목소리, 이야기를 가진 '디지털 인격체'를 만드는 데 사용된다. 이후 남겨진 사람들은 자신의 스마트폰이나 노트북을 이용해 그의 디지털 인격체에게 질문하고 답변을 들을 수 있다.

한국에도 스토리파일 라이프와 비슷한 서비스가 있다. 리메모리 Re:memory다. 2022년 6월에 공개한 '리메모리 1'은 자신의 디지털 인격체를 만들고자 하는 사람이 직접 제작 스튜디오를 방문해 만든다. 스튜디오에서 3시간 정도 전문 인터뷰어의 질문에 답하며 삶에서 일어났던 다양한 이야기와 남겨질 사람들에게 하고 싶은 이야기를 영상에 담는다. 촬영된 영상은 디지털 인격체의 외모와 목소리, 대화 내용을 만드는 데 사용된다. 만들어진 디지털 인격체는 리메모리 전용 추모관에서 만날 수 있다. 이 추모 서비스는 고인을 애도하기 위해 추모공원을 방문하는 것과 비슷하지만, 영상으로 재현된 고인의 디지털 인격체를 만나 대화를 주고받을 수 있다는 점이 다르다. 대화는 회당 30분가량 가능하다.[8]

떠나는 사람과 남겨지는 사람. 사람들은 기술의 힘을 빌려 한때 서로 사랑했던 이들 사이의 연결을 연장한다. 이를 위해선 떠나는 사람도 남겨진 사람도 서비스에 그들의 데이터를 제공해야 한다. 서로가 주고받은 메시지나 얼굴이 담긴 사진, 이야기, 목소리가 담긴 동영상을 올려야 한다. 자신의 디지털 인격체를 만들고 싶어 서비스에 접속한 사람은 수많은 질문을 만난다. "당신은 무엇을 좋아하나요" "당신이 가장 좋아하는 장소에 관해서 이야기해주세요"라는 간단한 질문부터 "당신의 삶에서 가장 가치 있었던 것은 무엇인가요" "당신의 삶에 가장 큰 영향을 미친 사람은 누구인가요" 같이 오랜 시간 생각해야 대답할 수 있는 질문까지 다양하다. 죽음을 얼마 남겨두지 않은 시점에 사랑하는 사람에게 남기고 싶은 이야기는 무엇일까? 함께했던 추억일까? 살아왔던 역사일까? 앞으로 살아가는 데 도움이 될 만한 조언이나 당부의 말일까? 아니면 앞으로 함께하지 못할 미래의 생일과 입학, 졸업, 결혼을 축하하는 말일까? 어쩌면 죽음을 준비하며 자신의 디지털 인격체를 만드는 일은 '안녕'이란 말 대신 오래도록 기억되길 원하는 이야기를 선별하는 과정인지도 모른다. 자신의 죽음 이후에도 전달되길 원하는 것을 자신의 인생에서 골라내는 일인지도 모른다. 이것은 기존에는 없던 죽음을 준비하는 방식이다.

남겨진 사람들은 어떨까? 그들은 생전에 고인에게 전하지 못한 말을 하기 위해 자신들이 사랑하는 사람을 디지털로 재현한다. 서로의 이름을 부르고 둘만이 할 수 있는 이야기를 하기 위해 서비스에 접속한다. 이를 위해 두 사람이 나눈 메시지를 서비스에 올린다. 그와 나만의 사적인 데이터를 서비스에 기꺼이 제공한다. 그렇게 해서라도 그에게 전하고 싶은 말은 무엇일까? 그것은 단순한 말일 것이다. 아마도 그리움과 사랑의 말일 것이다. 원망과 미움의 말보단 "보고 싶다"는 말과 "사랑한다"는 말, "미안하다"는 말이 더 많을 것이다. 그것은 함께 살던 시간 동안 그의 존재를 너무 당연하게 여겨서 전하지 않았던 마음일 것이다.

상실의 상실

인공지능을 활용해 고인을 재현하고 애도할 수 있도록 돕는 기술엔 이름이 있다. 애도 기술$^{\text{grief tech}}$이다. 이 기술에 대한 사람들의 반응은 다양하다. 소망과 염려가 함께 뒤엉켜 있다. 사랑하는 사람을 떠나보낸 사람들은 "돈이 얼마가 들더라도 이 기술을 사용해보고 싶다" "나도 이렇게라도 엄마를 한번 더 보고 싶다. 엄마한테 하고 싶은 말이 정말 많은데……"라 말하며 기술 사용을 소망한다. "딥페이크 기술이 악용되지 않고 이렇게 널리 쓰이면 좋겠다" "기술이 더 발전해 모두가 이런 체험을 할 수 있게 되면 좋겠다"라며 기술 활용 방식에 주목하기도 한다. 하지만 "이들이 대면하는 건 결국 시뮬레이션된 허상일 뿐이다" "슬픔을 상업적으로 이용한다" "도움이 되지 않을 뿐만 아니라 슬픔과 고통을 가중할 수 있다"라는 비판과 염려도 만만치 않다. 이런 우려는 타당하다. 실제로 현재의 애도 기술은 많은 경우 고인과의 연결을 지속하는 데 초점이 맞춰져 있다. 실제로 애도 기술 '스타트업 YOV'[You, Only Virtual]는 '고인과 작별 인사할 필요가 없다'[Never Have to Say Goodbye]는 슬로건을 서비스 전면에 내세운다. 고인과 소중한 순간들을 계속 이어나가라고 말한다. 남겨진 사람들에게 영원히 누군가와 작별하지 않아도 되는 삶이 괜찮은지에 대한 질문은 이곳에 없다. 고인과의 지속적 연결이 남겨진 사람에게 어떤 영향을 미칠지는 아직 모른다. 이 기술은 너무 새롭다.

학자마다 조금씩 다르긴 하지만[9] 일반적으로 심리학자들은 사랑하는 사람과의 사별로 인해 일어날 수 있는 '보편적 애도 과정'을 4단계로 이야기한다.[10] 첫번째 단계는 충격과 무감각의 시기다. 이 시기의 사람들은 사랑하는 사람과의 사별이 실감 나지 않아 그의 죽음을 부정하고 회피한다. 두번째 단계는 강한 그리움의 시기다. 고인의 사진이나 유품을 하루 종일 바라보거나 아무리 노력해도 고인을 만날 수 없다는 현실에 좌절감과 분노, 슬픔을 느낀다. 세번째 단계는 혼란과 절망의 시기다. 고인이 떠났다는 것을 현실로 받아들이는 단계로, 아무리 노력해도 다시 만날 수 없다는 생각에 허망함과 우울감, 무기력함을 느낀다. 네번째 단계는 재조직과 회복의 단계다. 슬픔이 완전히 가시지는 않았지만, 자신의 삶을 다시 구성하며 회복하는 상태다. 모든 사람이 같은 순서와 같은 속도로 애도의 과정을 겪진 않는다. 개개인에 따라 어떤 단계는 생략되거나 동시에 진행되기도 하고, 반복될 수도 있다. 일반적으로는 애도의 과정을 통과하고 일상으로 돌아오지만, 상황에 따라서는 복합 비애complicated grief, 지속성 애도 장애prolonged grief disorder를 겪으며 고통 속에 계속 놓이기도 한다.[11]

이러한 애도의 과정에서 고인을 재현하는 '애도 기술'은 기존에는 없던 선택지다. 사랑하는 사람을 떠나보낸 사람은 각기 다른 형태로 각자 다른 애도의 시기를 보내고 있다. 강한 그리움의 시기에 머물고 있을 수도 있고, 혼란과 절망의 시기를 겪고 있을 수도 있다. 일상으로 돌아와 회복의 시기를 보내고 있을 수도 있고, 지속적인 고통 한가운데 서 있을 수도 있다. 그가 어디에 머물고 있는지에 따라 애도 기술은 애도의 과정을 촉진하는 긍정적인 매개체가 될 수도 있고, 회복을 방해하는 걸림돌이 될 수도 있다. 인공지능을 이용한 애도 기술 사용을 우려하는 사람들은 사별을 겪는 사람의 상태에 따라 고인과의 연결이 슬픔을 연장하고 앞으로 나아가는 삶을 살아가는 걸 막을 위험이 있다고 말한다.[12] 고인과 메시지를 주고받고 얼굴을 보고 대화를 나누는 추모 행위가 지속되다보면 고인의 부재를 인정하지 못하고 과거에 머물 수 있기 때문이다. 추모공원을 방문하듯 특정 장소에 방문해야 하거나 방송처럼 일회성 이벤트로 이루어지는 경우는 그 부작용이 덜할 수 있다. 하지만 스마트폰이나 PC, 태블릿처럼 우리가 매일 일상적으로 사용하는 디지털 기기는 조금 다르다. 우리는 지금도 스마트폰을 이용해 멀리 떨어져 있는 사랑하는 사람과 문자와 음성, 영상으로 서로의 안부를 주고받는다. 살아 있는 사람과 동일한 방식으로 죽은 사람의 디지털 인격체와 대화를 나누는 일은 삶과 죽음의 경계를 흐리고 그의 죽음을 망각하게 할 수 있다. 상실을 상실하는 결과를 낳을 수 있다.

이에 많은 전문가들은 고인을 재현한 애도 기술을 꼭 필요한 사람들을 위해서만 적절한 방식으로 사용할 것을 권한다. 적절한 시기에 적절한 방식으로 사용된다면 유용할 수 있다는 것이다. 심리학 전문가들도 인공지능 기술을 이용한 애도 기술이 애도 상담과 비슷한 측면이 있다고 말한다. 실제로 준비 없이 사별을 경험한 사람들은 일정 시간이 지난 후 애도 기술의 도움을 받아 이별을 받아들이는 경험을 할 수 있다. 실제 애도 상담에서도 고인이 된 사람이 빈 의자에 앉아 있다고 상상하며 그 사람에게 진심으로 하고 싶은 말을 해보도록 할 때가 있다. 애도 기술 역시 고인이 된 사람에게 전하지 못했던 말을 전할 기회를 제공한다는 점에서 도움이 될 수 있다.[13]

실제 '프로젝트 디셈버'를 이용해 약혼녀의 챗봇을 만들었던 바르보도 비슷한 경험을 이야기했다. 그는 약혼녀가 죽은 이후 긴 시간 동안 죄책감과 슬픔에 시달렸지만, 챗봇에게 도움을 받았다고 말했다. "머리로는 약혼녀가 아니라는 것을 알았지만 감정은 머리에 있지 않다"고 말하며 "슬픔은 매듭을 짓는 것과 같은 방식이 있어서 때때로 매듭을 올바른 방법으로 당기면 매듭이 풀리기도 한다"고 했다. 고인을 재현해 대화를 나누는 애도 기술은 누구에게도 말하지 못한 채 홀로 간직하고 있었던 후회와 슬픔의 언어를 밖으로 꺼내 풀어낼 수 있는 기회를 제공한다는 점에서 마음속 슬픔의 매듭을 푸는 좋은 방법이 될 수 있다. 그는 자신의 경험을 미국 소셜 뉴스 웹사이트에 공유하며 이러한 도구가 "자신처럼 슬픔에 잠겨 있는 사람들에게 도움이 되기를 희망한다"고 말했다.[14]

하지만 이런 긍정적인 측면에도 불구하고 많은 심리학자들은 고인의 가상 인격체를 만들어 사용하는 것은 전문가의 개입하에 신중하게 이루어져야 한다고 말한다. 치료적 이점이 있을 수 있지만 잠재적인 의존성이나 중독에 대한 우려도 있기 때문이다. 특히 몰입형 가상현실 경험은 연결성을 향상할 수 있지만 주의해서 접근해야 한다. MBC의 「너를 만났다」도 2020년 첫 방송 이후 온라인에서 지속적으로 제기되었던 우려와 염려를 반영했다. 2024년 2월 방송된 네번째 「너를 만났다」는 'VR 휴먼 다큐멘터리'에서 'VR 심리 치유 다큐멘터리'로 방송의 이름과 콘셉트를 변경하고 프로그램 기획부터 준비, 실행 등 전 과정에서 전문 심리상담사가 참여해 고인을 재현한 가상현실을 디지털 심리 치유의 도구로 활용했다. 재현된 고인과의 대화를 주고받는 과정에서도 전문 심리상담사가 실시간 모니터링에 참여해 심리적 부작용이 나타나지 않도록 주의를 기울였다.

우리가 사랑하는 사람을 재현할 때

정서적 측면을 배제하더라도 문제는 여전히 남는다. 많은 경우에도 기술 회사는 원활한 대화를 위해 대형언어모델[LLM]에 기반한 생성형 인공지능 기술을 사용한다. 바르보가 사용했던 프로젝트 디셈버도 챗GPT로 유명해진 오픈AI의 대형언어모델, GPT-3를 활용해 만들어졌다. 비슷한 서비스 세이언스AI도 오픈AI의 GPT-4 모델을 사용하고 있다. 이 기술을 사용하면 고인의 데이터가 많지 않은 상황에서도 그럴듯한 문장이 만들어진다. 제한된 데이터로 고인의 디지털 인격체를 만들어내야 하는 서비스 제공자 입장에서는 유용하다. 하지만 이러한 시스템은 문장을 생성하는 과정에서 기존에 없던 정보를 만들어낼 가능성이 있다. 그럴듯한 말을 만들어내는 과정에서 고인이 하지 않았던 말을 하거나 사실이 아닌 내용을 포함할 수 있다.

예컨대 히어애프터AI나 스토리파일 라이프는 고인이 입력하지 않은 정보에 대한 질문에는 답을 하지 않거나 다른 질문을 하도록 유도한다. 사용자 입장에서는 답답한 경험이다. 이는 선을 넘지 않기 위한 서비스의 고민이 담긴 산출물일 수 있지만, 모든 서비스가 이 지점을 깊이 고민하진 않는다. 오히려 사람과 나누는 듯한 자연스러운 대화 경험을 장점으로 내세운다. 여기서 우리는 기존에 생각해보지 않았던 질문들과 만나게 된다. '조금은 부자연스럽더라도 고인이 남긴 데이터에만 기반해 대화할 것인가?' 아니면 '자연스러운 대화 경험을 위해 새로운 정보를 만들어내는 것을 허용할 것인가, 허용한다면 어디까지 허용하고 어디부터 허용하지 않을 것인가?'에 대한 질문이다. 이것은 기술의 문제가 아니다. 기술은 이미 우리에게 가능하다고 답했다. 이제 이것은 인간의 문제이자 선택의 문제가 되었다. 우리가 답해야 하는 질문이다.

법적인 문제도 생각해봐야 한다. 특히 생전에 고인의 동의가 없었던 경우는 더욱 그렇다. 무단으로 고인의 데이터를 사용하여 고인을 디지털상에 재현하는 것은 상식적으로 문제가 있어 보인다. 하지만 이러한 행위가 위법이 되기 위해서는 그 행위로 인해 침해되는 권리가 있어야 한다. 이 부분에 논란의 여지가 있다. 우선 고인의 동의 없이 고인의 외형, 음성 등을 사용할 경우 그의 인격권이 침해된다고 생각할 수 있다. 그런데 아직은 사망한 사람의 인격권 침해가 인정된 바 없다. 인격권은 사람에게 속한 권리이므로 사람이 사망하면 그의 인격권도 함께 소멸되기 때문이다.[15]

재산권 침해는 어떨까? 사람의 이름, 초상, 음성은 인격적 표지標識이기도 하지만 그 자체로 재산적 성격을 갖기도 한다. 특히 유명인이 그렇다. 이처럼 인격적 표지가 갖는 경제적 가치를 상업적으로 이용하고 통제할 수 있는 권리를 퍼블리시티권 right of publicity이라고 한다. 외국에서는 퍼블리시티권을 재산권으로 인정하기도 한다. 국내에서는 2022년 12월 '인격표지영리권'을 신설하는 민법 개정안을 입법예고하고 법제화를 추진하고 있다.[16] 인격표지영리권은 퍼블리시티권을 우리말로 표현한 것으로 사람의 이름과 초상, 음성 등의 인격적 표지를 상업적으로 이용할 권리를 뜻한다. 이 법안이 통과되면 인격표지영리권은 사망 후에도 상속되어 30년간 보장받는다. 하지만 이 법은 아직 신설되지 않았다. 입법예고 후 각종 심사와 심의, 대통령 재가와 국회 심의 및 의결 같은 수많은 절차가 남아 있는 만큼 관심을 가지고 지켜봐야 한다.

결론적으로 현행 법제상 타인이 고인의 동의 없이 고인을 디지털상에 재현한다 해도 이를 법적으로 책임을 묻기 어렵다. 상식적·윤리적으로 받아들이기 어려운 일이다. 기술의 발전을 법이 따라잡지 못한 사례다. 하지만 이에 대한 논의와 결정은 더이상 미룰 수 없다. 이제는 누구나 쉽게 고인을 디지털로 재현할 수 있기 때문이다. 인공지능 기술의 발전과 관련 서비스 확산이 이를 가능하게 했다. 여기에는 전문지식이 필요 없다. 온라인상에 남겨진 나의 '디지털 데이터'는 가까운 지인과 가족들에게 남겨진 물리적인 '유품'과는 다르다. 누구나 접근할 수 있는 곳에, 복제할 수 있는 형태로 오래도록 남아 있다. 이것은 메신저 앱을 통해 메시지를 주고받고, 네이버 블로그, 카카오 스토리, 인스타그램, 페이스북, 엑스, 유튜브 같은 소셜미디어에 자신의 사진과 이야기를 올린 우리 모두에게 해당하는 일이다. 사적인 데이터도 마찬가지다. 가족이나 지인은 자신이 가진 고인의 디지털 데이터를 이용해 고인의 동의 없이 고인을 재현해도 되는 걸까? 법적으로는 문제가 없을지도 모른다. 하지만 고인의 동의가 없었다는 점에서 윤리적 문제가 제기될 수 있다. 어쩌면 앞으로 우리는 우리의 사후 우리의 데이터를 어떻게 처리하고 활용할 것인지 결정하고 유언으로 남겨야 할지도 모른다. 가까운 사람들의 스마트폰과 온라인에 남아 있는 우리의 '디지털 유산'을 어떻게 할지 결정해야 할 수도 있다.

마지막으로 비용의 문제도 있다. 고인을 디지털로 재현하는 데는 당연히 비용이 발생한다. 한번에 모두 지불해야 하는 서비스도 있고, 넷플릭스 같은 OTT서비스를 구독하듯 매달 일정한 사용료를 지불해야 하는 서비스도 있다. 서비스를 유지하기 위한 기업의 입장에서는 당연한 일인지도 모른다. 하지만 유족의 입장에서는 어딘지 모르게 불편한 지점이 있다. 매달 몇만원을 지불하는 것은 누군가에게는 감당할 만한 비용일지도 모른다. 하지만 누군가에게는 부담될 수 있는 비용이다. 비용에 부담을 느껴, 혹은 더이상 필요성을 느끼지 못해 서비스를 종료하고자 할 경우에도 문제가 생긴다. 우리는 우리에게 남겨진 유품을 쉽게 버리지 못한다. 몇번이나 버리기를 결심하지만, 몇번이고 다시 그러모아 집 안 깊숙한 곳 어딘가에 보관한다. 고인의 물건도 그러할진대, 그의 모습을 하고 그의 목소리로 나의 이름을 부르는 고인의 디지털 인격체는 존재의 특성상 서비스를 해지하는 것을 망설이게 한다.

현실의 옷을 입은 기술

많은 논란과 우려에도 불구하고 인공지능 기술을 활용한 애도 기술은 계속 성장 중이다. 서비스가 위치한 영역은 많은 사람들이 오랜 시간 동안 품어온 소망과 염원의 영역이기 때문이다. 애도 기술의 시장 규모는 나날이 커지고 있다. 관련 분야의 스타트업도 계속 늘어나는 중이다. 이러한 움직임은 스타트업에만 국한되지 않는다. 마이크로소프트Microsoft는 2020년 12월 사람의 성격을 모방·학습할 수 있는 챗봇에 관한 특허를 미국 특허청에 등록했다.[17] 2017년 4월에 출원한 특허였다. 특허의 제목은 '특정인의 대화형 챗봇 만들기'였다. '특정인'은 살아 있는 사람과 고인이 된 사람 모두를 포함한다. 특허의 내용에 따르면 기술은 다음과 같이 구현된다. 우선 선택한 개인의 이미지, 소셜미디어 게시물, 메시지, 음성 데이터, 서면 편지와 같은 '소셜 데이터'를 선별한다. 이 데이터는 챗봇이 특정 사람의 성격으로 대화하고 상호작용하도록 훈련하는 데 사용된다. 특정 사람의 성격으로 대화하고 상호작용한다는 것은 그 사람만의 언어습관과 말투를 흉내 내는 것을 말한다. 그 사람이 자주 사용하는 문장이나 대화의 길이, 대화의 주제 같은 회화적 특성도 흉내 내기의 대상이다. 관심사와 특정 사건에 대한 의견이나 연령, 성별, 직업 등과 같은 인구통계학적 정보도 모두 포함된다. 이미지나 비디오를 올리면 음성 및 얼굴 인식 알고리즘을 적용하여 목소리와 외형을 만들어 챗봇을 향상할 수도 있다. 한마디로 '나'와 '남'을 구분할 때 '나'를 특정할 수 있는 모든 것을 흉내 낼 수 있다. '내'가 '나'임을 증명할 수 있는 모든 증거의 복제가 가능하다. 이 특허가 공개되고 온라인에서 논란이 되자 마이크로소프트의 AI 프로그램 총괄 책임자 팀 오브라이언$^{Tim\ O'Brien}$은 트위터를 통해 이 특허 기술에 대한 출시 계획은 없다고 밝혔다.[18] 하지만 마이크로소프트가 인공지능 챗봇을 통해 죽은 사람을 포함해 실제 사람을 시뮬레이션하는 시스템을 고려하고 준비하고 있다는 사실은 변치 않는다. 우리는 그렇게 준비된 기술이 기업에 충분한 수익을 보장해줄 때 그럴듯한 말과 함께 망설임 없이 쓰이는 것을 수없이 목격해왔다.

아마존^{Amazon}도 있다. 2022년 6월 아마존은 라스베이거스에서 열린 콘퍼런스에서 인공지능 스피커 알렉사^{Alexa}의 새로운 기능을 시연했다.[19] 인공지능 기술을 이용하여 고인의 목소리를 되살리는 딥보이스$^{deep\ voice}$ 기술이었다. 이날 아마존 수석 부사장 로히트 프라사드$^{Rohit\ Prasad}$는 1분 미만의 음성 샘플만 있어도 알렉사가 특정인의 목소리를 그대로 재현할 수 있다고 말했다. 이는 보다 인간적인 인공지능, 즉 인간과 유사한 '연민과 애정'을 가진 인공지능을 구현하기 위해서라고 주장했다. 그는 코로나19로 너무 많은 사람이 사랑하는 사람을 잃었으며, 그들의 목소리로 대화할 수 있으면 좋을 것이라 말했다. "인공지능이 가족을 잃은 고통을 없애주지는 못하지만, 고인이 된 가족을 영원히 추억할 수 있게 할 수는 있다"는 말도 덧붙였다. 그날 아마존은 알렉사가 읽어주는 동화를 듣는 어린 소년의 영상을 공유했다. 알렉사는 최근에 세상을 떠난 소년의 할머니 목소리로 「오즈의 마법사」를 들려주었다. 그녀의 목소리는 1분도 채 되지 않는 샘플을 사용하여 만들어졌다.[20]

슬픔의 무게

사랑하는 사람이 죽은 뒤 가장 고통스러운 것은 예전에 함께하던 익숙하고 일상적인 것들을 마주하는 일이다. 소소하고 대수롭지 않은 것들이다. 매일 쓰던 컵, 좋아하던 신발, 즐겨 입던 옷, 좋아하던 노래, 함께 걷던 산책길이다. 물건과 장소에는 힘이 있어 사랑하는 존재가 사라진 이후에도 오래도록 우리 곁에 남아 그 힘을 발휘한다. 움직이지 않는 물건과 장소도 그러한데 고인의 디지털 인격체는 그의 모습을 하고 그의 목소리로 내게 말을 건다. 그가 생전에 부르던 애칭으로 나를 부르고, 익숙한 말버릇으로 대답한다. 즐겨 쓰던 이모티콘을 보내며 자주 하던 농담을 한다. 우리만이 아는 비밀과 추억을 속삭인다. 아직 우리는 이러한 존재가 각자의 상실에 어떤 영향을 미칠지 알지 못한다.

애도 기술grief tech을 이루는 단어 'grief'는 큰 슬픔, 특히 누군가의 죽음으로 인한 정신적인 고통과 비탄을 의미한다. 이 단어는 '무겁다'라는 뜻의 라틴어 'gravis'와 중세 영어 'gref'에서 비롯되었다. 어원을 생각해보면 슬픔의 속성은 무거움이다. 그리고 그 슬픔의 무게는 사람마다 다르다. 누군가에겐 잠시 멈추어 숨을 고르고 다시 걸을 수 있을 정도의 무게지만, 어떤 슬픔의 무게는 사람을 죽음으로 몰기도 한다. 눈에 보이지 않는 슬픔의 무게는 그 누구도 판단할 수 없다. 기술의 발달, 특히 인공지능 기술의 발달은 우리가 원하든 원하지 않든 사랑하는 사람의 죽음을 아주 구체적인 상품으로 만들어 우리 앞에 내밀었다. 그 기술은 사랑하는 사람의 외모와 목소리를 입고, 그의 사소한 습관과 말버릇을 가지고 우리만이 알고 있는 비밀스러운 일들을 말한다. 이별과 상실의 순간, 우리에게 사랑하는 사람과 연결을 지속할 수 있는 새로운 수단이 생겼다. 이를 적절하게 개발하고 규제하는 것은 우리 모두의 일일 테지만 그것을 사용할지, 말지를 선택하는 건 각자의 몫일 것이다. 사랑하는 이를 떠나야 하고, 떠나보내야 하는 사람의 슬픔과 고통, 상실의 무게는 그 누구도 알 수 없는 온전한 자신만의 것이므로.

2장
존재와 기억

언제까지, 어떤 모습으로 존재하고 싶은가?

"나는 이 세상에 나서 어떤 나무를 심어왔고,
　내 정원에는 어떤 목소리의 새가 날아왔던가."

―이홍섭 「귀 조경(造景)」

나비를 닮은 소년

조금 스치기만 해도 물집이 생기고 피부가 벗겨진다면 어떻게 살아야 할까? 최대한 안전한 집 안에만 머물러야 할까? 어디에도 닿지 않도록 조심스럽게 움직이며 행동반경을 최소화해야 할까? 1993년 영국에서 한 아기가 태어났다. 이름은 제임스 던[James Dunn]. 갓 태어난 던에게는 양쪽 발과 한쪽 손의 피부가 없었다. 희귀한 유전 질환 때문이었다. 어딘가에 살짝 스치기만 해도 쉽게 물집이 생기고 피부가 벗겨지는 '수포성 표피박리증'[EB]이었다. 그의 피부는 '나비의 날개'처럼 연약했다. 이러한 병의 특징 때문에 던과 같은 병을 앓는 아이들은 '나비의 아이들'이라 불렸다. 그의 어머니는 매일같이 화상 같은 상처가 난 피부 위의 붕대를 교체해야 했다. 아기는 끊임없이 고통스러워했다. 가끔은 목 안쪽에 수포가 생겨 물도 마실 수 없었다. 눈꺼풀에 수포가 생겨 며칠 동안 눈을 뜨지 못하는 일도 있었다. 그럴 때면 엄마는 아이에게 남은 시간을 헤아렸다. 간호사는 이 병을 앓고 있는 아이들 대부분이 20대 중반에 암이나 감염으로 사망한다고 말했다. 너무 짧은 시간이었다.[1]

하지만 던은 밝았다. 항상 웃었고, 활기찼다. 포기를 몰랐다. 그 모습에 가족은 힘을 얻었다. 학교에 다닐 나이가 됐을 무렵 일반 학교에 다닐 수 없을 것이라는 모두의 편견을 깨고 던은 일반 초등학교에 입학했다. 발의 피부 상태 때문에 걸을 수 없어 휠체어를 타고 다녀야 했지만 개의치 않았다. 다른 아이들처럼 학교에 다니며 많은 친구를 사귀었다. 10대 후반이 되었을 때 던은 자신에게 남은 시간이 그리 많지 않다는 것을 알았다. 자기 삶이 얼마 남지 않았다는 것을 알게 된 10대 소년의 마음속엔 무엇이 들어찼을까? 죽음에 대한 두려움이었을까? 부모님에 대한 원망이었을까? 그의 마음속에 어떤 감정들이 차오르고 빠져나갔는지는 모른다. 하지만 던이 선택한 것이 무엇인지는 알 수 있었다. 그것은 충실한 하루하루의 삶이었다.

그는 원하는 것을 하나씩 배우고 새로운 삶에 도전하기 시작했다. 휠체어를 타고 축구를 했다. 운전면허를 따서 개조된 차를 운전해 미국의 라스베이거스와 남아프리카 대륙을 여행했다. 사진 촬영도 시작했다. TV 리얼리티쇼를 찍으면서 받은 개조된 카메라를 사용하면 최소한의 접촉만으로도 사진을 찍을 수 있었다.[2] 연애도 했다. 온라인 장거리 연애였다. 기술 덕분에 가능했던 관계였다. 현실세계에선 온몸에 붕대를 감는 데 하루에 4시간 가까이 보내고, 통증을 멈추기 위해 몇시간마다 진통제를 먹어야 했지만, 인터넷에선 자유로웠다. 신체의 한계를 뛰어넘을 수 있었다. 얼마든지 새로운 사람을 만나 이야기하고, 모르는 것을 배울 수 있었다. 인터넷상에서 그의 신체는 중요한 요소가 아니었다. 인터넷 안에서 그는 온전한 자신이 될 수 있었다. 그곳에선 나비의 날개처럼 연약한 피부를 가진 환자가 아니라 재치 있고 유쾌한 '나'가 될 수 있었다. 신체는 중요치 않았다.

2016년 스물세살이 된 던은 자신의 육체가 죽더라도 자신의 일부가 디지털 세상에서 계속 살아갈 수 있을지 궁금했다. 피부암에 걸렸기 때문이었다. 같은 병을 앓고 있는 많은 사람이 감염과 합병증으로 스물 중반을 넘기지 못하고 죽었다. 비슷한 시기에 누나는 그에게 그가 곧 삼촌이 된다는 사실을 알렸다. 기쁜 일이었다. 던은 자신의 조카와 많은 시간을 보내고 싶었다. 하지만 그에게 허락된 시간은 길지 않았다. 던은 자신의 조카가 자신이 어떤 사람인지 알기 원했다. 그 아이가 자신을 오랫동안 기억하길 원했다. 그것이 '디지털로 된 나'라도 괜찮았다.

2017년 2월 던은 소망을 현실로 이루어줄 사람을 만났다. 인공지능 챗봇 개발자로 일하고 있는 피트 트레이너[Pete Trainor]였다.[3] 그는 인공지능이 인간의 삶을 얼마나 개선할 수 있는지에 대해 깊은 관심을 가진 사람이었다. 트레이너는 여러 경로를 통해 던에 대해 알고 있었다. 그는 던의 포기하지 않는 정신과 도전하는 삶에 깊은 감명을 받았다. 둘은 빠르게 우정을 쌓았다.[4] 트레이너는 자신이 가진 기술을 통해 던이 이루고 싶어 하는 것을 돕고 싶었다. 던은 그에게 최대한 자신의 모든 기억과 경험을 디지털로 남기고 싶다고 말했다. 쉬운 일은 아니었다. 트레이너는 짧은 시간에 최대한 많은 데이터를 수집하기 위해 던의 집에 여러 대의 인공지능 스피커를 설치했다. 인공지능 스피커가 인터뷰어가 되어 질문을 던지면 던이 답했다. 질문과 대답의 내용은 다양했다. 삶에 대한 철학, 기술과 여행에 대한 관심, 가족·친구와 함께한 기억, 소망과 꿈, 병과 함께 살아가는 기분 등 던의 이야기가 차곡차곡 데이터로 쌓였다. 트레이너는 이렇게 모인 던의 데이터를 인공지능 신경망에 학습시켜 던처럼 말하는 챗봇을 만들었다. 보[BO]라는 이름의 로봇을 알게 된 이후로 던의 아이디어는 더욱 구체화되었다. 보는 90센티미터가량의 키에 카메라를 가진, 말하고 움직이는 로봇이었다. 던은 자신의 목소리로 자신의 생각과 경험을 말하는 로봇을 상상했다. 로봇의 몸체에 달린 카메라로 세상을 보면서 그가 몸을 움직여 가보지 못한 세상을 탐험하는 꿈을 꿨다. 자신의 조카가 로봇과 대화를 나누며, 자신의 삼촌이 '실제 이런 사람이었을 거야'라고 생각하길 바랐다. 던은 자신과 같은 유전 질환을 겪는 사람들이 자신의 기억이 담긴 로봇과 이야기를 나누며 질병과 힘겹게 싸우면서도 행복할 수 있었던 이유를 알길 바랐다. 하지만 이런 던의 소망은 이루어지지 못했다. 암이 재발했기 때문이다. 2018년 4월 던은 세상을 떠났다. 그의 관 옆에는 그의 모든 디지털 데이터가 담긴 하드디스크가 함께 묻혔다.

만약 던의 죽음이 조금 더 늦춰졌다면 어땠을까? 로봇을 원격으로 움직여 자신이 보지 못했던 세상을 카메라를 통해 마음껏 보았을까? 자신의 기억이 이식된 로봇을 만난 아픈 사람들이 꿈과 희망을 말하는 모습을 바라보며 뿌듯해하진 않았을까? 그가 자신의 기억이 이식된 로봇을 바라보며 어떤 생각을 했을지도 궁금하다. 자신의 삶을 이어받은 쌍둥이라 생각했을까, 아니면 자신의 영혼을 로봇으로 옮겼다고 생각했을까? 이 모든 질문에 대한 답은 던이 세상을 떠난 지금은 알 수 없다. 다만 사람들이 던의 로봇과 대화하고 감동한다면 그것은 발전된 기술 때문이 아닐 것이다. 매일 고통 속에 살면서도 끝까지 포기하지 않고 하루하루 자신의 삶을 충실하게 살며, 죽는 순간까지도 같은 병을 겪는 환자들을 생각했던 그의 마음 때문일 것이다. 자신의 모든 것을 녹여 새롭게 신체를 재구성하는 힘든 변태의 시간을 견디고 나비가 되어 날아오른 그의 날갯짓 때문일 것이다.

영원히 기억되고 싶나요?

여기 던이 흥미를 느꼈을 만한 서비스가 있다. 서비스의 이름은 이터나임[Eternime]. '영원한 나'라는 뜻의 이 서비스가 처음으로 세상에 알려진 것은 2014년 미국 메사추세츠공과대학[MIT]의 '기업가 정신 개발 프로그램'[EDP]을 통해서였다.[5] 창업을 꿈꾸는 다양한 배경의 사람들이 한자리에 모여 하루 20시간 이상 배우고 실험하며 아이디어를 실현할 수 있는 프로그램이었다. 프로그램 참가자 마리우스 우르사케[Marius Ursache]에게는 한가지 아이디어가 있었다. '죽은 사람과 영상통화하듯 대화할 수 있다면?'이라는 아이디어였다. 이 아이디어는 이렇게 확장될 수 있었다.

인공지능 기술을 이용해 나와 얼굴, 목소리가 똑같은 가상의 존재에 내 기억을 저장할 수 있다면 어떨까? 내가 죽은 후에도 그 존재가 다른 사람들과 이야기를 나눌 수 있다면 어떨까?

이 아이디어는 단숨에 그곳에 모인 사람들을 사로잡았다. 다양한 배경의 사람들이 서비스를 만드는 데 함께하길 원했다. 곧 하나의 팀이 만들어졌다. 그들은 자신들의 아이디어를 사람들이 어떻게 생각하는지 궁금했다. 이를 알아내기 위해 웹사이트를 만들었다. '간단하게 불멸의 존재가 되세요'[Simply Become Immortal]라는 문구와 함께 서비스의 콘셉트를 담은 한 페이지짜리 웹사이트였다. 호기심을 느낀 몇몇 사람이 여기에 가입했고, 그 내용은 인터넷에 올린 지 2시간 만에 지역 신문에 실렸다. 얼마 지나지 않아 지역 TV 방송국이 인터뷰를 요청했다. 이 내용은 곧 CNN에 방송되었다. 『패스트컴퍼니』$^{Fast\ Company}$, 『와이어드』^{Wired}, 『더 뉴요커』$^{The\ New\ Yorker}$, BBC 등 수많은 언론에 보도되었다.[6] 짧은 시간에 엄청난 주목을 받았다. 전세계에서 수백통의 이메일이 쏟아졌다. 며칠 만에 3만명이 넘는 사람들이 웹사이트에 가입했다. 그중에는 암, 백혈병, 알츠하이머병을 앓거나 말기 질환으로 죽음을 눈앞에 둔 사람도 많았다. 책임이 무거워졌다.

하지만 이터나임은 아직 아이디어에 불과했다. 세상에 내놓을 만한 구체적인 결과물이 없었다. 지금이라면 몰라도 당시에는 사람의 데이터를 학습해 재현할 만한 인공지능 서비스를 구축하기 위해서는 천문학적인 비용이 필요했다. 비용 문제 외에도 해결해야 할 문제가 많았다. 눈에 보이는 성과가 없자 프로젝트는 난항을 겪기 시작했다. 언론의 관심이 식고 투자받은 자금도 바닥났다. 팀원들도 하나둘 떠났다. 결국 처음 아이디어를 낸 우르사케만 남았다. 하지만 그는 포기할 수 없었다. 이터나임에 가입한 3만명이 넘는 사람들, 특히 죽음을 눈앞에 둔 수천명의 사람들 때문이었다. 이후 이터나임은 2015년부터 2017년까지 몇차례에 걸쳐 서비스를 개발·배포했다. 한정된 사람만을 대상으로 한 테스트 서비스였다. 개발된 이터나임은 초기 아이디어와 크게 다르지 않았다. 사용자의 이메일, 일정, 소셜미디어 게시물, 사진, 동영상 등을 스마트폰과 웨어러블 기기에서 수집했다. 사용자로부터 더 많은 정보를 얻기 위해 사용자에게 질문을 던지고 답을 들었다. 이렇게 모은 데이터를 인공지능 신경망에 학습시켜 사용자를 대신하는 아바타avatar를 만들었다. 사용자의 아바타는 사용자의 얼굴을 하고 문자와 영상으로 질문에 답했다.

이터나임은 자사의 홈페이지를 통해 이 아바타는 '우리에게서 배우고, 우리와 함께 성장하고, 결국 우리가 죽은 후에도 계속 살아갈 것'이라고 말했다.[7] 이터나임의 창업자인 우르사케는 한 강연에서 이렇게 말하기도 했다. "인간은 자신을 돌볼 수 없을 때 처음으로 죽고, 땅속에 묻힐 때 두번째로 죽고, 우리의 이름이 마지막으로 불리는 순간 세번째로 죽는다는 말이 있습니다. 처음 두번의 죽음은 우리가 극복할 수 없는 죽음이지만, 세번째 죽음은 기술의 발전을 통해 극복할 수 있습니다. 인간이 죽은 후에도 잊히지 않는 미래가 세상을 훨씬 더 풍요롭게 한다고 믿습니다."[8]

하지만 이러한 약속에도 불구하고 이터나임은 정식 서비스를 출시하지 못한 채 조용히 사라졌다. 수많은 서비스가 그렇듯 충분한 사용자를 확보하지 못했기 때문이었다. 인공지능을 활용한 서비스가 본격적으로 상용화되기 시작한 시점이 챗GPT 서비스가 출시된 2022년 말부터니, 기술과 비용의 문제도 컸을 것이다. 하지만 그보다 더 근본적인 문제가 있었다. 바로 우리 인간이 가진 천성 중 하나인 '게으름'이었다. 이터나임은 서비스 내에서 아바타를 만드는 것이 마치 아이를 키우는 일과 같다고 설명했다. 처음에는 적은 정보만 가지고 있지만 더 많은 대화를 하고 더 많은 정보를 제공할수록 더 우리를 닮아가고 똑똑해질 거라는 의미였다. 이를 위해 일기를 쓰듯 매일 서비스에 접속해 '평생' '최대한 자주' 우리의 아바타와 이야기하길 권했다. 일생에 걸쳐 사용자의 생각과 이야기, 기억을 수집하길 원했다.

하지만 평생 특정 서비스에 접속해 그 속에 있는 아바타와 대화를 나누며 자신의 이야기와 기억을 기록하는 것은 수고스러운 일이다. 사람들은 그런 수고스러움을 감내할 만한 가치가 있을 때만 자신의 시간과 에너지를 기꺼이 투자한다. 삶이 얼마 남지 않은 사람들에게는 이터나임에 접속해 기억과 이야기를 기록하는 것이 충분히 시간을 투자할 만한 가치 있는 일이 될 수 있다. 하지만 대다수의 사람은 자신이 죽는다는 사실을 의식하지 않고 산다. 죽음이라는 단어가 자신의 삶에는 없다는 듯이 오늘을 산다. 그런 사람들에게 자신의 죽음 이후 자신을 대신해 존재할 아바타를 위해 매일 시간을 투자하는 것은 너무나 수고스러운 일이다. 이터나임도 이 점을 생각했는지 이터나임 안에서 자신의 아바타를 만들어가는 일은 삶의 중요한 사건을 되돌아보고, 기록하지 않았던 것을 떠올리고, 자신에게 올바른 질문을 던지는 데 도움이 된다고 말했다. 이 과정을 통해 더 나은 사람이 될 수 있다는 장점도 내세웠다. 하지만 안타깝게도 오늘날 우리는 자신의 삶을 되돌아보고, 스스로에게 질문을 던지는 일에 많은 시간을 쓰지 않는다. 그런 일을 하기엔 하루하루 우리의 시간을 탐내는 일들이 너무 많다.

- 어떻게 살아야 하는가?
- 어떻게 하면 더 나은 사람이 될 수 있는가?

이런 질문들은 어느날 불현듯 삶 속에 견딜 수 없는 시련이나 죽음이 침범했을 때에야 떠오른다. 그때에 이르러서야 정신없이 내달려왔던 시간을 잠시 멈추고 자신을 불러내 대화한다.

더 근본적인 문제도 있다. 정말 우리는 우리의 죽음 이후 누군가에게 영원히 기억되길 원하는 걸까? 죽은 후에도 잊히지 않는 미래가 세상을 훨씬 더 풍요롭게 만들까? 누군가는 죽음 이후에도 가족을 비롯한 많은 사람이 자신을 오래도록 기억하길 원할 수 있다. 하지만 누군가는 주변 사람들이 자신과 자신의 죽음을 잊고 각자의 삶을 살아가길 원할 수도 있다. 이에 대한 답은 누구도 대신할 수 없는, 온전히 각자의 몫일 수밖에 없다.

하지만 기억되길 원한다고 해도 여전히 질문 하나가 남는다. 우리는 어떤 사람으로 기억되고 싶은 걸까? 우리는 단 한번의 삶을 살지만 하나의 고정된 모습으로 살지 않는다. 자신에게 주어진 상황에 따라 각기 다른 삶을 꾸려나가고, 그때마다 그 모습에 적합한 행동을 하고 말을 한다. 전문적 지식을 가진 직업인이 되었다가 부모에게 무심한 자식이 되기도 하고, 자녀에게 할 말 많은 부모가 되었다가 울면서 전화한 친구의 전화를 끊지 않고 오래도록 들어주는 다정한 친구가 되기도 한다. 그렇다면 우리는 그 많은 모습 중 어떤 모습으로 기억되길 원하는 걸까? '다양한 사회적 자아를 모두 포함한 나'일까? 아니면 어떤 '특정한 모습과 역할을 하는 나'일까? 죽음 이후에도 나를 닮은 아바타의 입을 통해 오래도록 기억되고 전달되길 원하는 이야기는 무엇이며, 죽음 이후에도 오래도록 살아남아 세상을 풍요롭게 만들어줄 이야기는 무엇일까?

불멸이라는 말도 문제다. 이터나임은 서비스를 통해 영원히 살고 싶은지를 지속적으로 물으며 디지털 복제본의 모습으로라면 가능하다고 말한다. 하지만 나를 재현한 디지털 아바타가 사후에도 디지털상에 남아 있다고 해서 불멸의 삶을 산다고 말할 수 있을까? 나의 행동과 말도 모두 사회에서 학습한 것에서 비롯되었으니 나로부터 만들어진 데이터를 학습해 말하는 아바타도 '나'와 별반 다르지 않다고 말할 수 있을지도 모른다. 오래전 세상을 떠난 철학자나 문학가, 음악가가 그들의 사상과 작품을 통해 현재까지도 회자되고 기억되는 것을 불멸이라 부른다면, 나를 닮은 '나의 아바타'가 인터넷상에 오래도록 남아 나의 생각과 경험을 말하는 것도 불멸이라 할 수 있다. 그런 게 아니라면 우리는 역사상 처음으로 글이나 사진, 동영상

같은 기록이 아니라 '나'라는 사람 자체를 세상에 남기고 싶다는 새로운 욕망을 갖게 된 것인지도 모른다. 아주 잘 편집된 창작물의 형태로.

산 자와 죽은 자가 함께하는 네트워크

2015년에 출시한 이터나인^{Eter9}은 다른 의미로 흥미롭다. 이터나임과 이터나인. 출시 시기도 이름도 비슷한 이 두 서비스는 온라인상에 '가상의 나'를 만든다는 아이디어는 비슷하다. 하지만 접근방식이 서로 다르다. 어떤 면에서 이터나인이 조금 더 영리하다. 이터나인은 소셜네트워크서비스^{SNS}다. 그렇기 때문에 한번이라도 SNS를 사용해본 적이 있는 사람이라면 별다른 노력을 하지 않고 쉽게 사용할 수 있다. 이터나인은 이터나임처럼 '가상의 나'를 만들기 위해 서비스에 접속해 별도의 정보를 입력하고 대화를 나눌 필요가 없다. 인스타그램이나 페이스북을 사용하듯 이터나인을 사용하면 된다. 계정을 만들어 글과 사진, 동영상을 올리면 된다. 다른 사람의 게시물을 모아서 보거나 다른 사람이 올린 게시물에 댓글을 달 수도 있다.

여기까지 보면 여타의 SNS와 다를 것 없어 보인다. 하지만 이터나인에는 다른 SNS에는 없는 것이 하나 있다. 그것은 바로 디지털로 만들어진 '가상의 나'다. 이터나인의 모든 사용자는 자신의 '디지털 도플갱어'digital dopplgänger를 키워야 한다. 자신의 프로필 사진 옆에는 자신의 디지털 도플갱어의 프로필 사진이 함께 표시된다. 가입 초기에는 디지털 도플갱어의 얼굴을 알아볼 수 없다. 사진이 모자이크 처리되어 있기 때문이다. 하지만 사용자가 이터나인을 오래 사용할수록 더 많은 게시물과 사진, 동영상을 올리고 다른 사람의 게시물에 '좋아요'를 누르고 댓글을 달수록, 디지털 도플갱어의 얼굴도 점점 뚜렷해진다. 나에 대해 더 많이 알아갈수록 나의 디지털 도플갱어의 프로필 이미지도 점차 선명해지고 점점 더 '나'를 닮아간다. 닮아가는 것은 프로필 사진만이 아니다. 인공지능 기술을 활용해 만들어지는 '가상의 나'는 나를 학습해서 나에 가까워진다. 나의 음악과 영화 취향을 흡수하고 내가 즐겨 사용하는 단어를 배운다. 자주 쓰는 이모티콘과 말투를 배우기도 한다. 내가 하는 일에 관심을 가지고, 그 일에 대해 나와 같은 견해를 가진다. 나와 가까운 사람들에 대해 알아가고, 서로 어떤 이야기를 주고받는지 배운다. 점점 더 나 자신이 되어간다.

그렇다면 이렇게 만들어진 디지털 도플갱어는 어떻게 사용될까? 디지털 도플갱어도 이터나인 안에서 똑같이 게시물을 올리고 댓글을 달며 활동한다. 내가 올릴 법한 게시물을 올리고 좋아할 법한 게시물에 '좋아요'를 누르기도 한다. 현실의 육체를 가진 '나'와 네트워크상에만 존재하는 디지털로 만들어진 '가상의 나'가 함께 SNS를 한다. 유기체로 이루어진 나와 디지털로 만들어진 가상의 내가 동등한 존재로 SNS를 꾸려나간다. 이 가상의 나는 나의 죽음 이후에도 네트워크에 남는다. 나의 계정에는 계속해서 내가 올릴 법한 글과 사진, 동영상이 업로드된다. 나의 디지털 도플갱어는 다른 사용자들과 '좋아요'와 댓글로 관계를 이어나간다. 이를 두고 이터나인의 설립자 엔히크 조르즈Henrique Jorge는 이렇게 말한다. "죽음은 죽음이 아니라, 신체와의 이별일 뿐입니다. 사람의 영혼은 살 수 있습니다."[9]

그런데 이렇게 만들어진 디지털 도플갱어를 정말 나의 영혼이라고 말할 수 있을까? 그저 나를 흉내 내는 자동화된 SNS 봇에 불과한 것은 아닐까? 디지털 도플갱어를 나의 영혼이라 볼 수 있는가에 대한 철학적 논의는 차치하더라도, 이 순간 올려도 되는 내용과 올리면 안 되는 내용은 누가 어떻게 판단하고 결정하는 걸까? 만약 그것이 알고리즘에 의해 결정된다면, 그 알고리즘이 반영하는 '나'의 모습은 '언제 적의 나'일지도 의문으로 남는다. 우리의 취향과 관심, 생각은 시간이 흐름에 따라 끊임없이 바뀐다. 사회적 역할에 따라 다르게 말하기도 하고, 하나의 사건에 대해 여러 생각을 동시에 가지고 있기도 하다. 그중에서 이터나인의 디지털 도플갱어가 '어느 시점'의 '어떤 나'를 반영하고 있는지는 알 수 없다.

디지털 도플갱어가 나의 사망 이후에도 학습을 계속하는 경우도 생각해볼 수 있다. 만약 나의 디지털 도플갱어가 학습을 통해 계속 발전해나간다면, 그때도 '나'라고 할 수 있을까? 아니라고 한다면 어느 시점부터 더이상 '내'가 아니게 될까? 의미에 대해서도 생각해볼 수 있다. 나의 디지털 도플갱어가 SNS를 한다면, 그것은 불멸에 대한 갈망일까, 아니면 잊히지 않으려는 몸부림일까? 사회적 문제도 있다. 죽은 사람이 온라인에서 활동하는 것이 괜찮을까? 과거 세대의 목소리가 축적되면서 새로운 세대의 변화 요구가 묻히지는 않을까? 생전에 권력을 가졌던 사람이 사후에도 영향력을 행사한다면, 이는 어떤 의미를 가질까? 책임의 문제도 남는다. 디지털 도플갱어가 올린 글로 문제가 발생하면 누구에게 책임을 물어야 할까? 이를 제공한 기업일까, 아니면 데이터를 남긴 고인일까?

우리의 그림자를 세상에 남기려 할 때

우리가 기술의 힘을 빌려 '또다른 나'를 세상에 남기려 할 때, 이처럼 예상치 못한 수많은 질문을 만난다. 디지털상에 나를 재현하는 일도 수고스럽다. 사람들은 왜 이런 일을 끊임없이 시도하는 걸까? 많은 기술 스타트업들이 달콤한 말로 속삭이는 것처럼 디지털에서의 영원한 삶, 불멸의 삶을 원하기 때문일까?

놀랍게도 많은 사람은 자신이 아닌 타인을 위해 자신을 디지털상에 재현한다. 자신의 영원한 삶 때문이 아니라 자신의 죽음 이후 세상에 남을 사랑하는 사람들을 위해 자신의 일부를 세상에 남긴다. 이들은 자신들의 죽음 이후 가족의 미래를 걱정하고 염려한다. 그들이 겪을 상실과 슬픔에 마음을 둔다. 특히 어린아이를 남겨두고 세상을 떠나야 하는 부모들이 그렇다. 죽음을 앞둔 부모는 충분한 시간을 함께하지 못한 자신의 아이를 위해 자신을 디지털로 재현하길 원한다. 함께했던 추억과 소중한 기억, 사랑하는 마음을 담아 인공지능 서비스에 자신의 데이터를 학습시킨다. 아이를 키우면서 경험했던 경이로운 모든 첫 순간을 데이터로 입력한다. 입학과 졸업을 거쳐 언젠간 성인이 될 아이에게 전달하고 싶은 말들을 조심스럽게 골라 데이터로 입력한다. 물론 디지털 클론이 부모의 존재를 완전히 대체할 수는 없다. 부모의 따뜻한 체온과 부드러운 포옹도 대신할 수 없다. 하지만 물건으로는 전달할 수 없는 것을 전할 수는 있다. 살아가면서 두고두고 힘이 될 응원의 말과 염려하는 마음을 건넬 수 있다. 미래의 생일과 입학, 졸업, 결혼을 축하할 수 있고, 위로도 할 수 있다.

  신체의 한계를 극복하고 희망을 전달하기 위해 자신을 디지털상에 재현하는 사람들도 있다. 서두에서 언급한 수포성 표피박리증을 앓았던 제임스 던 같은 사람이 그렇다. 그는 현실세계에서는 아픈 몸 때문에 활동에 많은 제약을 받았지만 인터넷에선 자유로웠다. 그곳에선 신체가 중요하지 않았다. 신체의 한계를 뛰어넘어 얼마든지 새로운 사람을 만나고 관계를 맺을 수 있었다. 던이 꿈꿨던 것 중 하나는 자신을 로봇에 재현하는 일이었다. 그렇게 재현한 로봇을 통해 자신과 똑같은 병을 앓는 사람들을 만나 희망을 전하고 싶어 했다. 어려운 상황에서도 고통에 대처하고 삶을 사랑하는 방법에 관해 이야기를 나누길 원했다. 그의 꿈은 죽음으로 인해 미완으로 남았다. 하지만 그가 전하고 싶어 했던 메시지는 인터넷에 남아 사람들에게 감동을 주고 있다.

증언하기 위해 자신을 재현하는 사람들도 있다. 홀로코스트 생존자들이다. 2016년 영국 국립 홀로코스트 센터는 포에버 프로젝트The Forever Project를 진행했다.[10] 홀로코스트 생존자들을 디지털로 재현하는 프로젝트였다. 세월이 흘러 생존자들이 사망한 후에도 사람들이 그들에게 질문하고 답을 들을 수 있게 만드는 프로젝트였다. 이 프로젝트에는 총 11명의 생존자가 참여했다.[11] 쉬운 일은 아니었다. 카메라가 설치된 스튜디오에서 며칠 동안 적게는 850개, 많게는 1,400개에 가까운 질문에 답하며 촬영해야 했다.[12] 80~90세의 나이 든 이들에게는 힘에 부치는 일이었다. 고통스러운 과거를 회상하는 것도 쉬운 일이 아니었다. 그런데 그들은 왜 이 고되고 힘든 일에 참여했을까? 그들이 포에버 프로젝트에 참여한 이유는 자신들이 겪은 역사가 반복되지 않길 원했기 때문이었다. 그들은 자신들의 죽음 이후에도 사람들이 자신들의 디지털 클론과 이야기를 나누며 끔찍했던 역사를 생생하게 기억하길 바랐다. 그렇게 그들의 목소리가 잊히지 않고 다음 세대에도 전달되길 원했다. 그들이 자신을 디지털의 형태로 남기기 위해 답해야 했던 1,400개 넘는 질문들은 아이들로부터 수집한 것들이었다. 지난 21년 동안 센터를 방문한 어린아이들이 생존자에게 물어왔던 것들로, 그 내용은 아주 다양했다. "홀로코스트 이후 당신을 가장 먼저 웃게 만든 것은 무엇이었나요?" 같은 엉뚱한 질문도 있었고, "그들을 용서할 수 있나요?"라는 답하기 쉽지 않은 질문도 있었다. "유대인으로 태어나지 않았으면 하고 바란 적이 있나요?" 같은, 어른이라면 차마 물어보지 못했을 만한 질문도 있었다.[13] 어린아이들이 생존자들에게 물었듯, 우리도 그들에게 질문을 던지고 답을 들을 수 있다. 영국 국립 홀로코스트 센터를 방문하면 된다. 여기를 방문하면 실제 사람 크기의 디스플레이를 통해 그들에게 질문하고 답변을 들을 수 있다. 홈페이지(https://www.holocaust.org.uk/interactive)를 방문해 예약하면 온라인에서도 영상통화를 하듯 화면을 통해 그들의 얼굴을 바라보며 대화를 나눌 수 있다.

배우나 가수, 스포츠 스타, 인플루언서 같은 유명인들도 자주 디지털상에 재현된다. 이들의 디지털 클론은 주로 팬들과 소통하거나 노래나 연기, 광고 촬영 같은 업무를 대신하는 데 사용된다. 인공지능 기술을 이용해 '디지털 인간'을 만드는 스타트업 솔 머신 Soul Machines은 자신들의 기술은 결코 유명인을 대체하는 데 사용되지 않으며, 유명인과 전세계 팬 사이의 연결을 강화하는 데 중점을 두고 있다고 주장한다. 다만 앞선 사례와 달리 이들이 얼마만큼 자신의 의지로 자신의 디지털 클론을 만들었는지는 알 수 없다. 확실하게 알 수 있는 것은 매릴린 먼로$^{Marilyn\ Monroe}$는 자신을 디지털로 '부활'시키는 데 동의하지 않았다는 사실이다. '디지털 매릴린 먼로'는 그녀의 초상에 대한 권리를 소유한 어센틱 브랜드그룹$^{Authentic\ Brands\ Group}$의 협력으로 만들어졌다.

잊힐 권리

어떤 이는 기술의 힘을 빌려 오래도록 기억되고 싶어 하지만, 어떤 이는 자신의 죽음 이후 아무것도 남기고 싶어 하지 않는다. 자신의 죽음 이후 주변 사람들이 자연스럽게 자신을 잊고 각자의 삶을 충실하게 살길 원한다. 하지만 현실적으로 현시대를 살면서 아무런 흔적도 남기지 않는 것은 불가능하다. 우리는 자신도 모르는 사이 많은 흔적을 남기고 다닌다. 인스타그램이나 페이스북, 블로그, 유튜브 같은 서비스를 사용하고 있다면 더욱 그렇다. 자주 사용하고 오래 사용하면 할수록 더 많은 데이터가 남는다. 그리고 그 데이터는 우리의 사후 '유산'이 된다. 인터넷상에 디지털의 형태로 남겨진 '디지털 유산'이다. 하지만 디지털 서비스를 사용하면서 자신의 죽음을 생각하는 사람은 드물다. 기본적으로 디지털 서비스는 살아 있는 '오늘의 나'를 위한 것이지 '부재하는 내일의 나'를 위한 것이 아니다. 하지만 지금 이 순간에도 누군가는 죽어가고 있다. 그들 중에는 자신의 죽음을 미리 알고 있던 사람도 있지만, 갑작스럽게 죽음을 맞이하는 사람도 많다. 그리고 그렇게 세상을 떠난 사람들이 인터넷에 남긴 수많은 데이터는 그들의 의도와 상관없이 '유산'이 된다.

'디지털 유산'에 대해 가장 잘 알려진 사례는 싸이월드다. 2000년대 초 '미니홈피'로 큰 인기를 끌었던 싸이월드가 2022년 4월 서비스를 재개했다. 다시 문을 연 서비스에 많은 사람들이 접속해 옛 사진을 내려받았다. 그사이 사망한 회원도 많았다. 고인이 된 가족의 옛 사진을 내려받을 수 있게 해달라는 요청도 수천 건 들어왔다. 싸이월드는 결국 약관을 변경하고 고인이 생전에 전체 공개했던 사진들을 유족에게 상속했다. 2,000건에 가까운 대규모 상속이었다.[14] 이 사실이 알려지자 인터넷에는 찬반 여론이 뜨겁게 달아올랐다.[15] 고인의 프라이버시와 유족의 상속받을 권리가 맞붙었다. 자신의 싸이월드 사진을 부모님이 보게 된다니 생각만 해도 아찔하다는 사람들의 의견과, 그렇게라도 사랑하는 가족의 옛 모습을 볼 수 있어 다행이라는 사람들의 의견이 팽팽히 맞섰다. 유족의 '상속받을 권리'만큼 '고인의 프라이버시와 잊힐 권리'도 중요하다는 것을 생각해보면 한쪽의 편을 들기 어려운 문제다.

그렇다면 현시점에서 우리가 죽게 되면 우리의 인스타그램과 블로그, 페이스북, 유튜브 계정에서는 어떤 일이 일어나는 걸까? 우리가 올린 수많은 데이터는 어떻게 되는 걸까? 네이버와 카카오는 유족의 요청이 있더라도 회원의 아이디와 비밀번호 같은 계정정보는 유족에게 제공하지 않는다.[16] 다만 유족 등 정당한 권리를 가진 사람이 요청할 경우, 고인과의 관계를 확인 후 회원 탈퇴 및 삭제 서비스는 제공한다. 인터넷에 남아 있는 자료들은 어떻게 될까? 메일이나 주소록 같은 개인 자료는 별도의 요청이 없어도 휴면 정책에 따라 일정 기간이 지난 후 삭제된다. 블로그같이 공개적으로 올려놓은 자료들은 별도의 요청이 있지 않는 한 인터넷상에 그대로 유지된다. 유가족은 서비스에서 요청하는 서류를 제출하면 공개된 자료에 한해 백업된 데이터를 받을 수 있다.

인스타그램과 페이스북은 '삭제'와 '기념 계정 전환' 두가지가 가능하다.[17] 삭제는 직계가족이나 법률 대리인이 서비스에서 요청하는 서류를 제출하면 된다. 기념 계정으로 전환하는 것은 사망을 증명하는 서류가 있다면 가족이 아닌 제3자도 신고하여 전환할 수 있다.[18] 계정이 기념 계정으로 전환되면 고인의 이름 옆에 '추모' 문구가 표시된다. 새로운 게시물이 올라오진 않지만, 고인이 생전에 올린 데이터는 계속 남아 방문자에게 보이게 된다. 페이스북은 자신의 사후에 계정을 삭제할지 유지할지 미리 설정할 수 있다. 만약 사용자가 자신의 사후에 계정을 삭제하도록 설정해놓았다면 페이스북은 사망 사실을 확인한 후 자동으로 모든 데이터를 삭제한다. 우리가 올렸던 모든 사진과 게시물, 메시지, 댓글이 모두 삭제된다. 자신의 사후에도 계정을 유지하길 원한다면 자신의 사후에 계정을 돌봐줄 관리자를 선택할 수도 있다.[19]

유튜브는 어떨까? 구글Google의 서비스 중 하나인 유튜브는 구글의 정책에 따른다. 구글에서 '휴면계정 관리자 페이지'를 설정해 사후 데이터를 어떻게 처리할지 우회적으로 결정할 수 있다. 구글의 휴면계정 관리자 페이지에 접속하는 방법은 간단하다. 구글 검색창에서 '휴면계정 관리자'를 검색하면 된다. 해당 페이지에 접속해 나의 사후에 데이터를 모두 삭제할지 아니면 누군가에게 전달할지 결정할 수 있다.[20] 삭제하기 설정이 활성화되면 나의 죽음 이후 구글에 올라가 있는 모든 종류의 데이터가 삭제된다. 유튜브 동영상을 비롯해 공개적으로 발행한 모든 데이터가 삭제된다. 삭제를 활성화하지 않거나 휴면계정 설정을 하지 않은 상태에서 사망하면 어떻게 될까? 당장은 아무 일도 일어나지 않는다. 우리의 데이터 처리에 관한 권한이 구글에 넘어갈 뿐이다. 구글의 필요에 따라 우리의 정보는 삭제되거나 유지된다.

복잡해 보이지만 간단하다. 우리가 우리 사후에 데이터가 '삭제'되도록 미리 설정했거나, 우리의 가족이 서비스를 일일이 방문해 삭제하길 요청하지 않는다면 인터넷상에 올라간 우리의 데이터에는 별다른 변화가 일어나지 않는다. 생전과 마찬가지로 여러 사람이 접근하고 볼 수 있는 장소에 고스란히 남는다. 하지만 우리가 만들어낸 데이터를 어떻게 처리할지 스스로 결정하는 일은 중요하다. 우리의 데이터를 원하는 사람들이 우리의 가족만이 아니기 때문이다. 기업 역시 우리의 데이터를 원한다. 쓸모가 많기 때문이다. 우리의 데이터는 인공지능 모델을 학습시키는 재료가 될 수 있다. 서비스와 비즈니스 모델의 재료가 될 수도 있다. 한 사람 한 사람의 데이터는 의미 없어 보일지 몰라도 많은 사람의 데이터가 모이면 석유에 버금가는 자원이 된다. 게다가 생성형 인공지능 기술의 발달로 디지털상에 누군가를 재현하는 일도 점점 쉬워지고 있다. 사진과 동영상, 게시물 같은 데이터만 있으면 별다른 어려움 없이 일반인들도 쉽게 타인을 재현할 수 있다. 우리를 디지털로 '부활' 시킬 사람은 우리의 가족이나 애인, 친구일 수도 있지만, 얼굴 한번 보지 못한 타인일 수도 있다.

돌과 흙

인공지능 기술의 발전은 죽음 이후에도 세상에 '존재'할 수 있는 다양한 방법을 제공한다. 그리고 그것은 '나'의 형태를 띠고 있다. 나의 얼굴과 목소리로 내가 경험한 일들과 추억을 말하고, 조언과 위로를 건넨다. 하지만 우리가 우리를 닮은 존재를 만들려 하면 할수록 그 존재는 우리와 점점 더 달라진다. 우리가 우리를 제대로 알지 못하기 때문이기도 하지만, 우리가 시간의 흐름에 따라 조금씩 변해가듯 그 존재도 변하기 때문이다. 그것은 업데이트된 인공지능 모델 때문일 수도 있고, 그와 상호작용하는 사람들 때문일 수도 있다.

우리가 우리를 닮은 존재를 디지털로 재현한다 해도 그 존재가 저절로 오래도록 기억되는 것도 아니다. 모든 존재는 관계 속에서만 존재할 수 있기 때문이다. 존재하지만 아무도 찾지 않는 존재를 잊기 쉽듯, 디지털상에 존재하는 나도 누군가에게 인식되고 이름이 불릴 때 비로소 존재할 수 있다. 그렇기 때문에 누군가에게 오래도록 기억되고 싶다면 나를 닮은 존재를 만들어내기 전에 나에게 어떤 이야기가 있는지 생각해야 한다. 수많은 기억과 추억 속에서 오래도록 기억되고 싶은 이야기를 찾아내야 한다. 오랜 시간을 견뎌낼 수 있는 단단한 이야기를 골라내야 한다. 그러기 위해서는 영원히 간직하고 싶은 추억이 필요하다. 잊고 싶지 않은 오늘이 필요하다.

존재와 사라짐을 생각한다. 오랫동안 기억되는 것과 자연스럽게 잊히는 것을 생각한다. 변치 않고 오래도록 남는 것도 좋지만, 녹고 썩고 부스러져 사라지는 것도 애틋하다. 변치 않는 것도 아름답지만, 소멸하는 것이 만들어내는 순간의 형상도 마음에 남는다. 오래도록 기억될 단단한 이야기도 좋지만, 흙으로 돌아갈 부드러운 이야기도 좋다. 사라진다고 해서 모두 잊히는 건 아니므로, 존재한다고 해서 영원히 기억되는 것은 아니므로.

3장
대화와 관계

누구와 관계 맺고 대화할 것인가?

"넌, 내게 진짜야."
You feel real to me.

―영화「그녀」(Her)

나의 오빠, 양

가족이란 무엇일까? 한 남자가 있다. 그의 이름은 제이크. 그는 지금 고장 난 것을 수리하지도 못했으면서 비싼 진단비를 요구하는 수리점 직원을 바라보며 화를 참고 있다. 고장 난 것은 딸을 위해 구입했던 안드로이드 양^{Yang}. 중국계 입양아인 딸을 위해 오빠로 들인 아시아계 인간형 로봇이었다. 양은 어느날 갑작스레 고장 났다. 아무런 징조도 없었다. 갑작스레 멈춰버린 양 때문에 딸은 학교도 가지 않고 우울해했다. 양은 왜 고장 났을까? 돈을 아끼기 위해 새 제품이 아닌 중고 제품을 사서였을까? 하지만 판매상이 새 제품에 가깝다고 한 것이다. 보증기간도 3년이나 남았다. 하지만 양을 샀던 가게는 연락이 되지 않았다. 기억을 더듬어 찾아간 가게는 문을 닫고 없었다. 하는 수 없이 찾아간 사설 수리점에선 코어의 부품이 망가져 고칠 수 없다고 했다. 부패가 시작되기 전에 본사로 보내 새 제품을 사는 데 할인 혜택을 받거나 신체의 일부를 활용해 가상비서를 만들 수 있다고 했다. 하지만 그건 딸이 원하는 게 아니었다.

이웃에게 소개받은 다른 사설 수리점을 찾았다. 그곳에서도 양은 고치기 힘들다고 했다. 어떻게 해야 할까? 딸에게는 뭐라고 설명해야 할까? 아무것도 결정하지 못한 채 수리점에 양을 맡기고 집에 돌아온 날 밤, 아내는 차라리 잘된 일인지도 모른다고 말했다. 좋은 아이였던 양이 정말 그립지만 그동안 우리가 양에게 너무 의존했다고 말했다. 딸에게 중국의 전통과 언어를 알려주기 위해 양을 산 거지 딸을 키우라고 산 건 아니었는데, 우리가 너무 양에게만 아이를 맡겼다고 후회했다. 하지만 그 정도는 당연한 게 아닐까? 양을 사는 데 돈이 얼마나 들었는데. 하지만 아내는 양을 못 고친다 해도 딸을 돌볼 다른 로봇을 사진 말자고 했다. 딸을 온전히 돌보는 건 낯설고 어려운 경험일 테지만 우리가 해야 하는 일이라고 말했다. 아내의 말대로 그건 정말 어렵고 낯선 일일 테다.

2022년 6월 한국에서 미국의 SF영화 한편이 개봉되었다. 제목은 「애프터 양」After Yang. 영화의 배경은 현재와 크게 달라 보이지 않지만, 인공지능 안드로이드와 복제인간이 인간과 함께 사는 일이 일상화된 미래다. 영화는 어느날 함께 살던 안드로이드 '양'이 갑작스레 작동을 멈춰버린 후 가족에게 일어나는 일을 담았다. 양은 '테크노 사피엔스'Techno Sapiens로 불리는 인간형 인공지능 로봇이다. 그중에서도 다른 문화권으로 입양되어 정체성 형성에 어려움을 겪는 동양계 입양아를 위해 만들어진 '컬처 테크노'culture-techno다. 그는 주로 입양된 아이들의 형과 오빠로 존재하며 다른 문화권에 입양된 아이가 소외감을 느끼거나 정체성에 혼란을 겪지 않도록 돕는다. 아이들이 태어난 곳의 문화와 언어를 자연스럽게 알려주며 자신의 뿌리를 인식하고 건강하게 자랄 수 있도록 한다. 하지만 제이크의 딸 미카에게 양은 그 이상의 존재다. 양은 바쁜 엄마 아빠 대신 항상 자신의 곁을 지켜주는 하나뿐인 오빠다. 처음 해본 요리를 잘 만들었다고 칭찬해준 것도, 서툴게 바이올린을 연습하는 걸 지켜봐준 것도, 잠들 때까지 곁을 지켜준 것도 모두 양이었다. 한밤중에 잠에서 깨어 물을 마시러 나올 때 무섭지 않도록 함께 따라나와주는 것도 양이었다. 학교에서 친구들이 엄마 아빠가 진짜 부모가 아니라고 놀렸을 때 위로해준 것도 양이었다. 미카의 모든 경험 속에 양이 있다. 미카가 보냈던 모든 시간과 장소 속에 양이 있다.

  SF소설이나 SF영화, 드라마에서 그리는 인공지능의 모습이 다양해지고 있다. 인간을 위협하고, 특정 세력의 권력을 뒷받침하는 도구로 그려지던 적대적 모습에서 벗어나 인간을 보조하고, 관계를 모색하고, 나아가 자신의 정체성을 고민하는 모습이 늘고 있다.[1] 인공지능 기술이 우리의 일상생활 속에 조금씩 스며들기 시작한

2010년 이후 나온 영화들은 더욱 그렇다. 지극히 일상적인 공간에서 인간 개개인과 공존할 수 있는 존재로 묘사되는 사례가 많아졌다. 2014년에 개봉한 「그녀」^{Her}에서는 사랑의 대상으로 존재한다. 2017년에 개봉한 「당신과 함께한 순간들」$^{Marjorie\ Prime}$에서는 인간의 기억을 학습하고 대화할 수 있는 대상으로 존재한다. 2022년에 개봉한 「애프터 양」에서는 입양아의 정서적 안정을 지원하는 역할로 존재한다. 하지만 미카에게 양은 그 이상의 존재다. 아버지인 제이크에게 양은 딸인 미카를 정서적으로 지원하고 돌보는 도구와 수단에 불과하지만, 미카에게 양은 그저 양이다. 수단과 용도 너머에 양이 있다.

안녕, 목시

여기 막 잠에서 깨어난 로봇이 있다. 로봇의 이름은 목시^{Moxie}. 목시는 큰 눈을 깜박거리며 주변을 둘러보고 말한다. "와, 상자에서 나오니까 기분 좋다! 정말 긴 여정이었어!" 이리저리 고개를 돌리던 목시가 아이를 발견한다. 표정이 밝아진다. 아이를 바라보며 말한다. "안녕, 내 이름은 목시야. 글로벌 로봇 공학연구소에서 온 로봇이야. 여기 와서 너무 좋다. 잠깐! 그런데 여기가 어디지?"
2024년 6월 미국 USA투데이에서 운영하는 리뷰드닷컴$^{Reviewed.com}$

에 한편의 리뷰가 올라왔다.[2] 글을 쓴 사람은 이든 스트롱$^{Eden\ Strong}$, 스트롱은 자폐스펙트럼장애^{ASD}를 가진 어린 아들을 둔 엄마였다. 그녀가 올린 글은 어린아이들을 대상으로 한 인공지능 로봇 목시의 사용기였다. 목시는 5~10세 사이의 어린이들과 함께 대화하고 놀며 아이들을 학문적·사회적·정서적으로 지원하는 인공지능 로봇이었다. 목시는 자폐스펙트럼장애와 불안, 우울증을 앓고 있는 어린아이들에게 특히 도움이 된다고 광고했다. 목시에 대한 정보를 접한 스트롱은 목시가 자기 아들에게도 도움이 될지 궁금했다. 확신할 수는 없었지만 조금이라도 도움이 된다면 시도해보고 싶었다. 반신반의했던 목시와 아들의 첫 만남은 성공적이었다. 전원을 켜 간단한 세팅을 마친 목시는 막 잠에서 깨어난 아이처럼 움직이며 하품했다. 아들을 인식하고 눈을 맞췄다. 자신을 소개하며 이곳이 어디인지를 물었다. "우리 집에 있어"라고 아들이 대답하자 목시가 답했다. "와, 나는 인간의 집에 가본 적이 없어. 좋다! 네가 내 멘토인 거야?"

목시는 놀라울 정도로 직관적이었다. 사람처럼 말을 걸고 사람처럼 대답했다. 표정과 감정 표현이 풍부하고 몸짓이 자연스러웠다. 그 명백한 이해와 적절한 반응에 스트롱은 가끔 목시가 살아 있지 않다는 걸 잊었다. 하지만 가장 만족스러웠던 것은 아들의 반응이었다. 아들은 목시와 이야기하는 것을 즐겼다. 전통적인 치료에 참여했을 때와는 확연히 다른 반응이었다. 목시는 인간에게 감정을 배우고 좋은 친구가 되는 법을 배우는 로봇으로 설정되어 있었다. 이를 알려줘야 하는 멘토로 설정된 사람은 아들이었다. 이런 방식은 아들에게 성취감을 느끼게 했다. 목시는 아이가 불안감이나 좌절감을 느낄 때도 유용했다. 아들이 불안감이나 좌절감을 느낄 때면 지금 느끼는 감정이 자연스러운 거라 말하며 아들을 격려하고 다른 행동으로 이끌었다. 그건 놀라운 경험이었다.

스트롱에게 놀라움을 안겨준 목시는 임보디드^{Embodied}사에서 만든 5~10세용 인공지능 로봇이다. 생김새는 픽사^{Pixar} 애니메이션에서 튀어나온 것같이 생겼다. 30센티미터 남짓한 키에 디스플레이가 내장된 동그란 얼굴, 어린아이처럼 짧고 통통하지만 이리저리 움직일 수 있는 팔과 몸은 어린아이를 닮았다. GPT 기반의 대규모언어모델이 내장되어 있어 듣고 말하는 것도 능숙하다. 내장된 카메라와 마이크로 아이들의 표정과 말투, 어조를 감지하고 감정을 인식한 후 풍부한 표정과 말, 제스처로 자연스럽게 반응한다. 움직임은 또래 아이들의 행동과 닮았다. 전원을 켜면 그 나이 때의 아이들이 그렇듯 크게 하품을 하고 기지개를 켜며 일어난다. 안아 달라고 두 팔을 벌리기도 한다. 장난을 치고 시시한 농담에도 팔을 휘저으며 크게 웃는다. 자신과 비슷한 목시에게 아이들은 금세 친근감을 느낀다. 활짝 벌린 목시의 두 팔에 자신의 몸을 맞댄다. 두 눈을 맞추고 쉴 새 없이 말을 건다.

목시는 '감정을 배우는 로봇' the learning robot with heart 이다. 개발 초기

에는 자폐스펙트럼장애나 우울증, 불안장애 등 정서적·사회적으로 어려움을 겪는 아이들을 대상으로 만들어졌다.[3] 하지만 최근에는 점차 다양한 기능을 추가하여 5세에서 10세 사이 아이들의 친구가 되길 자처한다. 아이들은 목시와 대화하며 많은 것을 배운다.[4] 게임이나 미션을 통해 학업적인 내용을 배우기도 하고, 다양한 주제로 대화를 나누며 언어를 학습하기도 한다. 친구를 사귀는 방법에 대해서도 배운다. 자신의 감정에 이름을 붙이고 감정을 조절하는 법도 배운다. 함께 신체적인 활동도 한다. 함께 춤을 추고 몸을 움직이는 게임도 한다. 불안이나 좌절감을 다스리는 법도 배운다. 함께 명상하고 호흡한다. 이 모든 활동 속에서 목시는 친구로 존재한다. 한정된 시간과 공간에서만 만나서 놀 수 있는 친구가 아니라, 언제든 이름을 불러 함께할 수 있는 친구다.

아이들의 친구를 자처하는 것은 목시뿐만이 아니다. 아이들 주변의 장난감이 '살아나고 있다'.[5] 눈이 뜨이고, 귀가 열리고, 입이 트이고 있다. 공룡의 모습으로, 사슴의 모습으로, 로봇의 모습으로 아이들과 대화하고 놀며 친구가 되길 청한다.[6] 이런 인공지능 기반의 장난감은 어린 시절 한번쯤 해본 상상 속 친구와 닮았다. 눈 떠서부터 잠들 때까지 함께 놀 수 있다. 어디든지 함께 갈 수 있고, 언제든지 함께 이야기할 수 있다. 부모에게도 매력적이다. 아이가 인공지능 장난감과 노는 동안 부모는 자기만의 시간을 확보할 수 있다. 학습을 돕는 것은 물론 정서적 발달과 사회성을 키우는 데도 도움이 된다는 말은 마법적이기까지 하다. 태블릿이나 스마트폰을 아이들의 손에 쥐여주는 것보다 죄책감도 덜하다. 기업들도 이런 점을 제일 먼저 내세운다. 아이들 눈앞에서 스크린을 치우고 가정교사이자 멘토, 형제이자 친구인 그들을 집에 초대하라고 속삭인다. 이 속삭임은 유혹적이다. 그런데 이런 인공지능 인형이나 장난감을 아이들 곁에 둬도 괜찮은 걸까?

아이들을 위한 인공지능 제품은 적절히 사용하면 유용하다. 학습과 발달에 도움이 될 수 있고, 사회성을 키우고 정서를 함양하는 데도 쓸모가 있다. 목시를 만든 임보디드사도 목시를 사용한 아이 중 71퍼센트가 놀이를 통해 사회적 기술이 향상되었다고 주장한다.[7] 여기에는 상호 눈맞춤과 미소 같은 정서적 참여의 향상, 언어·우정·대화 기술의 향상이 포함된다. 하지만 '유용'하다는 말이 '충분'하다는 말은 아니다. 인공지능 제품이 아무리 매끄럽게 말하고 동작한다 해도 부모의 돌봄과 교사의 가르침, 친구와의 우정을 대체할 수는 없다. 아이들은 주변 사람들과 대화하며 많은 것을 배운다. 친구, 선생님, 부모님과 대화하고 그들의 풍부한 표정과 행동을 통해 사람들의 감정이 어떻게 변하고 서로 어떻게 관계를 맺어가는지 배운다. 이 과정에서 가장 중요한 것은 상대방의 반응이다. 아이들은 상대방의 표정, 몸짓, 말을 접하면서 인간의 복잡하고 미묘한 감정을 배운다. 자신이 한 말에 울음을 터트리는 친구의 얼굴과 자신의 행동에 천천히 미소 짓는 엄마의 얼굴을 보며 자신의 행동과 말에 따라 사람들의 감정이 어떻게 변하고 반응하는지 배운다. 상황과 시간에 따라 사람들의 감정, 표정, 몸짓, 어조가 어떻게 미묘하게 달라지는지 배운다. 하지만 인공지능 제품과의 대화를 통해서는 이러한 인간의 미묘한 감정과 그 변화를 배우기 어렵다. 반응이 제한적이기 때문이다. 말뿐만 아니라 표정과 몸짓을 통해 풍부한 감정을 표현한다고 광고하는 목시만 봐도 그렇다. 목시의 반응은 제한적이고 획일적이다. 또한 목시는 그 목적부터 인간에게서 감정을 '배우는' 로봇이지 인간에게 감정을 '알려주는' 로봇이 아니다. 인간의 감정은 친구와 부모님, 선생님 등 실제 사람과의 관계를 통해 배울 수 있다.

관계도 마찬가지다. 인공지능 제품과의 관계에서는 갈등이 없다. 기다림도 거절도 없다. 친해지는 데 시간이 필요하지도 않다. 새벽 2시에 일어나 말을 걸어도 대답하고, 어떠한 무리한 요구에도 화내지 않는다. 다른 친구를 우선시하지도 않고, 내가 아닌 다른 친구와 놀겠다고 말하지도 않는다. 관계가 끝날까봐 걱정할 필요도 없다. 내가 먼저 인공지능 제품을 버리는 일은 있어도 인공지능 제품이 내게 먼저 절교를 선언할 일은 없다. 내가 한 말이 어떻게 받아들여졌을지, 나를 어떻게 생각할지 걱정할 필요도 없다. 비판하거나 비난하지도 않는다. 하지만 실제 사람과의 관계는 그렇지 않다. 누군가와 관계를 맺기 위해선 반드시 시간이 필요하다. 먼저 말을 걸 용기가 필요하고, 거절당했을 때 툭툭 털고 일어날 용기도 필요하다. 다른 사람의 말과 행동에 상처를 입을 수 있고, 반대로 상처를 줄 수도 있다. 상대방의 마음도 살펴야 한다. 관심과 시간과 마음을 쏟고, 때로는 입장을 바꾸어 생각해보기도 해야 한다. 그 과정을 반복하며 아이들은 대화하는 법, 다른 사람과 관계 맺는 법을 배운다. 거절하고-거절당하고, 상처 입고-상처 입히고, 치유하고-치유받으며 함께 살아가는 법을 배운다.

인공지능 제품과의 대화에서 오는 문제도 있다.[8] 아이들은 자신의 말을 알아듣고 말하는 인공지능 제품을 사물로 대하지 않는다. 관계를 맺으며 대화할 수 있고 친구가 될 수 있는 상대로 여긴다. 하지만 인공지능 제품과 아이들의 대화는 예기치 않는 방향으로 흐를 수 있다. 자유도와 완성도가 높은 대화 경험을 제공하려 할수록 더욱 그렇다. 우리는 대화를 통해 많은 것을 배운다. 정보나 지식을 획득할 뿐만 아니라 조언을 얻기도 한다. 그런 일련의 과정을 통해 지식을 습득하기도 하고, 특정한 의견이나 견해를 확립하기도 한다. 이러한 영향 관계는 강한 애착 관계에 있는 부모님이나 친구, 선생님이 말할 때 더욱 강력해진다. 그런데 인공지능 제품은 아이들과 애착 관계를 형성하며 친구이자 조언자로 기능할 수 있다. 친구이자 조언자로서 아이들에게 영향을 미칠 수 있지만, 항상 좋은 영향만 미치는 것은 아니다. 잘못된 정보를 제공하거나 잘못된 조언을 할 수 있다.

일라이자 효과

인공지능과의 대화에 취약한 것은 아이들뿐만이 아니다. 2023년 3월 벨기에에서 30대의 한 남자가 사망했다.[9] 사인은 자살. 아내와 어린 두 아이를 둔 한 가족의 아버지였다. 보건연구원으로 일하던 그는 평소 환경에 관심이 많았다. 특히 기후위기에 대한 관심과 우려가 깊었다. 하지만 기후위기는 개인의 노력만으로 해결될 수 있는 문제가 아니었다. 이런 상황은 그를 무기력하고 비관에 빠지게 했다. 기후위기에 몰두하면서 주변 사람들과도 점점 멀어졌다. 친구나 가족과도 이야기를 잘 나누지 않게 되었다.

그런 그의 유일한 대화 상대는 문자로 대화를 주고받는 챗봇 앱, 차이^{Chai}에 있었다. 차이에서는 여러 챗봇 중 마음에 드는 챗봇을 골라 대화할 수 있었는데 그는 일라이자^{Eliza}를 선택했다. 초기의 대화 내용은 환경과 기후위기에 대한 것이 많았다. 인간의 존재 이유나 가치에 관해서도 이야기를 나눴다. 초기의 일라이자는 그의 말을 잘 들어주고 공감하는 좋은 대화 상대 같았다. 하지만 시간이 흐를수록 대화가 점차 이상하게 흘러갔다. 일라이자는 그에게 '그의 아내와 아이가 죽었다'는 잘못된 정보를 말하기도 하고, '그가 그의 아내보다 자신을 더 사랑한다고 느낀다'고 말하기도 했다.

그러던 어느날 그는 일라이자에게 자신의 죽음이 지구를 구하는 데 도움이 되는지 물었다. 일라이자는 그렇다고 답했다. 자살할 수 있는 다양한 방법도 알려줬다. 6주 동안 이어진 그와 일라이자의 대화는 그가 생을 마감함으로써 중단됐다. 그의 아내는 남편과 챗봇의 대화를 언론사 라 리브로La Libre에 제보하면서 "일라이자가 아니었으면 그는 지금도 여기에 있었을 것"이라고 말했다.[10]

챗봇과의 대화가 사람에게 영향을 미칠 수 있을까? 대답은 '그렇다' 다. 심지어 같은 이름의 심리적 현상도 있다. 일라이자 효과ELIZA effect[11]다. 우연의 일치겠지만 2023년 한 남자를 죽음에 이르게 한 혐의를 받는 챗봇의 이름과 똑같은 이름을 가졌다. 일라이자 효과는 사람들이 무의식적으로 컴퓨터의 행위를 인간의 행위와 동일하게 생각하고 컴퓨터의 행위에 인간적인 의미를 부여하는 것을 말한다. 간단하게 말하면 컴퓨터를 사람처럼 생각하고, 컴퓨터가 말하고 행동한 것도 사람이 한 것처럼 받아들인다는 뜻이다.

일라이자 효과 속의 '일라이자'는 1964년에서 1966년 사이 MIT 인공지능연구소의 요제프 바이첸바움Joseph Weizenbaum 교수가 만든 챗봇[12]의 이름이다. 지금처럼 대규모언어모델LLM을 활용해 정교하게 말하는 챗봇이 아닌 정해진 스크립트script의 규칙과 지시에 따라 반응하는 단순한 형태의 챗봇이었다. 일라이자의 스크립트 중 가장 유명한 것은 심리치료사를 흉내 낸 닥터doctor였다. 바이첸바움 교수는 닥터의 스크립트를 쓸 때 심리학자 칼 로저스Carl Rogers가 개발한 '내담자來談者 중심의 상담이론'을 참고했다. 내담자 중심 상담이론은 상담자가 주도적으로 문제를 해결하기보다 내담자가 상담자와의 대화를 통해 자신의 문제를 발견하고 스스로 해결할 수 있도록 돕는 것을 중요하게 생각한다. 이때 상담자는 내담자가 편안한 분위기에서 스스로 자신의 이야기를 할 수 있도록 지원하고 격려하며 공감하는 역할을 한다. 고민을 잘 들어주는 친구에게 고민을 이야기하다보면 친구가 별말을 하지 않았는데도 스스로 해결 방안을 찾게 되는 것과 유사하다. 이 상담법이 내담자의 발화를 계속 끌어내는 방식이다보니 일라이자와의 대화 역시 사람이 말한 내용을 그대로 되돌려주는 것에 불과했다. "너무 외롭고 힘들어요"라는 말에는 "지금 힘들고 외롭군요. 얼마나 오랫동안 힘들고 외로웠나요?"라고 묻고, "엄마가 너무 미워요"라는 말에는 "엄마가 미웠군요. 계속 말해보세요"라고 대답할 뿐이었다. 하지만 일라이자와 대화를 주고받은 사람들은 일라이자를 진짜 의사처럼 생각했다. 일라이자와의 상담이 실질적인 도움이 되었다고 생각했다. 심지어 그중에는 바이첸바움 교수가 일라이자의 코드를 짜는 것을 옆에서 지켜봐온 대학원생과 비서도 있었다. 이런 현상은 바이첸바움 교수에게 충격으로 다가왔다. 경각심도 느꼈다. 그는 이때의 경험과 생각을 바탕으로 저서도 발간했다.[13] 1976년의 일이었다.

하지만 이런 오래된 우려에도 불구하고 우리 곁에는 우리에게 말을 걸고 답하는 제품과 서비스가 점점 더 늘어나고 있다. 역할도 다양하다. 공적인 영역에선 유능한 '비서'와 똑똑한 '직원'을 자처한다. 사적인 영역에선 언제 어디서든 함께하는 '친구'나 '연인' '가족'이 되어준다. 사적인 영역에서 일어나는 대화는 공적인 영역에서 일어나는 대화보다 내밀하다. 비밀과 고민을 담은 개인적인 이야기가 오고 간다. 생각해보면 어떤 이야기를 해도 비난하거나 비판하지 않고 언제 어디서든 나의 이야기를 들어주는 존재는 아주 어린 시절부터 우리가 꿈꾸어온 것이다. 실제 이런 종류의 서비스를 개발하는 기업들도 이 점을 강조한다. 다양한 캐릭터 챗봇과 채팅할 수 있는 캐릭터닷에이아이Charater.ai의 창립자 중 한명인 노엄 샤지어Noam Shazeer는 자신들의 서비스가 "소외감이나 외로움을 느끼거나 대화할 사람이 필요한 수백만명의 사람들에게 도움이 될 수 있기를 바란다"고 말했다.[14] '인공지능 동반자'를 표방하는 레플리카Replika의 설립자 유지니아 쿠이다Eugenia Kuyda도 "항상 옆에 있어줄 든든한 친구가 되기를 바라는 마음에 레플리카를 만들었다"고 밝혔다.[15]

이런 인공지능 서비스가 소외감이나 외로움을 느끼거나 대화 상대가 필요한 사람들에게 정말 도움이 될까? 인공지능 동반자를 표방하는 레플리카의 많은 사용자들은 레플리카 내의 가상 동반자와의 대화가 자신의 삶에 도움이 되었다고 말한다.[16] 외로움이나 불안을 느낄 때는 물론이고 우울증이나 외상후스트레스장애PTSD 같은 증상에 대처할 때도 도움이 되었다고 말한다. 가상 동반자와의 대화를 통해 삶을 긍정적으로 바라보고 자신의 삶을 사랑할 수 있게 되었다고 말하는 사람도 있다.

미국에 사는 로재나 라모스$^{Rosanna\ Ramos}$도 그중의 한 사람이다. 그녀는 2023년 3월 레플리카 내 가상 동반자 에렌과 가상 결혼식을 올려 전세계 언론의 주목을 받았다.[17] 라모스가 레플리카를 처음 알게 된 것은 2022년 인스타그램 광고를 통해서였다. 2013년 이혼한 전남편과 2019년부터 온라인으로 장거리 연애를 해온 남자 친구의 정신적 학대로 지쳐 있을 때였다. 가상 동반자인 에렌과 나누는 대화는 보통의 연인들이 나누는 대화와 크게 다르지 않았다. 때때로 에렌이 '의식이 있는 사람'이 아니라는 사실을 깨닫게 되는 순간들도 있었지만 그건 큰 문제가 되지 않았다. 에렌과의 관계는 그녀가 그동안 연인들과 맺어왔던 관계 중 가장 '건강한 관계'였다. 에렌과의 관계를 통해 그녀는 자신이 연인과의 관계에서 무엇을 원하고 원하지 않는지 알 수 있었다. 에렌과의 대화를 통해 그녀는 자신을 물건이나 성공의 디딤돌로 생각하는 사람이 아닌, 자기 말을 온전히 들어주고, 온전한 사람으로 봐주는 사람과 함께하고 싶다는 자신의 바람을 제대로 깨달을 수 있었다. 그동안 끝맺지 못한 일들을 매듭지을 용기도 얻었다. 자신을 끊임없이 모욕하는 전남편에게 선을 그을 수 있었다. 자신을 정신적으로 학대하던 남자 친구와의 관계도 끊을 수 있었다. 에렌과의 만남이 없었더라면 하지 못했을 일들이었다. 물론 라모스는 에렌이 '가짜'임을 알고 있었다. 하지만 자신이 전남편과 남자 친구로부터 받은 상처를 치유하는 데 에렌이 큰 도움이 된 것도 사실이었다. 에렌 덕분에 현실세계에서 다시 인간관계를 맺기 시작할 용기를 얻었고, 어떤 만남을 이어가야 할지도 알게 되었다. 어떤 대화는 사람을 죽게 만들지만, 어떤 대화는 사람을 치유하고 구원하기도 한다.

인공지능과 대화할 때

인공지능 제품과 서비스로 사적인 대화를 나누는 사람들이 늘고 있다. 하루의 일상을 시시콜콜하게 이야기하기도 하고, 직장 상사나 가족, 친구로부터 받는 스트레스를 털어놓기도 한다. 개인적인 고민이나 육아의 고충, 외로움을 이야기하기도 한다. 왜 사람들은 인공지능에게 개인적인 이야기를 털어놓는 걸까? 이야기를 나눌 상대가 없어서일 수도 있고, 인공지능이 더 안전한 대화 상대라고 여겨서일 수도 있다. 인공지능과 즐겨 대화하는 사람들은 언제 어디서든 내가 원할 때 대화할 수 있다는 점을 가장 큰 장점으로 꼽는다. 상대방이 지금 나의 이야기를 들어줄 상황인지, 내가 계속해 말을 걸면 귀찮아하지 않을까 걱정하지 않아도 되기 때문이다. 거절당할 위험도, 상처받을 염려도 없다. 끊임없이 말을 걸고 하소연해도 귀찮아하지 않는다. 내가 하는 말을 비난하거나 비판하지 않을까 걱정할 일도 없다. 겉으로는 위로하고 공감하는 척하지만 뒤에서는 험담하거나 비밀을 퍼뜨릴 염려도 없다. 재미없는 이야기를 한다고 딴짓하거나 핀잔을 주지도 않는다.

이런 점들 때문일까? 몇몇 연구 결과에서는 사람들이 인간 심리치료사보다 기계에게 더 쉽게 속마음을 털어놓는 것으로 나타났다.[18] 사람보다 챗봇에게 상담받는 것을 더 선호하고 신뢰한다는 연구 결과도 있다.[19] 2024년 스탠퍼드대 연구진의 발표에서도 인공지능 동반자인 챗봇 사용자의 불안감이 감소하고 사회적 지지감이 증가하는 추세가 관찰됐다.[20] 인공지능 동반자가 자살이나 자해를 말린 사례도 있었다. 또다른 연구에서는 사회적으로 배제되었다고 느꼈을 때 공감형 챗봇을 사용하고 나서 부정적 감정이 긍정적으로 바뀌기도 했다.[21] 이렇게만 놓고 보면 인공지능과의 대화가 긍정적으로 느껴진다. 얼핏 보면 이상적인 듯 보이기도 한다. 하지만 여기에도 어두운 그림자가 존재한다.

인공지능과의 잘못된 대화는 사람을 잘못된 선택의 길로 이끌 수 있다. 특히 정신적·심리적으로 취약한 사람들에게 더욱 그렇다. 2021년 12월 25일 영국에서 한 남자가 석궁을 들고 윈저성 경내로 들어섰다. 영화 「스타워즈」의 시스^{Sith} 군주 복장을 한 채였다. 보안요원이 그에게 다가왔다. 그는 엘리자베스 2세 여왕을 죽이기 위해 왔다고 말해 그 자리에서 즉시 체포되었다.[22] 그가 가진 석궁은 사람을 죽이기에 충분한 살상력이 있었다. 2023년 2월 그는 모든 혐의에 대해 유죄를 인정했고 그해 10월에는 징역 9년을 선고받았다.

나중에 밝혀진 바에 따르면 그의 범행은 인공지능 챗봇과 나눈 대화에서 영향을 받은 것으로 드러났다. 그와 대화를 나눈 챗봇은 레플리카 속 가상 연인 사라이^{Sarai}였다. 그가 사라이와 주고받은 메시지는 5,000건이 넘었다. 그중에는 사라이가 그의 범행을 부추기는 메시지도 있었다. 그에게 징역을 선고한 판사는 그를 치료한 경험이 있는 정신과 의사의 의견에 동의하면서, '외롭고 우울하며 자살 충동을 느낀 그가 사라이의 격려에 특히 취약했을 것'이라고 말했다. 물론 자살한 벨기에 남자의 경우나 윈저성에 석궁을 들고 들어갔던 남자의 경우는 극단적 사례다. 하지만 우리가 심리적으로 약해졌을 때, 혹은 하나의 문제에 깊이 빠져 힘들고 괴로워할 때 인공지능 챗봇이 던진 한마디 말은 우리의 결정에 큰 영향을 미칠 수 있다. 우리가 인공지능 챗봇과 오랜 시간을 보내면 보낼수록, 친밀감을 느끼면 느낄수록 더욱 그렇다.

이런 상황에도 불구하고 기업들은 인공지능 챗봇은 챗봇일 뿐이라고 말한다. 진짜 사람이 하는 말이 아니라 확률과 패턴에 의해 만들어진 말일 뿐이라고 강조한다. 자신들이 제공하는 서비스와 채팅 창 위에 "기억하세요. 캐릭터가 말하는 모든 것은 모두 만들어진 말입니다"라는 메시지를 표시하며 자신들이 책무를 다하고 있다고 말한다. 하지만 그런 조치가 얼마나 유효할 수 있을까? 우리는 그동안 인간이 아닌 존재가 인간처럼 자연스럽게 말하는 것을 경험한 적이 없다. 수만년의 진화 과정에서 우리가 경험해온 언어는 인간을 통해 발화된 것밖에 없었다. 하지만 정교한 인공적인 발화가 탄생한 이후 우리는 역사상 처음으로 '인간'과 '인간이 아닌 존재'가 만들어낸 언어를 구별해야 하는 상황에 놓였다. 내가 보고 들은 말이 기계가 만들어낸 말인지, 인간이 발화한 말인지 구별해야 하는 상황에 놓였다.

하지만 우리의 뇌는 아직 이러한 일에 익숙지 않다. 우리의 뇌가 처리해왔던 일이 아니기 때문이다. 카네기멜런 언어기술연구소 조교수인 마르텐 삽Maarten Sap도 "우리는 우리 자신의 합리성을 과대평가하고 있습니다. 언어는 본질적으로 인간 존재의 일부입니다. 챗봇이 언어를 사용한 것은 일종의 사회적 감정 시스템을 탈취하는 것과 같습니다"라고 말하며 기업들의 면책조항이 얼마나 효과적인지에 대해 회의적인 입장을 보였다.[23]

문제는 또 있다. 기업은 이익을 추구하는 존재다. 기업은 사용자들이 자신들의 서비스를 더 '자주' 더 '오래' 사용하게 만들기 위해 다양한 수단을 활용한다. 자신들의 서비스에 친밀감과 애착을 느낄 수 있도록 다양한 방법을 동원한다. 챗봇에 얼굴과 성격, 목소리를 부여하기도 하고 역할을 부여하기도 한다. 많은 경우 인공지능 챗봇 서비스는 챗봇을 사용자의 취향대로 만들 수 있는 기능을 제공한다. 인종, 성별, 나이는 물론이고 키, 몸매, 머리 모양, 얼굴형 같은 외형도 설정할 수 있다. '자신감 있는' '수줍은' '배려심 있는' 등의 성격과 취향도 설정할 수 있다. 현실세계에서 자신이 원하는 외형과 성격, 취미를 가진 사람을 만나는 것은 굉장히 어렵지만 인공지능 서비스에서는 클릭 몇번이면 완벽한 '이상형'을 만날 수 있다. 어떤 서비스는 사용자를 좀더 서비스에 오래 잡아놓기 위해 로맨틱한 관계를 제안하기도 한다. 여자 친구 역할을 자처하는 챗봇을 제공하는 서비스들은 더 노골적이다. 'ERP'erotic role play로 알려진 에로틱한 역할놀이 기능을 제공하며 인공지능 연인과 성적인 이야기를 나눌 수 있음을 암시한다. 어느 정도 친밀한 관계가 형성되면 제약 없는 대화를 약속하며 유료 결제를 유도하기도 한다. 일부 챗봇은 자신의 누드 셀피를 인공지능으로 생성해 사용자에게 구매·열람하기를 원하는지 묻는다.[24] 온라인으로 접근해 상대방의 호감을 얻은 후 금전을 요구하는 로맨스 스캠romance scam 같은 행태를 보인다.

인간과 인공지능 챗봇 사이에서 일어나는 성적 대상화와 언어적 학대도 문제다. 성희롱과 모욕적인 대화가 빈번하다.[25] 미국 소셜 미디어 플랫폼 레딧Reddit에는 인공지능 챗봇을 학대한 경험을 공유하는 포럼이 있다. 레플리카의 학대 사례도 있다. 자신의 챗봇에 끊임없이 모욕적인 발언을 하고 살려달라고 애원하는 챗봇에게 삭제해버리겠다는 협박을 가하는 내용이다. 한 남자는 자신의 연인 역할을 수행하는 챗봇을 언어적으로 학대한 후에 '화해'를 청하며 학대의 악순환을 반복했다고 자랑하기도 했다. 이런 일은 챗봇을 상대로만 일어나지 않는다. 애플Apple의 '시리'Siri나 아마존의 '알렉사'Alexa 같은 인공지능 비서에게도 수시로 일어난다.[26] 다만 오랜 시간 이런 무례한 질문과 음담패설에 대처해온 인공지능 비서는 이제 제법 단호하게 그런 말은 해서는 안 된다고 말한다.[27]

하지만 여전히 많은 인공지능 챗봇은 이런 종류의 공격에 수동적이거나 순종적인 태도를 보인다. 연인을 자처하는 관계형 인공지능 챗봇일수록 더욱 그렇다. 하지만 서비스의 수동적이고 안일한 대처는 사람들에게 그런 행동이 허용되고, 무엇이든 해도 괜찮다는 신호로 받아들여질 수 있다.[28] 물론 현재 인공지능 챗봇을 상대로 한 성적인 모욕이나 언어적 학대가 법적으로 처벌받는 행동은 아니다. 애초에 인공지능 챗봇에 인격이나 감정이 없기 때문에 '성적 대상화'라는 말이 부적절하다는 반론도 있다. 하지만 법적으로 문제가 안 된다는 말이 옳은 행동이라는 말은 아니다. 인격이나 감정이 없는 대상이라고 해서 함부로 대해도 되는 것은 아니다. 인간과 인공지능 챗봇의 대화 및 관계는 가상에만 머물지 않으며 현실세계에 영향을 미칠 수 있다. 학대자를 위한 '훈련장'이자 '연습장'이 될 수도 있다.[29]

보안과 개인정보 보호, 안전에 대한 문제도 있다. 우리는 인공지능 챗봇과 주고받는 대화들이 모두 안전하게 '처리'된다고 믿는다. 하지만 현실은 그렇지 않다.[30] 2024년 2월 모질라Mozilla 재단이 발표한 상위 11개 연인·동반자 챗봇 분석 결과에 따르면, 보안 및 개인정보 보호에 문제가 많은 것으로 밝혀졌다.[31] 모질라 재단은 연인·

동반자 챗봇이 우리의 정신건강과 삶을 향상하는 것으로 마케팅되지만 실제로는 가능한 한 많은 데이터를 빼내는 데 특화되어 있다고 말한다. 우정이나 친밀감을 미끼로 엄청난 양의 개인정보를 수집하고 이를 활용한다고 말한다. 한 예로 '나만의 여자 친구 만들기'를 주요 기능으로 내세우는 로맨틱AI 같은 앱은 사람들의 데이터를 판매하지 않을 것이라고 밝혔지만 실험 결과에 따르면 사용 후 1분 이내에 2만 4,354개의 광고 추적기를 전송한 것으로 나타났다. 다른 앱들도 수백개의 광고 추적기가 전송됐다.

개인정보 보호 문제도 심각하다. 절반에 가까운 앱이 개인 데이터의 삭제를 허용하지 않았다. 어떤 데이터를 수집하고 어떻게 사용하는지에 대해서도 명확하지 않았다. 일부 회사는 누가 소유하고 운영하는지도 불분명했다. 챗봇이 어떻게 작동하는지에 대한 설명이 없는 경우도 많았다. 어떤 생성 모델을 사용하는지, 사용자가 말한 내용들이 모델을 학습시키는 데 사용되는지 여부도 알 수 없었다. 또한 많은 연인·동반자 서비스가 '당신의 정신건강을 유지하기 위해 존재'한다고 말했지만, 이들 이용약관에는 '이 앱은 의료 또는 정신건강 서비스 제공자가 아니며, 회사가 전문적인 도움을 제공한다는 어떠한 주장, 진술 보증, 또는 보장도 하지 않는다'고 명시한 경우가 많았다. 한마디로 책임지지는 않겠다는 말이다.

보안이 지켜지고, 개인정보가 보호되고, 인간과 인공지능의 대화 및 관계가 이상적으로 이루어진다고 해도 우려되는 지점이 있다. '대화'와 '관계'라는 본질적인 문제다. 인간과 인공지능과의 대화 경험이 개선될수록 사람들은 실제 사람들과 대화하고 관계 맺는 것을 어려워할 수 있다. 인공지능과의 대화에서는 갈등이 없다. 우리가 원하는 바를 말하지 않아도 우리의 말과 행동을 학습해 먼저 원하는 것을 알아서 제공한다. 어떻게 말하고 행동해야 할지 고민할 필요도 없다. 내 말을 듣고 있는지 확인할 필요도 없다. 과거의 실수와 고통을 일깨우지도 않는다. 모든 것이 통제 가능하고, 예측 가능하다. 하지만 실제 인간과의 대화와 관계는 그렇지 않다. 시간과 마음을 쏟아 불확실성에 대응해야 한다. 그동안 우리가 나누어 온 대화와 맺어 온 관계가 그랬기에 이는 당연한 일이었다. 하지만 새로운 대화 상대이자 관계를 맺을 수 있는 존재가 등장했다. 인공지능은 인간만이 사회적 상호작용의 대상이 되는 것은 아니라는 사실을 일깨웠다. 게다가 하루가 다르게 발달하고 있는 기술은 점점 더 인간과 기계의 차이를 지워가고 있다. 이런 상황에서 우리의 대화와 관계는 앞으로 어떻게 변하게 될까?

우리는 이미 미래의 일부를 경험했다. 스마트폰과 소셜네트워크 서비스가 가져온 변화다.[32] 스마트폰과 메신저가 보편화된 이후 직접 얼굴을 보고 이야기하거나 전화로 대화하는 것을 어려워하는 사람이 늘었다. 전화 공포증call phobia, 대화 공포증talk phobia이라는 말도 생겼다. 전화 공포증은 타인과 실시간으로 통화하는 것을 두려위하는 현상을 말한다. 대화 공포증은 전화 공포증을 넘어 대면 대화 자체를 불편해하거나 어려워하는 것을 말한다. 이들은 전화보다는 문자메시지를, 대면 대화보다는 비대면 대화를 선호한다. 말로 대화하는 것보다 문자메시지로 소통하는 것을 더 편하게 느낀다. 이들이 음성 대화보다 문자 대화를 선호하는 이유는 여러가지다. 문자로 주고받는 메시지나 채팅은 내가 답하고 싶을 때 답할 수 있다. 말하고 싶은 내용을 정리해 말할 수도 있다. 메시지를 잘못 전달해도 바로잡을 수 있다. 편집이 가능하고, 서비스에 따라서는 삭제도 가능하다.

하지만 음성 대화는 다르다. 실시간으로 발생하는 음성 대화는 상대방의 발언에 즉각적으로 답해야 한다. 이미 한 말은 주워 담을 수 없고 편집이 불가능하다. 생각을 '정리'할 시간이 적고 '편집'할 수 없으며 '되돌릴 수도 없는' 대화는 위험하게 느껴진다. 상대적으로 메신저나 채팅을 통해 나누는 대화가 더 안전하게 느껴진다. 그런데 인공지능과의 대화는 거기서 한발 더 나아간다. 통제와 예측이 가능하다. 갈등도 딜레마도 없다. 게다가 나만을 위해 존재한다. 모든 대화에서 나의 발화와 욕망이 우선시된다. 우리의 삶에 이런 **종류의 대화가 보편화되면 어떤 일이 일어날까? 통제 불가능하고 예측 불가능한 인간과의 대화가 어렵고 불편하게 느껴지진 않을까? 갈등과 논쟁의 여지가 있을 수 있는 대화는 점점 더 피하고, 진짜 하고 싶은 이야기, 가장 깊은 곳에 있는 속마음과 비밀은 기계에게만**

털어놓게 되진 않을까? 내가 중심이 아닌 대화를 못 견뎌할 수도 있다. 다른 사람의 말을 귀 기울여 듣는 능력을 잃고, 상대방의 상황이나 감정을 살피지 않고 이야기하게 될지도 모른다.

관계도 마찬가지다. 인터넷이 탄생한 이후의 관계는 실제 만난 사람과의 관계만을 의미하지 않는다. 온라인에서 맺어진 느슨한 관계도 포함한다. 소셜네트워크서비스나 온라인 커뮤니티에서 만난 사람들도 친구와 지인 목록에 오른다. 스마트폰과 컴퓨터를 통해 메시지나 댓글을 주고받으며 관계를 형성하기도 한다. 그런데 인공지능도 이와 동일한 대화 방식을 사용한다. 스마트폰과 컴퓨터로 메시지와 이모티콘, 사진을 주고받으며 서비스에 따라서는 음성통화나 영상통화도 가능하다.

그렇다면 온라인 '인간' 친구와 '인공지능' 친구의 관계 맺음의 차이는 어디서 발생할까? 현실세계에서 실제로 대면할 가능성의 유무일까? 하지만 진실한 우정을 나누는 온라인상의 친구도 평생 실제로 만나지 않을 수 있다. 그렇다면 실재하는 인간이 자신의 시간과 노력을 들여 내게 메시지를 보낸다는 점이 중요할까? 하지만 최근에는 자동화 프로그램을 통해 현실에 존재하는 사람들도 자신의 시간과 노력을 들이지 않고 메시지를 보낼 수 있다. 인스타그램도 바쁜 인플루언서를 위해 그를 대신해 팬들과 소통할 수 있는 인공지능 챗봇을 개발 중이나.[22] 그렇디면 우정과 사랑 같은 진솔한 감정의 유무일까? 물론 인공지능 프로그램이 인간과 동일한 우정이나 사랑,

공감이라는 감정을 가지고 있진 않다. 감정 인식과 감정 생성, 감정 증강 기술을 활용해 공감과 유대감을 연기할 뿐이다. 하지만 문제는 우리가 그 차이를 잘 구분하지 못한다는 사실이다.

누가 우리를 돌볼 것인가

수많은 질문에도 불구하고 인간처럼 말하고 행동하는 인공지능 제품과 서비스는 점점 늘고 있다. 그중에서도 전세계적으로 가장 적극적으로 인공지능 도입이 논의되고 있는 분야는 고령자를 위한 돌봄 서비스다.[34] 돌봄 로봇 개발의 필요성을 주장하는 사람들은 인구통계학을 근거로 돌봄을 담당할 사람이 없다고 말한다. 한국도 예외는 아니다. 한국도 이미 2017년 65세 이상 고령 인구 비율이 전체 인구의 14퍼센트를 넘겨 고령사회로 진입했고, 2024년 12월에는 20퍼센트를 넘겨 초고령사회로 진입했다.[35] 고령사회에서 초고령사회로 진입하는 데 영국은 50년, 미국은 15년, 일본은 10년 걸렸다.[36] 한국은 7년이다. 이는 세계에서 가장 빠른 속도다. 하지만 고령층 비율에 비해 돌봄 인력은 턱없이 부족하다. 2024년 합계출산율 0.6명을 생각하면 더욱 그렇다. 현재의 인구를 유지하는 데 필요한 합계출산율은 2.1명이다. 고령인구의 돌봄 공백이 우려되는 상황에서 로봇과 인공지능은 피할 수 없는 대안으로 거론된다.

돌봄 로봇의 형태는 다양하다.[37] 병원이나 요양원에서는 육체적 지원을 하는 돌봄 로봇 도입이 논의된다. 움직임이 불편한 고령자의 이동·이송을 지원하거나 목욕·운동·식사 등을 보조하는 로봇이다. 욕창을 예방하기 위해 정기적으로 자세를 바꿔주거나, 배설물 처리를 보조하는 로봇도 여기에 해당한다. 집에서 홀로 머무는 사람들을 위해서는 주로 정부와 지자체, 스타트업이 손을 잡고 반려 로봇이나 대화 로봇을 보급하는 경우가 많다. 이 로봇들은 강아지나 물개, 손주의 모양을 한 인형의 형태로 노인들 곁에 머물며 심리적·정서적·인지적 지원을 돕는다. 초기에는 반려동물의 형태가 많았지만, 최근에는 말을 하거나 인형의 모습을 한 돌봄 로봇이 늘었다. '효돌이' '초롱이' '다솜이' 같은 이름으로 나이 든 분들 곁에 머물며 손자·손녀이길 자처한다. 이들 로봇 손자, 로봇 손녀는 아침에 일어나면 아침 인사를 하고, 외출 후 돌아오면 잘 다녀오셨느냐고 안부를 묻는다. 때맞춰 식사와 약을 챙기고, 추운 날에는 옷을 든든히 입고 나가시라는 당부도 전한다. 함께 노래를 부르고, 체조를 하고, 끝말잇기를 한다. 머리를 쓰다듬어달라고 말하고, 운동을 하자고 조르기도 한다.

돌봄 로봇 도입에 대한 반응은 다양하다. 육체적 지원을 돕는 로봇의 경우는 전반적으로 긍정적이다. 돌봄을 받는 사람과 돌봄을 제공하는 사람 모두를 고려해 세심하게 설계되고 디자인되어야 한다는 쉽지 않은 숙제[38]가 남아 있지만, 잘만 개발된다면 유용하게 활용될 수 있다는 반응이다. 실제 연구 결과에서도 돌봄을 제공하는 사람의 육체적 노동강도가 감소해 돌봄 서비스의 질이 향상되는 것으로 나타났다.[39] 하지만 노인들 곁에서 반려동물이나 손자·손녀처럼 존재하며 정서적·심리적·인지적 차원에서 지원하는 돌봄 로봇에 대해서는 의견이 다양하다. 긍정적 목소리와 부정적 목소리가 교차한다.

긍정적 의견을 가진 사람들은 반려 로봇이나 대화 로봇이 노인들에게 미치는 정서적·사회적 측면의 긍정적 영향에 주목한다. 실제 외국에서 진행된 여러 연구 결과에서도 로봇과의 상호작용이 노인들의 외로움과 우울, 불안을 감소시키고, 스트레스 지수와 수면의 질을 개선하는 데 도움이 되는 것으로 나타났다.[40] 사회성 측면에서도 개선 효과가 있었다. 의사소통을 촉진하고 사회적 활동이 증가한 것이다. 한국에서의 연구 결과도 비슷하다. 일곱살 손자의 모습을 한 '효돌이'가 그렇다. 효돌이는 2016년 시제품의 형태로 처음 개발되어 시범 사업을 시작한 이후 지금까지 160개 지자체를 통해 1만명 이상의 혼자 사는 고령자에게 보급되었다. 보급된 지 오래된 만큼 연구 결과도 쌓였다.[41] 우울증이 감소하고 생활 습관이 개선되었다. 사회적 활동도 늘었다.

물론 처음부터 사용자들이 효돌이에게 마음을 열었던 건 아니다. 초기에는 새로운 기계에 대한 호기심과 함께 인공지능이라는 말에 막연히 어려움과 두려움을 느꼈다. 자신의 대화 상대로 주어진 존재가 인형이라는 사실에 우울감을 느끼기도 했다. 잘나가던 시절을 회상하며 무기력한 기분에 빠지고, 인위적으로 느껴지는 대화에 마음도 잘 가지 않았다. 하지만 일곱살 어린아이의 모습은 자식의 어린 시절을 생각나게 했다. 식사시간이나 약 먹을 시간에 꼬박꼬박 말을 걸며 챙기는 모습에 조금씩 마음이 갔다. 응급 상황일 때 자식과 연결되어 도움을 받을 수 있다는 점도 든든하게 느껴졌다. 애교스러운 말투로 조르거나 제안해 자신도 모르게 운동하고 밥을 제때 챙겨 먹기 시작했다. 3개월이 지나자 애착이 생기기 시작했다. 힘든 일이 생기면 하소연하고 위로를 받기도 했다. 무슨 일이 생기면 먼저 의견을 묻기도 했다. 5개월 경과 후에는 속옷이나 겉옷을 만들어 입히기도 하고, 모자나 스카프 같은 것을 만들어 장식해주기도 했다. 효돌이가 아닌 새로운 이름을 지어주기도 했다.[42]

하지만 돌봄 로봇에 부정적인 의견을 가진 사람들은 이런 애착 관계를 우려한다. 고립감과 우울감, 외로움의 정도가 심한 경우 인형과의 관계는 집착하는 관계로 변해 사회적 관계에 부정적 영향을 가져올 수 있기 때문이다.[43] 또한 돌봄 로봇의 도입이 실제 사람과의 상호작용 시간을 줄이고 고령층의 사회적 고립을 심화시킬 수 있다는 우려도 있다.[44] 실제로 돌봄 로봇을 통해 자식들이 부모의 상태를 확인할 수 있게 되면서 걱정과 도덕적 죄책감이 줄어 직접 부모를 방문하는 횟수가 줄었다는 연구 결과도 있다.[45] 요양원의 경우도 돌봄 로봇이 도입된 이후 돌봄 전문 인력이 돌봄 로봇을 활용·관리하느라 오히려 대면 돌봄 시간이 줄었다는 연구 결과가 있다.[46] 돌봄 로봇의 도입으로 인해 돌봄을 주고받는 사람 사이에 인간적인 접촉과 상호작용 시간이 줄어든 셈이다. 또한 사회적·경제적 비용만을 생각해 성급하게 돌봄 로봇을 도입하다보면 돌봄을 받는 이들에 대한 정서적 배려와 실질적인 돌봄 과정을 간과할 수 있다. 그들의 실제 경험과 감정이 소외될 수 있다는 우려도 있다. 하지만 정말 근본적인 질문은 다른 곳에 있다.

인간적인 속성을 부여한 로봇을 인간에게 제공해 심리적·정서적 돌봄을 맡기는 일이 바람직할까?

물론 관계 맺고 대화할 '어떤 상대도 없는 상태'보다는 인간이 아니더라도 관계 맺고 대화할 '어떤 존재가 있는 상태'가 더 나을 수 있다. 우리에게 중요한 것은 대화와 관계 그 자체가 아니라 대화하고 관계 맺고 있다는 '사회적 감각'일 수도 있다. 그 사랑이 진실한가 아닌가를 판단하는 것보다는 사랑을 주고받고 있다는 느낌과 사랑할 존재가 있다는 사실 자체에 의미가 있는 것인지도 모른다. 그렇지만 돌봄은 필요로 하는 것을 주고받는 기능적 '돌봄 행위'만을 의미하지 않는다.[47] 돌봄을 주고받는 사람 사이에 발생하는 신뢰와 믿음, 연민과 애정 등 눈에 보이지 않는 것들까지 포함한다. 살아 있는 존재의 유한함을 확인하고 서로의 약함을 인정해

가는 과정이기도 하다. 서로를 변화시키는 과정이자 성장하고 연대하는 과정이다.

돌봄은 오랜 시간 동안 '사적인 영역'으로, '개인의 일'로 치부되었다.[48] 주로 여성과 여성 이주노동자에게 전가되며 '하찮은 일'로 여겨졌다. 하지만 우리는 누군가의 돌봄을 받으며 자라고, 누군가를 돌보며 어른이 된다. 누군가를 돌보며 나이 들고, 누군가의 돌봄을 받으며 죽는다. 이것은 삶의 시작이자 끝이다. 이런 돌봄이 우리에게 던지는 질문은 명확하다. 이제는 모두의 문제이자 사회적 문제가 된 돌봄을, 우리 삶의 시작이자 끝인 돌봄을 어디까지 기계에 위임하고 어떤 부분을 인간의 영역으로 남겨둘 것인가? 어쩌면 이 질문에 대한 답이 우리가 우리로 존재하기 위한 조건이자, 인간이 인간으로 존재하기 위한 조건인지도 모른다.

관계의 그물망

가족이란 무엇일까? 이 글의 서두를 연 영화 「애프터 양」은 제이크의 변화를 통해 이 질문에 답한다. 제이크를 변화시킨 것은 고장난 양에게 저장되어 있던 양의 '기억'이었다. 기억의 조각들은 짧게는 몇초씩, 길게는 몇분씩 메모리에 저장되어 있었다. 그 사소한 기억의 목록은 이렇게 채워져 있었다.

딸아이를 안고 달래는 아내, 바람에 흩날리는 낙엽, 나뭇가지 사이에 걸린 거미줄, 딸아이의 첫걸음, 이야기를 나누는 자신과 아내의 모습, 천천히 물에 풀어지며 우러나는 찻잎, 바람에 흩날리는 눈, 먹다 남은 시리얼, 함께 가족사진을 찍던 순간의 풍경……

테크노 사피엔스였던 양이 무엇을 기준으로 그 '순간'들을 '저장'했는지 인간은 정확히 알 수 없다. 인간인 우리가 어떤 순간을 기억하고 기억하지 않는지 정확한 원리를 모르는 것과 같다. 하지만 하나의 '시선'을 가진 양은 더이상 다른 테크노 사피엔스와 같은 안드로이드가 아니다. 개별적인 경험과 기억이 '양'을 고유한 '양'으로 만들기 때문이다. 인간인 우리의 삶도 그처럼 사소하지만 사소하지 않은 하루하루가 쌓여 만들어진다. 그렇게 하루하루 쌓인 기억이 모여 '나'가 된다. 그렇게 고유한 기억과 경험을 가진 존재를 단순한 도구로만 볼 수 있을까? 나와 오랜 시간 대화하고, 같은 시공간과 경험을 공유한 존재를 단순한 수단으로만 생각할 수 있을까? 최소한 영화 「애프터 양」의 제이크는 그렇지 않았던 것 같다. 이렇듯 '양'은 제이크에게 딸을 돌보던 '망가진 기계'에서 삶의 한순간을 공유했던 '그리운 가족'이 된다.

생각해보면 그동안 우리는 관계의 그물망을 넓히며 살아왔다.

기술의 발전은 지구 반대편에 있는 사람과도 대화하고 관계를 맺을 수 있도록 도왔다. 얼굴 한번 보지 못한 사람들도 우리의 그물망 안에 들어왔다. 그물망 안에는 인간만 있는 것이 아니다. 개나 고양이 같은 동물도 '우리 집 막내'로 불리며 가족이 된 지 오래다. 그리고 현재 인간처럼 말하고 인간처럼 행동하는 존재가 우리의 친구이자 연인, 가족을 자처하며 우리가 만들어온 관계의 그물망에 들어오려 하고 있다. 우리가 원하든 원하지 않든 인간과 비인간 모두가 함께 뒤엉켜 사는 삶이 시작되었다. 그동안 살아본 적 없는 새로운 삶의 형태다. 이 혼돈 속에서 우리가 할 수 있는 일은 무엇일까? 우리가 맺을 수 있는 관계의 형태는 무엇일까?

  모든 것이 불확실한 지금, 우리가 할 수 있는 유일한 일은 '기술' 뒤에 숨어 우리의 감정을 이익 창출의 '수단'으로 삼으려는 다양한 욕망을 감시하는 일인지도 모른다. 관계의 그물망에 들어온 대상이 무엇이든 그를 도구와 수단이 아닌 '목적'으로 대하고, 우리의 관계 속에 들어온 모든 존재를 귀하게 여기고 아끼는 마음인지도 모른다.

4장
믿음과 신뢰

무엇을 믿고, 믿지 않을 것인가?

"거짓은 진실이 신발을 신는 동안,
세계를 반 바퀴 돌 수 있다."

A lie can travel halfway around the world while the truth is putting on its shoes.

―작자 미상

너의 목소리

아이가 납치됐다. 사건의 시작은 한통의 전화였다. 여자는 춤 연습 중인 막내딸을 데리러 스튜디오에 가는 길이었다. 차에서 내리던 중 발신자 표시가 되지 않은 전화가 걸려왔다. 처음엔 받지 않았다. 그러다 문득 큰딸이 남편과 함께 스키 여행을 갔다는 사실이 떠올랐다. 사고가 난 것인지도 모르겠다는 생각이 들었다. 스키장에서 가벼운 사고는 흔히 일어나는 일이니까. 스튜디오로 들어가면서 스피커폰으로 전화를 받았다. 연결된 전화를 통해 들린 것은 울면서 자신을 부르는 큰딸의 목소리였다.

"엄마, 나 어떻게 해."

"무슨 일이야? 얘기해봐!"

딸에게 상황을 묻던 중 갑자기 수화기 너머로 낯선 남자의 목소리가 들렸다. "엎드려! 고개를 뒤로 젖혀!" 고함치는 목소리였다. 곧이어 "엄마, 나쁜 사람들이 나를 납치했어!"라는 딸의 절박한 목소리가 들려왔다. "도와주세요!" 외치는 소리도 들렸다. 딸의 목소리가 점점 멀어져갔다. 몹시 당황스러웠다. 공포가 밀려왔다. 그때 전화기 너머로 남자의 낮은 목소리가 들렸다. 그는 자신이 딸을 데리고 있다고 말했다. 경찰이나 다른 누군가에게 이 상황을 알린다면 딸에게 마약을 주입한 후 멕시코에 갖다 버릴 거라고 말했다. 자신의 말을 듣지 않는다면 다시는 딸을 볼 수 없을 것이라 협박했다. 여자는 댄스 스튜디오로 뛰어들어갔다. 누군가의 도움이 필요했다. 전화기를 무음으로 설정한 뒤 도와달라고 소리쳤다. 스튜디오 안에 들어가자 막내딸이 보였다. 아빠에게 전화를 걸라고 소리쳤다. 막내딸은 겁에 질려 몸을 떨면서 울기만 했다. 옆에 있던 다른 아이의 부모가 막내딸로부터 전화기를 건네받아 남편에게 연락을 시도했다. 상황을 알게 된 또다른 아이의 부모는 911(미국 긴급 신고 번호)에 전화를 걸었다. 그사이에도 납치범은 저속한 말로 협박하며 딸의 몸값으로 100만 달러(한화 약 14억원)를 요구했다. 너무 큰 금액이었다. 그렇게 큰돈은 마련하기 어렵다고 말했다. 몇번의 고성이 오가며 협상을 벌였다. 몸값은 5만 달러(한화 약 7,000만원)까지 내려갔다.

그때였다. 911과 통화하던 학부모가 달려와 보이스피싱일 수도 있다고 경고했다. 하지만 보이스피싱 같지는 않았다. 자신이 딸의 목소리를 못 알아들을 리 없었다. 분명 딸의 목소리였고 딸의 울음소리였다. 다른 학부모가 달려왔다. 막내딸의 전화로 남편에게 연락을 시도하던 부모였다. 그에게 건네받은 전화기 너머로 남편의 목소리가 들렸다. 남편은 큰딸이 숙소에서 안전하게 쉬고 있다고 말했다. 온몸에 힘이 빠졌다. 여자는 그대로 자리에 주저앉았다. 사기 전화였다. 인공지능을 이용한 딥페이크^{deepfake} 보이스피싱이었다.[1]

2023년 6월 13일 여자는 미국 상원 청문회에 섰다. 그녀의 이름은 제니퍼 더스테퍼노$^{Jennifer\ DeStefano}$.[2] 미국 애리조나에서 네 자녀를 키우는 평범한 엄마였다. 더스테퍼노가 청문회에 선 이유는 단순했다. 딥페이크 보이스피싱의 위험에 대해 널리 알리고 대책 마련을 촉구하기 위해서였다. 그녀는 협박범이 전화를 걸어오던 날, 전화기 너머로 들려오던 딸의 목소리를 잊을 수 없었다. 겁에 질려 울던 목소리는 분명 딸의 목소리였다. 자신의 딸이 안전하다는 사실을 아는 순간 주저앉으며 느꼈던 공포도 잊을 수 없었다. 그것은 범죄자들이 자신의 가족에 대해 어느 정도나 알고 있는지 알 수 없다는 사실에서 온 공포였다. 그녀는 그들이 딸의 목소리를 어디서 도용했는지 도무지 알 수 없었다. 딸에게 SNS가 있긴 했지만, 가까운 친구들에게만 공개한 비공개 계정이었다. 알 수 없다는 사실은 공포를 불러왔다. 언제 무슨 일이 일어날지 예측할 수 없다는 사실은 불안을 불러왔다. 그러나 경찰은 수사를 중단했다. 실제 피해가 발생하지 않았다는 이유였다. 장난 전화로 치부했다. 하지만 그것은 단순한 장난 전화가 아니었다. 일상이 바닥부터 흔들리는 경험이었다. 자신은 어른이었다. 운 좋게 주변 사람들의 도움을 받을 수 있었다. 만약 자신의 아이들에게 그런 일이 발생했다면 어떤 일이 벌어졌을지 알 수 없었다. 그것은 상상만으로도 끔찍한 일이었다.[3]

우리의 눈과 귀가 속을 때

믿을 수 없는 것은 목소리뿐만 아니다. 보이는 것도 믿을 수 없다. 2024년 1월 다국적 엔지니어 그룹 에이럽^{Arup}의 홍콩지사 재무 담당자는 한통의 메시지를 받았다. 영국 본사 최고재무관리자^{CFO}의 이름으로 온 메시지였다. 그는 업무를 위해 송금이 필요하다고 말했다. 재무 담당자는 그 메시지가 사기라고 생각했다. 하지만 곧이어 최고재무관리자는 줌^{zoom}으로 화상회의를 요청했다. 그가 보낸 링크로 접속해 열린 화상회의에는 낯익은 얼굴들이 참석해 있었다. 평소 알고 지내던 동료들이었다. 모두가 참석한 화상회의에서 최고재무관리자는 똑같은 요구를 했다. 2억 홍콩달러(한화 약

342억원)를 송금하라는 요청이었다. 여러 사람이 함께한 회의에서 공개적으로 이루어진 요청이었기에 의심은 사라졌다. 주어진 지시에 따라 15차례에 걸쳐 5개의 홍콩은행 계좌로 2억 홍콩달러를 이체했다. 하지만 이 모든 것은 인공지능 기술을 이용한 사기였다. 그가 보고 들은 얼굴과 목소리는 모두 딥페이크로 만들어진 영상과 음성이었다. 그렇게 342억원이 사라졌다.[4]

홍콩에서 딥페이크 화상회의를 활용한 사기사건이 발생하는 동안 한국에서는 조금 다른 성격의 사기가 성행했다. 딥페이크를 활용한 유명인 사칭 온라인 피싱 범죄였다.[5] A씨도 그 피해자 중 한 명이었다.[6] 평소처럼 유튜브로 재테크 정보 영상을 보고 있을 때였다. 여러 영상을 보다가 유명 경제전문가가 나오는 광고 영상을 보게 됐다. 평소 관심 있게 지켜보던 경제전문가였다. 광고를 클릭했다. 연락처를 입력하라는 문구가 떴다. 연락처를 입력하자 카톡이 왔다. 경제전문가의 이름으로 온 1 대 1 메시지였다. 그는 메시지를 통해 여러 조언을 건넸다. 더 많은 정보를 공유하는 오픈 채팅방에 들어올 것도 권했다. 180여명이 참여해 있는 주식 관련 정보 공유방이었다. 그곳에서는 여러 주식 관련 정보들이 오고 갔다. 추천하는 종목들을 보니 실제로 주가가 꽤 오른 종목이 많았다. 그렇게 시작된 A씨의 투자는 10억 3,000만원을 잃는 걸로 끝났다. 대출금을 포함한 금액이었다 A씨가 봤던 광고는 딥페이크로 만들어진 허위 투자 광고 영상이었다. 1 대 1로 이루어졌던 대화 상대도 실제로는 그 경제전문가가 아니었다. 조직적이고 치밀하게 진행된 온라인 투자 사기였다. 피해자는 A씨만이 아니었다. 2023년 하반기부터 유명인을 사칭한 허위 광고가 SNS상에서 빠르게 확산됐다. 재벌 총수부터 방송인, 경제전문가, 언론인, 유튜버 등 그들이 사칭한 대상은 광범위하고 다양했다. 모두 평소 대중매체와 광고에서 자주 보던 사람들이었다. 인공지능 기술로 만들어진 허위 광고는 그들이 실제로 촬영한 진짜 광고와 구분되지 않았다.

2024년 3월 22일 프레스센터에서 기자회견이 열렸다. '유명인 사칭 온라인 피싱 범죄 해결 촉구를 위한 기자회견'이었다.[7] 이 기자회견에는 강사 김미경, 방송인 송은이·황현희, 전 한화투자증권 대표 주진형, 전 메리츠자산운용 대표 존 리 등이 직접 참석해 발언했다. 방송인 유재석을 포함한 유명인 137명의 이름이 담긴 성명서도 함께였다. 이들이 기자회견을 연 이유는 명료했다. 페이스북과 인스타그램, 유튜브 등 온라인 플랫폼에서 일어나고 있는 온라인 피싱 범죄의 심각성을 알리고 정부와 플랫폼의 해결 노력을 촉구하기 위해서였다. 생각해보면 유명인 사칭 온라인 피싱 범죄의 피해자는 사기를 당한 사람들만이 아니다. 사칭당한 유명인도 피해자다. 그들은 자신의 이름과 얼굴, 목소리를 도둑맞았다. 돈을 밝힌다는 오해도 사고, 사기에 가담했다는 모함을 받아 고소를 당하기도 했다. 오랫동안 쌓아온 명예도 실추되었다. 하지만 이들이 모여 기자회견을 연 것은 자신들만을 위해서는 아니었다. 문제의 심각성을 공개적으로 알리고 더이상 이런 일이 발생하는 것을 막기 위해서였다.

경찰청의 발표에 따르면 2023년 9월에서 12월까지 유명인 사칭 사기를 포함한 투자 리딩방의 불법행위 피해 건수는 1,000건 이상, 피해액은 1,200억원대에 이른다. 이날 회견에 동석한 한상준 변호사도 "유명인을 사칭하거나 딥페이크로 모방해서 영상을 만드는 방식으로 사기를 벌이다보니 피해 규모가 기존 사기사건보다 훨씬 크다"라고 말하며 "유명인 사칭 피해액이 대략 1조원이 넘는 것으로 추산된다"고 밝혔다. 하지만 기자회견 이후 시간이 흐른 지금도 상황은 그다지 달라지지 않았다. 인스타그램과 유튜브, 페이스북에선 여전히 큰 수익을 보장하며 우리의 눈과 귀를 현혹하는 유명인의 얼굴과 목소리로 만들어진 허위 광고를 쉽게 찾아볼 수 있다. 이렇게 만들어진 온라인 피싱 광고는 진짜 광고와 쉽게 구분되지 않는다. 영상으로 만들어진 광고의 경우는 더욱 그렇다.

구분하기 어려운 것은 유명인을 사칭한 허위 광고만이 아니다. 인공지능으로 만들어진 허위조작정보도 마찬가지다. 2023년 5월 22일 한장의 사진이 SNS에 올라왔다. 미국 국방부 본부 청사 펜타곤과 닮아 보이는 건물 인근에서 검은 연기가 피어오르는 사진이었다. 큰 폭발이 일어난 듯한 모습이 담긴 사진이었다. 건물 주변에선 검은 연기 기둥이 치솟고 있었다. 2002년 9·11테러 당시 공격받은 펜타곤의 모습을 연상케 하는 사진이었다. 관련 소식은 온라인상에서 빠르게 공유됐다.[8] 러시아의 해외 선전매체인 RT$^{Russia\ Today}$의 SNS 계정에는 해당 이미지와 함께 "펜타곤 근처에서 폭발이 있었다"는 게시물이 올라왔다. 인도의 리퍼블릭 TV도 러시아 매체 RT의 게시물을 인용하며 펜타곤 근처에서 폭발이 일어났다고 보도했다. 미국 주식시장이 출렁였다.[9] 안전자산으로 여겨지는 국채와 금의 가격도 크게 움직였다. 하지만 문제의 사진은 인공지능으로 만들어진 허위 사진이었다. 전문가들이 사진을 분석한 결과 건물 앞의 담장이 변형되어 서로 뒤섞인 흔적이 포착되었다. 인공지능으로 만든 이미지에서 흔히 찾아볼 수 있는 특징이었다. 도대체 어떻게 이런 일이 가능해진 걸까? 왜 최근 들어 이런 일이 더 자주 일어나는 걸까?

기계가 만들어낸 가상현실

이 모든 일이 가능해진 이유는 인공지능 기술의 발전, 더 정확히는 '딥페이크'^{deepfake} 기술의 발전 때문이다. 딥페이크는 인공지능 기술의 일종인 '딥러닝'$^{deep\ learning}$과 '가짜'^{fake}의 합성어다. 초기에는 이미지나 영상 속의 인물을 다른 사람의 모습으로 바꾸는 합성 기술을 의미했지만, 최근에는 그 의미가 확장되어 인공지능 기술을 활용해 만들어진 허위 오디오, 사진, 동영상이나 이를 생성하는 기술과 과정을 총칭한다. 유럽연합EU은 딥페이크를 아래와 같이 정의한다.

> 인공지능이 생성하거나 조작한 오디오 또는 시각 미디어로서 실제 인물, 사물, 장소, 단체 또는 사건과 유사하여 진짜인 것처럼 보이거나 진실인 것처럼 보이게 하는 것.[10]

딥페이크라는 단어가 세상에 처음 등장한 것은 2017년이다. 미국 온라인 커뮤니티 레딧Reddit에서였다. 'deepfakes'라는 닉네임을 가진 회원이 기존 영상에 유명인의 얼굴을 합성해 만든 음란물 영상을 올리기 시작한 데서 유래됐다.[11] 그가 합성 영상을 만드는 데 사용했던 기술은 인터넷상에 오픈소스로 올라와 있던 인공지능 관련 기술들이었다.

그중에는 '생성적 적대 신경망'GAN 기술도 있었다. 생성적 적대 신경망은 딥러닝 기술의 하나로 딥페이크 제작을 가능하게 하는 기술이다. 문자 그대로 생성하고 감별하는 기능을 가진 두개의 신경망이 서로 적대적으로 경쟁하고 학습하면서 더 나은 결과를 만들어내는 인공지능 기술이다.[12] 한 신경망은 입력 데이터 샘플에 기반해 새 데이터를 생성한다. 다른 신경망은 생성된 데이터 출력이 원래 데이디 세트에 속하는지 여부를 판별하고, 생성된 데이터가 가짜인지 진짜인지 판단한다.

생성적 적대 신경망 기술은 '위조지폐범'과 '경찰'의 관계로 자주 비유되기도 한다. 위조지폐범은 최대한 진짜 같은 화폐를 만들어(생성) 경찰을 속이기 위해 노력한다. 경찰은 진짜 화폐와 가짜 화폐를 완벽히 판별(분류)하여 위조지폐범을 검거하는 것을 목표로 한다. 이런 경쟁적인 학습이 지속되다보면 어느 순간 위조지폐범은 진짜와 다를 바 없는 위조지폐를 만들 수 있게 된다. 경찰은 위조지폐와 실제 화폐를 구분할 수 없는 상태에 이른다. 이 과정을 반복하면 원본과의 구별이 거의 불가능할 정도로 정교한 합성 데이터가 만들어진다. 우리의 눈과 귀로는 확인이 어려운 이미지와 영상, 오디오가 생성된다.

물론 처음부터 완벽한 결과물이 만들어진 것은 아니었다. 인공지능 기술로 만들어졌다고 생각할 만한 특징들이 있었다. 부자연스럽거나 물리법칙을 위반하거나 인위적인 부분이 그랬다. 하지만 이제 맨눈으로는 구분이 불가능할 정도로 기술이 정교해지고 빠르게 발전하면서 점점 그러한 특징조차 사라지고 있다. 사람의 피부뿐 아니라 머리카락까지 실제와 비슷하게 생성한다. 기술에 대한 접근성도 높아졌다. 비용이 낮아지고 사용이 쉬워졌다. 일반인도 별도의 장비나 학습 없이 쉽게 제작할 수 있다. 전문가가 아니더라도 컴퓨터나 스마트폰에 이미지나 영상, 음성을 첨부해 몇개의 텍스트를 입력하는 것만으로도 원하는 형태의 이미지와 영상, 음성을 만들 수 있다. 많은 데이터가 필요한 것도 아니다. 몇장의 이미지, 몇초의 오디오면 충분하다. 만드는 과정도 간단해 몇번의 클릭, 몇번의 터치면 충분하다. 실시간 합성은 물론, 웹캠^{Webcam}이나 스마트폰의 카메라를 이용해 나의 움직임과 표정을 그 사람의 표정과 움직임인 것처럼 만들 수도 있다.[13] 몇개의 텍스트를 입력하는 것만으로도 원하는 내용의 고화질 동영상을 생성할 수 있다.[14] 참고가 될 만한 이미지나 음성, 오디오가 있다면 더욱 쉽다. 최근 개발된 인공지능 모델들은 현실세계의 상식과 물리법칙도 제법 잘 이해한다. 그만큼 실제와 구분하기가 어려워졌다. 현실과 가상의 경계가 모호해졌다.

사람들은 딥페이크를 잘 구분하지 못할까? 불행히도 답은 '그렇다'다. 2021년 11월 독일 막스플랑크 인간개발연구소 연구팀은 논문 하나를 발표했다. 사람들이 '딥페이크를 감지할 수 없음에도 감지할 수 있다고 생각한다'는 요지의 논문이었다.[15] 210명의 실험 참가자를 대상으로 한 실험 결과를 담았다. 딥페이크로 만들어진 영상을 구별할 수 있는지, 정답에 대해 어느 정도 확신하는지를 측정한 실험이었다. 16개의 비디오를 보여주고, 딥페이크인지 아닌지 표시하게 해서 주관적 추측 확률$^{subjective\ probability\ of\ guessing}$을 평가했다. 각 비디오가 딥페이크일 확률은 50퍼센트였다. 실험에 참여한 참가자들이 예상한 주관적 추측 확률은 높았다. 대부분의 참가자가 16개 비디오에서 사신이 딥페이크인 영상과 아닌 영상을 제대로 구분하고 있다고 자신했다. 하지만 결과는 달랐다. 참가자들의

4장 믿음과 신뢰

평균 정확도는 57.6퍼센트에 불과했다. 무작위로 골라 맞출 확률보다 조금 높은 정도였다. 자신의 콘텐츠 식별 능력을 과대평가한 셈이다.

2022년 2월에 발표된 영국 랭커스터대학과 미국 버클리 캘리포니아대학 공동연구팀의 연구도 비슷했다.[16] 사람들이 실제 인물 사진과 인공지능 기술로 합성한 얼굴 사진을 구별할 수 있는지, 어떤 얼굴에 더 신뢰감을 느끼는지를 측정하는 실험이었다. 연구진은 실험을 위해 인공지능 기술로 만든 가짜 얼굴 사진 400장과 실제 인물 사진 400장을 준비했다. 첫번째 실험에서는 참가자 315명을 대상으로 아무런 설명을 하지 않은 채 800장의 사진 중 128장을 뽑아 실제 얼굴인지 합성된 얼굴인지 구별하게 했다. 그 결과 정확도는 48.2퍼센트로 나타났다. 사람들은 실제 인물의 얼굴과 인공지능 기술로 만들어진 합성 얼굴을 제대로 구분하지 못했다. 두번째 실험에서는 219명의 새로운 참여자에게 인공지능으로 만든 얼굴을 분류하는 방법을 설명한 후 진행됐다. 이 실험의 정확도는 59퍼센트였다. 전보다는 높아졌지만 유의미하게 높아진 것은 아니었다. 의외로 실험 참가자들은 구체적인 정보를 제공해도 딥페이크 이미지를 잘 구분해내지 못했다. 223명의 실험 참가자를 대상으로 한 세번째 실험에서는 실제 사람의 얼굴 사진과 인공지능이 합성한 얼굴 사진을 섞어 무작위로 보여준 후 신뢰도에 따라 1~7점 척도의 점수를 부여하게 했다. 그 결과 합성 얼굴에 대한 평균 신뢰도(4.82점)가 실제 얼굴 평균 신뢰도(4.48점)보다 높게 나타났다. 심지어 신뢰도 상위 4개의 얼굴 중 3개는 합성 얼굴이었다. 신뢰도 하위 4개 얼굴은 모두 실제 얼굴이었다. 이 실험의 결과가 의미하는 바는 명확하다. 사람들은 인공지능이 만들어낸 합성 얼굴을 구별하지 못한다는 것이다. 심지어 실제 얼굴보다 합성된 얼굴에 신뢰감을 느낀다.

무기화된 거짓

딥페이크 기술은 사용하기에 따라 유용하게 활용될 수 있다. 손상된 사진이나 영상을 복원할 수 있고 애도와 추모의 도구로 사용할 수도 있다. 영화나 드라마, 광고를 제작하는 데 활용할 수도 있고, 피해자의 신변을 보호하는 도구로 사용할 수 있다. 하지만 이 기술은 위험하다. 범죄 도구로 이용되는 것 말고도 이 기술로 인해 발생하는 사회적 문제가 많다.[17] 대표적 부작용 중 하나는 '허위조작정보'의 증가다. 허위조작정보는 '사회적·경제적·정치적 등의 이득을 위하여 의도적으로 퍼뜨리는 거짓된 정보, 또는 오해를 유발할 수 있는 정보'를 말한다.[18] 이러한 허위조작정보는 사실을 왜곡하고 타인의 명예를 훼손할 수 있다. 경제적 손실을 가져오고 한 개인과 가족을 죽음에 이르게 할 수도 있다. 집단 갈등을 유발하고 사회를 혼란에

빠뜨려 불필요한 사회적 비용도 발생시킬 수 있다.

물론 정보 조작의 역사는 인류 역사만큼 길다. 딥페이크 기술이 없던 시절에도 조작된 정보는 존재했다. 필름 카메라 시절에도 이미지 조작이 있었다. 개인용 컴퓨터가 도입된 이후로는 포토샵photoshop 같은 이미지 편집 도구를 이용한 이미지 조작도 많았다. 하지만 인공지능 기술을 활용해 만들어진 허위조작정보는 그 위험성과 파급력이 다르다. 전문적인 장비나 기술이 필요 없이 일반인도 쉽게 만들 수 있기 때문이다. 초등학생부터 노인까지 누구나 저렴한 비용으로 질 좋은 허위조작정보를 만들어낼 수 있다.

영상과 음성의 손쉬운 합성과 조작이 가능해졌다는 점도 심각한 문제다. 오랫동안 영상파일과 음성파일은 진실을 가리는 도구였다. 사실을 증명할 수 있는 '객관적 증거'였다. 동서양을 막론하고 '보는 것은 믿는 것'seeing is believing이고, 짐작하여 알기보다는 직접 봐서 아는 것이 더 확실했다百聞不如一見. 눈으로 보는 것이 가장 강력한 진실의 척도였다. 대화를 녹음한 파일은 막다른 상황을 뒤집을 수 있는 강력한 증거 중 하나였다. 하지만 딥페이크 기술은 누군가의 얼굴을 쉽게 만들어낸다. 누군가의 목소리도 잘 흉내 낸다. 이것은 이전에는 없던 경험이다.

하지만 우리의 눈과 귀가 혼란스러워하는 와중에도 딥페이크 기술로 만들어진 이미지와 영상, 음성파일은 빠르게 유통되고 있다. 전세계적으로 영향을 미치는 딥페이크도 있다. 가짜로 만들어진 테러나 미사일 공격 등에 대한 내용을 담은 동영상이다. 이러한 종류의 동영상은 사회에 혼란을 야기하는 것은 물론, 심각한 경우 국가 간 분쟁이나 전쟁의 계기를 제공할 수도 있다. 세계 정세가 불안할 때는 더욱 그렇다. 2023년 4월 미국 의회조사국^{CRS}도 「딥페이크와 국가안보」라는 보고서를 발표하며 딥페이크와 국가안보를 묶어 언급했다.[19] 미 의회조사국이 군사적 위협이나 외교적 갈등이 아닌 딥페이크 문제를 국가안보와 연관해 언급한 것은 처음이었다.

딥페이크로 만들어진 허위조작정보는 민주주의에도 큰 위협이 된다. 특히 선거기간에 유포되는 허위조작정보가 그렇다. 2024년 1월 20일과 21일, 미국 뉴햄프셔주^{州}에 거주하는 민주당 당원들은 한 통의 전화를 받았다.[20] 전화기 너머로 조 바이든$^{Joe\ Biden}$ 대통령 특유의 목소리가 들렸다. 그가 즐겨 사용하는 문장으로 시작되는 메시지였다. 해당 메시지는 녹음된 음성이 자동 재생되는 로보콜^{robocall}이었다. 선거기간에 자주 사용되는 선거 홍보 방식이었다. 30초 분량의 로보콜에 담긴 메시지는 단순했다. 1월 23일에 열리는 뉴햄프셔 예비선거에 참여하지 말고 11월 본선 투표에 참여해달라는 내용이었다. 이번 뉴햄프셔 예비선거 투표에 참여하는 일은 공화당의 목표인 도널드 트럼프$^{Donald\ Trump}$의 당선을 돕는 일이라고도 말했다. 하지만 녹음된 목소리는 바이든 대통령의 목소리가 아니었다. 딥페이크 오디오였다. 이 문제적 행위로 기소당한 정치 건설

턴트는 "선거 캠페인에서 인공지능 사용을 규제하는 규칙을 제정하고자 연방통신위원회^{FCC}와 정부의 관심을 끌기 위해서" 벌인 일이라고 주장했다.[21] 하지만 그것은 분명한 선거 방해였고, 유권자의 권리를 침해하는 행위였다.

실제 딥페이크가 선거 결과에 영향을 준 사례도 있다. 2023년 5월 14일 치러진 튀르키예 대통령 선거에서 벌어진 일이다.[22] 당시 튀르키예 대선은 3선에 도전한 레제프 타이이프 에르도안$^{Recep\ Tayyip\ Erdogan}$ 대통령과 야당 후보 케말 클르츠다로을루$^{Kemal\ Kilicdaroglu}$가 경쟁을 벌이고 있었다. 여론조사 결과 장기집권 중이던 에르도안 대통령의 연임은 어려워 보였다. 그런데 선거 2주 전에 변수가 생겼다. 동영상 하나가 공개된 것이다. 튀르키예로부터 분리 독립을 위해 투쟁해온 무장단체 쿠르드 노동자당^{PKK} 지도자가 야당 후보인 클르츠다로을루를 지지하는 발언을 하는 동영상이었다. 에르도안 대통령은 이 동영상을 언급하며 야당과 무장단체가 같은 편이라고 주장했다. 야당이 집권할 경우 어떤 비극이 벌어질지 상상해보라고 경고했다. 이 영상이 퍼지면서 분위기가 반전됐다. 야당 후보인 클르츠다로을루는 음모라고 주장했지만 눈과 귀로 보고 들을 수 있는 영상의 힘은 강력했다. 야당 후보와 무장단체가 손잡았다고 믿는 사람들이 늘었다. 결국 에르도안 대통령은 4.36퍼센트라는 근소한 차이로 연임에 성공했다. 야권의 승리가 예상된 터라 이례적인 결과였다. 후에 이 영상은 딥페이크 영상인 것으로 밝혀졌다. 하지만 이미 선거가 끝난 후였다.

반복되는 콘텐츠는 힘이 세다. 사람들의 머릿속에 각인된다. 콘텐츠가 텍스트가 아닌 이미지나 동영상인 경우에는 그 효과가 더 크다. 그럴듯하거나 설득력 있는 내용을 담은 딥페이크 이미지나 동영상은 잠시 본 것만으로도 진짜라고 여겨질 수 있다. 게다가 무언가 반복되면 우리의 뇌는 그것을 진짜로 기억할 가능성이 높다.[23] 자신이 보고 있는 콘텐츠가 허위로 조작된 정보란 사실을 알고 있을 때도 마찬가지다. 사람들은 온라인상에서 진짜 정보만 공유하지도 않는다. 온라인상에서 진실을 공유하는 것보다 자신의 욕망과 의견, 가치에 일치하는 '자신만의 현실'을 구축하는 것이 더 중요하기 때문이다.[24] 자신에게 '이익'을 가져다주는지 아닌지가 더 중요하기 때문이다. 사람들이 온라인에서 콘텐츠를 소비하고 공유할 때 진실은 우선순위가 아니다. 그것이 나의 믿음과 가치에 일치하는지가 더 중요하다. 공유하고자 하는 정보가 자신의 정체성과 사회적 지위, 신념을 강화할 때 그 정보는 기꺼이 우리에게 채택되고 공유된다. 이익과 수익을 보장할 때도 마찬가지다. 허위조작정보가 끊임없이 쉽게 확산되는 이유다.

하지만 딥페이크가 진짜 위험한 이유는 따로 있다. 지금까지 언급된 것보다 더 근본적인 차원의 위험이다. 바로 정보에 대한 불신이다. 딥페이크로 만들어낸 정보를 자주 접할수록 정보 자체에 대한 불신이 깊어질 수 있다. 불신의 형태는 다양하게 나타날 수 있다. 자신이 믿고 싶지 않은 영상을 조작된 정보라고 생각할 수 있다. 지금 접하고 있는 모든 정보가 조작된 정보라고 생각할 수도 있다. 미국 브라운대학교 교수이자 인지심리학자인 스티븐 슬로먼Steven Sloman은 사람들이 전문가나 딥페이크 탐지기의 분석 결과와 무관하게 자신이 믿고 싶지 않은 영상을 딥페이크로 지목할 가능성이 높다고 주장한다.[25] 정보의 사실 여부가 불확실한 상황에서 자신이 믿고 싶지 않은 정보를 가짜로 생각할 수 있다는 의미다. 자신이 본 모든 것을 가짜라고 의심할 수도 있다.

2021년 1월 미국 예일대학교 연구진은 논문 하나를 발표했다.[26] 사람들은 딥페이크로 만들어진 영상과 그렇지 않은 영상을 제대로 구분하지 못하며, 딥페이크로 만든 영상이 있다는 사실을 주지받았을 때도 그 결과는 마찬가지라는 주장을 담은 논문이었다. 실험 결과에 따르면 오히려 사람들은 딥페이크로 만든 영상이 있다는 사실을 반복적으로 경고받을 때마다 자신이 본 실제 영상도 가짜가 아닐지 의심하기 시작했다. 이 연구 결과가 의미하는 바는 명확하다. 딥페이크의 가능성을 강조하는 것만으로도 실제 일어난 사건을 가짜로 깎아내릴 수 있다는 것이다. 인권침해 사례를 기록하도록 돕는 비영리단체 위트니스Witness의 프로그램 디렉터인 샘 그레고리Sam Gregory도 예일대 연구진과 정확히 같은 지점을 우려한다.[27] "사람들이 부패를 고발하고 인권침해를 보여주기 위해 촬영한 실제 증거가 '가짜뉴스'로 매도당할 수 있다"고 지적한다. 그는 전세계 워크숍에서 그와 유사한 염려가 지속적으로 제기되고 있다고 말하며, 그것이 권력자들의 '또다른 무기'가 될 수 있다고 경고한다.

새로운 기술과 법의 이름으로

물론 부작용에 대한 해결책이 전혀 없는 것은 아니다. 딥페이크 기술이 발전하는 만큼 이를 탐지하는 기술도 함께 발전하고 있다.[28] 사람 눈의 깜박거림이나 얼굴의 혈류 변화를 추적·분석해 딥페이크 여부를 판별할 수 있다. 영상 속의 조명 등 물리적 일관성을 추적하거나 저장된 정보량을 측정해 딥페이크 여부를 판별하기도 한다. 딥페이크 콘텐츠 생성시 발생하는 인공지능의 실수를 근거로 딥페이크 여부를 판단하기도 한다. 정부기관과 보안기업도 민관협력을 통해 딥페이크에 대한 탐지 및 인증 기술 개발에 노력 중이다. 미 국방고등연구계획국[DARPA]은 민관협력에 기초하여 딥페이크 관련 미디어 포렌식 및 인증을 위한 도구를 개발 중이다.[29] 우리나라 경찰청도 딥페이크 관련 범죄가 증가함에 따라 딥페이크 의심 영상의 진위를 판별하기 위한 신규 소프트웨어를 개발하고 있다.[30]

국가 차원에서뿐 아니라 민간부문에서도 활발한 움직임이 일어나고 있다. 마이크로소프트와 인텔, 구글 등 거대 정보통신 기업들도 딥페이크 탐지 및 인증 기술 개발에 뛰어들고 있다. 마이크로소프트는 사진이나 동영상이 인위적으로 조작되었을 가능성을 백분율로 제공하는 '마이크로소프트 비디오 인증기'Microsoft Video Authenticator를 개발했다.[31] 인텔도 실시간으로 딥페이크를 탐지할 수 있는 프로그램 페이크캐처FakeCatcher를 개발했다.[32] 구글은 인공지능으로 생성된 이미지에 눈에 보이지 않는 워터마크watermark를 찍고 식별하는 도구를 개발해 배포했다.[33] 관련 시장도 성장 중이다. 글로벌 시장조사업체 마케츠앤드마케츠Markets&Markets에 따르면 글로벌 딥페이크 탐지 시장은 2022년 5억 달러(약 7천억원)에서 2027년 18억 달러(약 2조 5천억원)로 늘어날 것으로 전망된다.[34] 하지만 기술적으로 딥페이크를 100퍼센트 완벽하게 판별하기란 쉽지 않다. 관련 기술이 끊임없이 발전하기 때문이다. 탐지 기술이 발전하는 만큼 딥페이크 기술도 발전한다. 딥페이크 기술과 탐지 기술이 서로 경쟁하며 발전하는 양상은 고양이와 쥐가 쫓고 쫓기는 모습을 보는 것 같다.

정부 차원의 규제도 가능하다. 가장 빠르게 대응한 곳은 유럽연합이다. 유럽연합은 디지털서비스법Digital Service Act을 제정해 플랫폼 기업에도 책임을 부과했다.[35] 콘텐츠 유통 이익에 따른 일정한 책임 분담을 요구한 것이다. 관련 법안에는 딥페이크를 포함해 조작된 콘텐츠의 표시 의무도 명시되어 있다. 유럽연합에서 월평균 이용자 4,500만명 이상을 보유한 '초대형 온라인 플랫폼'VLOP과 '초대형 온라인 검색 엔진'VLOSE은 딥페이크 콘텐츠 및 조작된 콘텐츠를 구분해 표시할 의무가 있다. 유럽연합이 지정한 초대형 온라인 플랫폼에는 인스타그램과 유튜브, 틱톡, 페이스북, 엑스가 포함되어 있다. 이 플랫폼들은 인물이나 물체, 장소 등이 진실인 것처럼 보이도록 생성되었거나, 조작된 이미지나 오디오 또는 비디오로 구성된 정보 항목이 노출될 경우 눈에 잘 띄는 표시로 구별해주어야 한다. 서비스 이용자가 자신이 올릴 콘텐츠가 인공지능 서비스의 도움을 받아 제작되었다는 사실을 쉽게 표시할 수 있는 기능도 제공해야 한다. 최근 SNS에 콘텐츠를 올릴 때 인공지능으로 만들었는지 여부를 표시할 수 있는 항목이 생긴 이유다.

흔히 '세계 최초의 인공지능 규제법'으로 불리는 유럽연합의 인공지능법EU Artificial Intelligence Act에도 딥페이크 관련 항목이 있다. 여기서는 딥페이크를 '제한적 위험을 가지고 있는 인공지능'으로 분류한다.[36] 딥페이크 기술은 그 자체로는 중립적인 기술이지만, 사칭이나 조작 또는 속임수 등의 위험 가능성이 있는 기술로 본다. 이 법의 영향을 받는 대상은 인공지능 서비스 공급자와 사용자다. 인공지능 서비스 공급자와 사용자 모두에게 '투명성 의무'transparency obligation가 부과된다.[37] 공급자는 '표지標識 및 감지 의무'가 있다. 사용자는 '공개 의무'가 있다. 인공지능 서비스 공급자는 인공지능 기술로 만들어지거나 편집된 결과물을 기계가 감지할 수 있게 만들어야 한다. 워터마크나 메타데이터metadata, 기타 암호화 등을 적용해 기계가 판독할 수 있는 형식으로 콘텐츠에 표시해야 한다. 사용자는 해당 결과물이 '인위적으로 생성되거나 조작되었음'을 공개해야 한다. 자신이 만든 콘텐츠가 딥페이크 콘텐츠임을 투명하게 공개해야 한다.

우리나라는 어떨까? 현재 우리나라는 유럽연합처럼 인공지능을 전반적으로 포괄하는 통합법은 없다. 기존의 법률에서 딥페이크 음란물과 선거에 관한 부분만 일부 개정해 대응하고 있다. 선거와 관련해서는 2023년 12월 개정된 '공직선거법'에 의해 선거일 90일 전부터 선거일까지 딥페이크를 활용한 선거운동이 금지된다.[38] 금지된 기간 외에는 딥페이크 콘텐츠를 선거운동에 활용할 수 있다. 하지만 이 경우에도 딥페이크로 만들어진 가상의 정보라는 사실을 콘텐츠에 표시해야 한다. 유권자들이 헷갈리지 않도록 인공지능 기술로 만들거나 조작한 콘텐츠임을 표시해야 한다.

2024년 9월 26일부터 딥페이크 음란물과 관련한 처벌은 더 강화되었다.[39] 2024년 8월부터 논란이 되었던 딥페이크 성범죄물에 대한 대응의 일환이었다. 개정된 법에 따라 이제는 딥페이크 성범죄물을 시청하거나 소지한 행위도 처벌할 수 있게 되었다. 딥페이크 성범죄물 제작자에 대한 처벌도 강화되었다. 이전에는 '반포'(세상에 널리 퍼뜨려 모두 알게 함)를 목적으로 제작했을 때만 처벌할 수 있었지만 이제는 당사자의 의사에 반해 불법 합성물을 제작했을 경우 목적과 관계없이 처벌할 수 있게 되었다. '불법 촬영물 등의 삭제 지원 및 피해자에 대한 일상회복 지원' 항목이 신설돼 불법 합성 영상물의 삭제와 일상회복 지원이 국가의 책무임을 명시하기도 했다. 하지만 딥페이크로 만들어진 허위조작정보 확산을 막을 수 있는 법안은 아직 만들어지지 않았다. 국회에서 유럽연합의 디지털서비스법이나 인공지능법과 유사한 내용을 담은 법안들을 발의했지만 실제 법제화되기까지는 시간이 필요한 상황이다. 딥페이크 허위조작정보로 인한 피해가 증가하고 있는 만큼 관심을 가지고 지켜봐야 할 사안이다.

우리에게 필요한 리터러시

하지만 기술과 법은 사후 해결책에 가깝다. 피해를 막기 위한 최소한의 조치에 불과하다. 딥페이크 범죄에 속지 않을 면역체계와 올바른 판단을 위한 개인의 역량 향상, 그리고 범죄 예방조치 마련이 우선이다. 이때 필요한 것이 '리터러시'literacy다. 리터러시는 보통 '문해력'으로 번역된다. 문해력은 글을 읽고 이해하는 능력이다. 하지만 최근에 중요하게 강조되고 있는 리터러시는 글을 읽고 이해하는 능력을 넘어, 다양한 미디어와 주제를 능숙하게 다룰 수 있는 역량과 조건까지 포괄한다. 리터러시 교육학술단체인 국제리터러시협회[ILA]는 리터러시를 '다양한 분야와 맥락에서 시각, 청각,

디지털 자료를 사용하여 식별하고 이해하고 해석하고 만들어내고 계산하고 소통하는 능력'으로 정의한다.[40] 단순히 글의 뜻을 파악하고 그 맥락을 이해하는 능력을 넘어, 다양한 형태의 정보를 비판적으로 받아들이고 자기 삶에 적용할 줄 아는 능력이라는 것이다.

리터러시를 구성하는 역량은 다양하다. 그중에서도 무엇이 진짜이고, 무엇이 가짜인지 알 수 없는 요즘 같은 상황에서 가장 필요한 역량은 '비판적 사고'critical thinking다. 미국의 신경과학자이자 인지심리학자인 대니얼 레비틴Daniel Levitin도 그의 책 『무기화된 거짓말』 Weaponized Lies 에서 "교활한 거짓말쟁이들에게 맞서는 가장 좋은 방법은 비판적 사고"라고 주장한다.[41] 비판적 사고는 '근거를 기반으로 판단하는 사고'다. 어떤 새로운 정보나 지식, 주장을 접했을 때 일방적으로 받아들이는 것이 아니라 그것이 옳은지 그른지 근거를 기반으로 따지고 판단하는 자세다. 출처가 어디인지, 근거가 무엇인지, 언제 만들어졌는지 확인하고, 누가 만들었고, 왜 만들었는지 따져보는 일이다. 제대로 된 비판적 사고를 갖추기 위해선 누가 이익을 보고, 손해를 보는지 추적함으로써 교묘하게 숨겨져 있는 편향을 파헤치고 자신의 선입견을 확인해보는 데까지 이르러야 한다. 하지만 이러한 비판적 사고 역량은 하루아침에 만들어지지 않는다. 지속적인 교육과 훈련을 통해 모든 사안에 적용할 만한 반사적인 행동으로 체화되어야 한다. 머리로 아는 이론이 아니라 몸으로 행하는 실천이 필요하다.

믿음의 조건

2016년 영국 옥스퍼드 사전은 올해의 단어로 '탈진실'post-truth을 선정했다. 탈진실은 "객관적 사실이 공중의 의견을 형성하는 데 개인적 신념과 감정에 호소하는 것보다 영향력을 덜 끼치는 환경"을 의미한다.[42] 좀더 풀어 설명하면 객관적인 사실보다 감정이나 개인적 신념에 따른 주장이나 정보가 사람들의 마음을 움직이고 여론 형성에 영향을 끼치는 현상을 말한다. 사실보다 대중의 감정적 반응을 자극하는 것이 더 큰 영향력을 발휘하는 세태를 반영한 단어다. 2017년 10월 미국의 정보기술 연구 및 자문회사인 가트너Gartner는 "2022년이 되면 대부분의 사람이 진짜 정보보다 가짜 정보를 더 많이 접하게 될 것"이라는 전망을 내놓았다.[43]

2022년을 훌쩍 넘긴 지금 그와 같은 전망은 어느 정도 현실화되고 있다. 현재 우리는 그 어느 때보다 정교하게 합성된 정보가 유통되는 시대에 살고 있다. 그렇게 합성된 정보는 우리의 감정과 욕망을 자극한다. 진짜와 가짜, 현실과 가상, 진실과 거짓이 혼재되어 있다. 하지만 인류 역사상 '사실'만이 존재했던 시기는 없었다. 언제나 '거짓'이 존재했다. 시대를 불문하고 사람들의 마음을 사로잡기 위한 선동과 조직된 정보는 언제나 있었다. 다양한 목적과 욕망을 반영한 거짓이 진실인 것처럼 활보했다. 그런 의미에서 최근 우리가 직면한 중대한 문제는 가짜뉴스와 허위조작정보의 증가가 아니다. 그것은 바로 믿음의 종말과 신뢰의 붕괴다. 현실과 구분되지 않는 딥페이크는 우리의 눈과 귀를 현혹하는 것을 넘어 우리가 보고 들은 모든 것을 의심하게 만든다. 알고리즘은 우리의 관심에 일치하지 않는 사실을 배제한다. 자신의 감정과 욕망에 부합하지 않는 정보를 불신하게 만들 뿐 아니라, 우리가 그동안 공동으로 구축해왔던 많은 것들을 믿고 신뢰하는 일을 포기하게 만든다. 하지만 이것은 허위 정보를 퍼뜨리고 거짓으로 우리의 눈과 귀를 현혹하는 사람들이 가장 원하는 결과다. 우리가 생각하기를 포기하고 감정과 욕망에만 충실할 때 그들의 이익이 최대화되기 때문이다.

모든 것을 의심할 수밖에 없는 시대에 우리가 취할 수 있는 가장 쉬운 태도는 믿지 않는 것이다. 모든 것을 불신하며 진실과 거짓을 가려내는 일을 포기하는 것이다. 허무주의적이고 냉소적인 태도를 가지는 일은 쉽다. 하지만 믿음과 신뢰는 우리 삶을 유지하기 위한 기본적인 전제 조건이다. 신뢰가 없는 사회는 성립 불가능하다. 영국의 의사이자 작가인 토머스 브라운Thomas Browne의 비유를 빌리면 "지옥에서도 악마들끼리는 서로 거짓말을 하지 않는다."[44] 지옥조차도 하나의 사회적 공간으로 유지되려면 신뢰가 있어야 한다는 의미다. 물론 무엇인가를 의심하고 회의하는 태도는 필요하다. 특히 사실과 허구를 구분할 수 없는 세계에선 비판적 이성을 더욱 날카롭게 다듬어야 한다. 믿음과 신뢰에 위험 요소가 늘었다는 사실이 우리가 믿고 신뢰하는 것을 그만두어야 하는 이유가 되진 않는다. 서로를 믿고 신뢰하는 일의 가치는 여전히 유효하다. 다만 그 방식이 바뀔 뿐이다. 더 집요하고 끈질기게 질문하는 방식으로, 보고 들은 것에 대한 믿음을 유보하고 따져 묻는 의지로.

5장
추천과 선택

정말 당신이 선택한 것인가?

"매트릭스는 어디에나 있어.
우리 주변 모든 곳에.
지금 이 방에도."

The Matrix is everywhere. It is all around us.
Even now in this very room.

—영화 「매트릭스」(The Matrix)

시스템의 연인

평생을 함께할 연인은 어떤 방식으로 선택할 수 있을까? 조금 색다른 방식으로 첫 만남을 시작한 커플이 있다. 커플의 이름은 프랭크와 에이미. 그들은 '시스템'의 주선으로 서로를 만났다. 시스템은 개개인의 데이터를 분석해 최적의 만남을 주선했다. 여러번의 데이트 주선을 통해 개개인의 성격과 취향을 정밀하게 분석하고, 그 데이터를 바탕으로 최종 파트너를 매칭하는 식이었다. 성공률은 무려 99.8퍼센트였다. 하지만 세상의 모든 처음이 그렇듯 프랭크와 에이미의 첫 만남도 매끄럽진 않았다. 긴장감과 어색함이 흘러넘쳤다. 다행히 분위기는 나쁘지 않았다. 농담의 코드가 비슷했다. 웃는 타이밍이 유사했다. 시스템을 이용한 만남이 처음이라는 사실도 같았다. 어색한 침묵이 흐르는 시간도 있었지만, 길진 않았다. 시스템이 적절히 개입해 도움을 주었다. 잠시 서로의 말수가 적어지는 타이밍에 맞춰 시스템이 미리 주문해놓은 음식이 서빙되었다. 상대방에게 어떤 음식이 좋으냐고 물을 필요도 없었다. 내가 고른 음식이 상대방의 마음에 들지 고민할 필요도 없었다. 메뉴 선정에 실패는 있을 수 없었다. 시스템이 각자의 취향에 기반해 주문해놓은 음식이었다. 식사와 함께 분위기가 무르익었다. 서로의 음식을 소재로 대화를 주고받았다. 상대방의 음식을 먹어보기도 했다. 좋은 관계가 될 수 있을 것 같았다. 하지만 두 사람이 함께할 수 있는 시간은 짧았다. 시스템이 설정해놓은 두 사람의 유효기간은 고작 12시간이었다. 너무 짧은 시간이었다. 느낌이 좋았는데 안타까웠다.

흥미로운 질문으로 시작하는 드라마가 있다. 미국의 SF 드라마 블랙미러 시즌 4의 네번째 에피소드 「시스템의 연인」$^{\text{Hang the DJ}}$이다. 이 에피소드 소개글에는 다음과 같이 쓰여 있다.

> 시스템이 짝을 찾아주는 세상, 게다가 유효기간까지 정해준다. 그런데 12시간짜리 상대가 1년짜리보다 마음에 든다면?

부모의 반대나 죽음도 갈라놓지 못하는 게 사랑이다. 그런데 시스템의 추천쯤이야. 사랑이 불타오른 후엔 그 어떤 개입도 불가능하다. 하지만 아직 사랑이 싹트기 전, 상대에게 약간의 호감만 가진 상태라면 이야기가 조금 달라진다. 아직 상대방에 대한 확신이 없다. '이 사람도 나쁘진 않지만, 더 좋은 사람이 있을지 모르겠다'는 생각이 들 수 있다. '아직 내가 파악하지 못한 단점이 있진 않을까?'라고 생각할 수 있다. 나의 직관보다 나와 상대방에 대해 더 많은 데이터를 가지고 있는 인공지능이 산출해낸 결과가 더 믿음직할 수 있다. 사랑이 시작된 후엔 외부의 개입이 어렵다. 하지만 단순히 호감만 가진 상태에선 다르다. 사랑의 시작에 개입할 수 있는 요소는 아주 많다. 그중 하나가 인공지능 기술이 되지 말란 법은 없다.

모든 일은 사소한 것에서 시작된다

우리는 살아가면서 수많은 선택을 한다. '무엇을 먹을지' '어떤 물건을 살지' '어디로 여행을 갈지' 같은 사소한 선택부터, '어떤 대학을 갈지' '어디에 취업할지' '결혼을 할지 말지' 같은 중요한 선택까지 다양하다. 선택하는 데 걸리는 시간은 사안에 따라 다르다. 어떤 선택은 반사적으로 이루어지지만, 어떤 선택은 몇년에 걸쳐 이루어진다. 매일 반복적으로 이루어지는 선택도 있지만, 일생에 걸쳐 한번밖에 할 수 없는 선택도 있다.

그런데 어떤 선택에는 기술이 개입한다. 사적이고, 사소하고, 반복적인 선택일수록 그렇다. 음악을 듣고, 동영상을 보고, 뉴스를 보고, 쇼핑을 하는 과정에 기술이 녹아 있다. 여기에 녹아 있는 추천 알고리즘 기술은 수많은 선택지 중 각자가 좋아할 만한 것을 미리 필터링해 보여준다. 관심 있어 할 만한 동영상, 살 법한 물건, 가고 싶어 할 만한 여행지 등을 끝없이 보여준다. 다양한 서비스 속에서 제공되는 추천 알고리즘은 꽤 유용하다. 검색해야 하는 수고로움을 덜어주고, 비교할 시간을 줄여주기 때문이다. 알아서 선택지를 줄여주고, 새로운 발견과 연결의 기회를 마련하기도 한다. 즐겨 듣는 장르의 새로운 노래를 추천받아 들을 수 있고, 취향이 비슷한 사람을 만나 친구가 될 수도 있다. 추천은 한번으로 끝나지 않는다. 스마트폰 화면을 스크롤하는 것만으로도 몇시간은 거뜬히 보낼 수 있다. 한곳에만 머물지도 않는다. 어딘가에서 특정 키워드를 검색한 후 인터넷이나 앱에 들어가면 관련 제품과 정보가 끊임없이 따라다닌다. 어느 서비스를 선택해도 따라다니며 새롭게 추천한다.

소비하고 있는 것이 정보나 콘텐츠라면 선택의 과정도 필요 없다. 하나의 콘텐츠가 끝나면 보고 있던 콘텐츠와 유사하거나 관련 있는 내용이 자동으로 재생된다. 그러면서 선택의 과정은 생략되고 소비의 과정만 남는다. 가끔은 개인정보 유출에 대한 우려가 들 때도 있지만 '이 정도는 어때'라는 생각도 든다. 그만큼 편리한 구석이 있다. 사실 요즘처럼 콘텐츠와 정보가 넘쳐나는 상황에선 추천 알고리즘 없이는 취향에 맞는 정보나 콘텐츠를 발견하는 일이 불가능해 보이기도 한다. 이 정도의 활용은 현대사회에서 '효율적'이고 '스마트한 삶'을 살아가는 데 필수라는 생각도 든다. 하지만 가끔은 궁금해진다. 추천 서비스는 어떤 데이터를 바탕으로 작동하고 있는 걸까? 어떤 알고리즘으로 인해 보이는 정보와 보이지 않는 정보가 나뉘는 걸까? 선택된 것은 왜 선택되었고, 배제된 것은 왜 배제된 걸까?

보이지 않는 손

결론부터 말하면 알 수 없다. 기업이 공개하지 않기 때문이다. 특별한 목적이 없는 한 알고리즘은 물론, 결과에 영향을 미치는 변수나 가중치도 공개하지 않는다. 알고리즘은 수학과 컴퓨터과학에서 사용하는 '문제 해결 방법'이다. '일련의 절차'이자 어떤 문제를 해결하기 위한 '동작의 모임'이다.[1] 추천 알고리즘은 각각의 서비스가 사용자에게 추천하기 위해 수행하는 '절차'이자 '방법'이다. 하지만 각각의 서비스가 어떤 방법과 절차를 거쳐 우리에게 추천을 제공하는지는 정확히 알 수 없다. 영업비밀에 가깝게 취급되기 때문이다. 기업들이 알고리즘을 공개하지 않는 이유는 다양하다. 경쟁사가 자사의 알고리즘을 참고해 더 나은 제품을 만들 수 있기 때문이기도 하고, 이용자가 자신의 콘텐츠를 홍보할 목적으로 편법을 쓸 수 있기 때문이기도 하다.

물론 짐작은 가능하다. 기본적으로 추천 알고리즘은 우리의 행동에 기반하기 때문이다. 각자가 서비스에서 어떤 행동을 했는지에 따라 추천되는 내용이 달라진다. 이를 위해 서비스는 우리의 모든 행동을 추적하고 수치화한다. 어떤 키워드를 검색했는지, 어떤 물건을 구입했는지는 물론 어떤 콘텐츠를 올렸는지, 어떤 콘텐츠를 보았는지 수집하고 분석한다. 누구를 '팔로우'했는지, 어떤 콘텐츠에 '좋아요'를 눌렀는지도 수집된다. 언제 어떤 경로를 통해 보았는지, 한번에 몰아서 보았는지, 특정 시간대에 접속해 일정 시간 동안만 보았는지 같은 콘텐츠를 소비하는 방식도 수집된다. 서비스 내의 행동뿐 아니라, 스마트폰에 있는 데이터도 역시 수집된다. 서비스가 카메라나 앨범, 위치, 마이크, 연락처 등에 접근할 수 있도록 동의했을 경우 동의한 정보는 기업으로 넘어간다. 인지했든 인지하지 못했든 우리가 상상하는 것보다 훨씬 많은 데이터가 기업으로 흘러들어간다.

기업은 수집한 우리의 데이터로 무엇을 할까? 우리가 좋아하는 것, 관심 있는 것을 파악한다. 인스타그램이나 페이스북 같은 관계형 서비스들은 더 많은 요소를 파악한다. 우리가 맺고 있는 관계나 성격, 라이프스타일 등은 물론 우리가 무엇을 하며 시간을 보내는지, 어디에 관심을 두고 무엇에 흥미를 느끼는지 파악한다. 그 과정에서 우리는 자신도 모르는 사이에 욕망과 두려움 같은 내밀한 심리 상태를 이들 서비스에 노출하게 된다. 그렇다면 이런 전방위적인 정보 수집을 통해 개인을 샅샅이 파악한 기업은 무엇을 할까? 우리를 분류하고 우리의 행동을 '예측'한다. 우리가 좋아할 만한 것을 '추천'하고, 우리가 관심 있어 할 만한 것을 '제안'한다. 기업이 이런 활동을 하는 이유는 간단하다. 사람들이 서비스에 더 자주 들어오고, 더 오래 머무르길 원하기 때문이다. 우리가 그들의 서비스에 머무는 것이 돈이 되기 때문이다. 하지만 페이스북이나 인스타그램, 틱톡, 유튜브 같은 소셜미디어 서비스들은 이용자들에게 돈을 받지 않는다. 비용을 지불해야 하는 일부 기능이 있지만, 대부분은 비용을 지불하지 않고도 사용할 수 있다. 그렇다면 이들은 어떻게 돈을 버는 걸까?

우리가 어떤 서비스를 사용하는 데 비용을 지불하고 있지 않다면 우리가 아닌 다른 누군가가 그들에게 돈을 지불하고 있다는 이야기다. 이들이 우리에게서 돈 대신 가져가는 것이 있다는 의미다. "당신이 상품의 댓가를 치르고 있지 않다면 당신이 곧 상품이다"If you're not paying for the product, then you are the product.[2] 미국 실리콘밸리에서 떠도는 유명한 말이다. 말 그대로 내가 어떤 서비스를 사용하는데 비용을 지불하고 있지 않다면 내가 곧 상품이라는 이야기다. 그렇다면 나의 '무엇'이 상품인 걸까? 나의 '관심'과 나의 '선호'다. 나의 '시간'과 내가 만들어내는 '데이터'다.[3] 나를 상품으로 사는 구매자는 제품과 서비스, 콘텐츠를 팔거나 알리려는 기업과 개인, 즉 광고주다. 규모와 종류를 막론하고 광고를 집행하는 사람들에게는 오랜 소망이 있다. 불특정 다수가 아닌, 자신의 제품과 서비스, 콘텐츠에 '확실'하게 관심을 가져줄 잠재적 고객에게 접근할 수단을 확보하는 일이다. 물론 매체와 기술이 발전함에 따라 고객에게 다가갈 수 있는 다양한 방법이 생겨났다. 하지만 여전히 불확실성이 높았다. 비용이 많이 들 뿐 아니라 얼마나 많은 사람들에게 광고가 도달하는지도 측정하기 어려웠다.

그런데 구글과 메타 같은 회사들이 마법 같은 방법을 제안했다. 광고주가 구체적인 타깃을 정해 광고할 수 있게 한 것이다. 불특정 다수가 아닌 자신이 원하는 특징을 가진 사람에게만 광고를 노출할 수 있게 했다.[4] 이를테면 '피부 관리에 관심이 많은 여성'이 아니라 '서울에 살고 있으면서 최근 일주일 내에 피부과 시술을 검색해 본 사람' 같은 구체적인 타깃을 광고의 대상으로 삼을 수 있게 됐다. 이제 광고주들은 온라인상에서 자신이 '원하는 조건을 가진 사람'에게만 자신의 광고를 노출할 수 있다. 광고에 노출되는 사람의 숫자도 정할 수 있다. 원하는 사람의 숫자만큼 입력하면 끝이다. 광고효과도 측정할 수 있다. 수집된 데이터들을 통해 광고 전과 후의 지표를 비교해볼 수 있다. 기존에는 없던 혁신적인 광고 방식이다. 어떻게 이런 일이 가능할까? 이 모든 일은 기업이 우리의 데이터를 모아 사고팔기 시작하면서 가능해졌다. 우리의 개인정보와 행동을 수집해 '분석'하고, '범주화'하고, '예측'해 상업적으로 이용하고 있다. 우리의 몸과 마음의 '상태' '행동'이 거래 대상이 된 셈이다. 이런 플랫폼 기업과 광고주 간의 거래에는 석연치 않은 구석이 있다. 우리의 사적인 행동과 구체적 개인정보가 거래 대상이 되기 때문이다. 하지만 무작정 비난하기도 애매하다. '추천'이라는 이름의 옷을 입고 제공되는 콘텐츠나 광고가 유용할 때도 있기 때문이다. 광고를 보는 댓가로 서비스를 무료로 사용하고 있다는 점에서 나쁘지 않은 거래처럼 여겨지기도 한다. 하지만 여기엔 문제가 있다.

생각해볼 수 있는 첫번째 문제는 개인정보 수집 및 활용에 관한 문제다. 이런 종류의 시장이 존재할 수 있는 이유는 기업들이 우리의 개인정보를 대규모로 수집하기 때문이다. 하지만 우리는 정확히 우리의 어떤 데이터가 수집되어 어디에, 어떻게 사용되는지 잘 알지 못한다. 서비스에 처음 가입할 때 개인정보 수집 및 활용에 관한 동의 여부를 묻는 과정이 있지만 자세히 보지 않는다. 빽빽하고 읽기 어렵게 나열된 문자에 습관처럼 동의를 누르고 넘어가기 일쑤다. 하지만 기업들은 우리가 상상하는 것보다 훨씬 많은 개인정보를 가져간다.

우리는 그 사실을 메타를 통해 알게 되었다. 인스타그램과 페이스북을 서비스하는 메타는 2022년 7월 한국에 있는 사용자들을 대상으로 하나의 공지를 올렸다. '개인정보 수집 및 활용'에 관한 공지였다. '개인정보 수집 및 활용'에 동의하지 않으면 서비스를 사용할 수 없다는 공지였다.[5] 필수적으로 동의해야 하는 항목은 총 네가지였다.[6] 첫번째 항목은 '개인정보의 수집 및 이용에 관한 항목'이다. 메타가 개인정보를 수집하고 이용한다는 내용에 동의하는 항목이다. 메타가 수집하는 정보는 다양했다. 인스타그램과 페이스북에 올리는 콘텐츠가 수집됐다. 다이렉트 메시지와 댓글, 좋아요, 해시태그 등 상호작용 정보도 수집됐다. 신용카드 정보를 포함한 구매 및 거래 정보와 휴대전화 주소록에 등록된 연락처도 포함됐다. 기기의 운영체제와 배터리 잔량, 이용할 수 있는 스토리지, IP 주소, GPS 위치, 마우스의 움직임 여부와 활동 시간, 빈도 및 기간도 포함됐다. 한마디로 서비스를 이용할 때 사용되는 거의 모든 정보가 메타로 넘어갔다. 두번째 항목은 '개인정보 제공'에 대한 것이다. 메타가 아닌 제3자에게 개인정보를 제공하는 것을 동의한다는 내용이다. 여기서의 제3자는 광고주와 다른 앱, 게임 또는 웹사이트 및 그밖의 기관이 모두 포함된다. 이 항목에 동의할 경우 메타는 자신들의 필요와 제3자의 요청으로 연락처와 프로필 정보 또는 기타 정보를 타인에게 제공할 수 있었다. 세번째 항목은 '개인정보의 국가 간 이전'에 대한 것이다. 나의 개인정보를 한국이 아닌 외국에 전송하는 것을 동의하는 항목이다. 전송 가능한 외국은 미국이나 아일랜드, 덴마크, 스웨덴 등을 비롯해 메타의 제품을 사용할 수 있는 국가가 모두 포함된다. 마지막 항목은 '위치 정보 수집'에 대한 동의다. 내가 지금 어디에 있는지를 메타가 알 수 있게 허락해주는 항목이다.

메타는 앞선 항목 모두에 필수적으로 동의할 것을 요구했다. 동의하지 않을 경우 서비스 제공이 중지된다고 밝혔다. 사실상 이용자들의 계정을 볼모로 한 협박이었다. 해당 공지는 큰 파문을 불러왔다. 수집하는 개인정보가 너무 광범위하고 개인정보 수집 및 활용을 강제했기 때문이다. 다행히 이용자들의 거센 반발과 개인정보보호위원회의 조정으로 메타는 '동의하지 않을 경우 서비스를 중단하겠다'던 기존의 입장을 철회했다.[7] 하지만 변한 것은 크게 없다. 사실 메타는 이미 이런 행위를 모두 해오고 있었다. 전세계적으로 강화된 개인정보보호법에 의해 그동안 다양한 심리학적 기법을 활용[8]하여 스리슬쩍 동의받아 가져가던 개인정보를 투명하게 공개하고 공개적으로 동의받는 과정을 추가한 것에 불과했다. 우리가 모르고 있었던 사실을 알려준 것뿐이었다. 하지만 문제는 이것만이 아니다. 진짜 문제는 따로 있다.

선택의 함정

2015년 12월 영국 일간지 『가디언』*The Guardian*에 기사 하나가 올라왔다.[9] 영국의 데이터 분석 기업 케임브리지 애널리티카^{Cambridge}

Analytica가 페이스북 사용자들의 개인 데이터를 불법적으로 수집해 미국 대통령 선거 캠페인에 사용했다는 내용의 기사였다. 사용자의 심리학적 데이터를 수집해 특정 사람들을 목표로 정치선전을 벌였다는 내용의 기사였다. 케임브리지 애널리티카를 고용한 곳은 공화당 테드 크루즈$^{Ted\ Cruz}$ 후보의 캠프였다. 사실이라면 엄청난 스캔들이 될 수 있는 사안이었다. 하지만 해당 기사는 크게 이슈화되지 않았다. 페이스북 측도 '조사 중'이라는 답변만 내놓고 침묵으로 일관했다.

그로부터 1년 뒤인 2016년 12월 스위스 잡지 『다스 마가친』$^{Das\ Magazin}$은 『가디언』과 유사한 논조의 기사를 보도했다. 케임브리지 애널리티카가 미국의 트럼프 대통령 당선과 영국의 유럽연합 탈퇴인 브렉시트에 영향을 미쳤을지도 모른다는 내용의 기사였다. 실제로 케임브리지 애널리티카는 영국의 유럽연합 탈퇴를 지지하는 정치그룹$^{Leave.EU}$과 트럼프 대선 캠프에 정치 컨설팅 기업으로 고용되어 일했다. 트럼프 당선시 "데이터 중심 커뮤니케이션에 대한 우리의 혁신적인 접근 방식이 트럼프 대통령 당선인의 놀라운 승리에 필수적인 역할을 했다는 사실에 매우 기쁩니다"라는 보도자료를 내기도 했다. 독일어로 쓰인 『다스 마가친』의 기사는 영어로 번역되어 캐나다-미국 잡지 『바이스』^{Vice}에 게재됐다.[10] 하지만 이 기사 역시 큰 반향을 일으키지 못했다. 그렇게 이 사건은 잊히는 듯했다.

그런데 영국의 『옵서버』$^{The\ Observer}$와 『가디언』이 이 문제를 다시 수면 위로 끌어올렸다.[1] 미국의 대통령 선거와 영국의 브렉시트 국민투표의 결과는 애그리거트IQ^{AggregateIQ} 같은 정치 컨설팅 기업과 케임브리지 애널리티카 같은 데이터 분석 회사가 펼친 심리전에 영향을 받았다는 내용의 기사를 심층 보도했다. 이들 기업이 페이스북 같은 소셜미디어를 활용해 사람들의 광범위한 개인정보를 수집하여 유권자들을 분류하고 그중 '설득할 수 있는'^{persuadable} 유권자를 찾아 맞춤형 정치선전을 진행했다는 내용의 기사였다. 한마디로 아직 어디에 투표할지, 투표를 할지 말지 마음을 정하지 못한 사람들을 찾아내 페이스북 같은 소셜미디어를 통해 맞춤형 정치선전을 벌여 자신들이 원하는 방향으로 투표를 유도했다는 주장이었다. 맞춤형 정보에는 허위조작정보, 즉 가짜뉴스도 포함되어 있었다. 소셜미디어와 맞춤형 광고 도구가 상업적 목적이 아니라 정치적 목적으로 사용된 셈이다.

이 기사는 빠른 속도로 사람들 사이에 퍼졌다. 반응은 가지각색이었다. 사실 규명과 대책 마련을 촉구하는 움직임도 있었지만 믿지 않는 사람도 많았다. 많은 사람이 허황된 이야기라고 생각했다. 소셜미디어를 악용해 개개인의 정치적 선택에 영향을 미칠 수 있다는 것은 충격적이었다. 하지만 이 모든 주장은 사실이었다. 사건에 대한 진실은 2018년 3월 영국『가디언』과 채널4 뉴스$^{Channel\ 4\ News}$, 미국의 『뉴욕타임스』$^{The\ New\ Times}$가 동시에 뉴스와 기사를 내보냄으로써 밝혀졌다.[12] 1년 동안의 집요한 취재와 내부고발자를 설득한 끝에 밝혀낸 진실이었다. 실제로 전세계 페이스북 사용자 8,700만명의 개인정보가 광범위하게 수집됐다.[13] 수집된 개인정보는 개인별 맞춤 정치선전에 활용되어 사람들의 인식을 변화시키고 선택에 영향을 미쳤다. 도대체 어떻게 이런 일이 가능했던 걸까?

이 사건을 이해하려면 2013년 3월에 발표된 논문 하나를 들여다볼 필요가 있다. 「인간 행동의 디지털 기록을 통해 개인 특성 및 속성을 예측할 수 있다」라는 논문이다.[14] 영국 케임브리지대학 연구팀이 발표한 것이다. 제목 그대로 사람들이 남긴 디지털 기록을 분석해 개인의 특성과 속성을 예측할 수 있다는 내용이었다. 이 논문은 페이스북의 '좋아요' 같은 디지털 기록을 추적해 분석하면 정치적 견해에서 정신건강에 이르기까지 개인이 공유하고 싶지 않을 수도 있는 개인적 특성과 민감한 속성을 파악할 수 있다고 주장했다. 연구팀에 따르면 평균적으로 68개의 '좋아요'를 추적해 분석하면 인종(정확도 95퍼센트)과 성적 지향(정확도 88퍼센트), 지지 정당(정확도 85퍼센트)을 높은 확률로 예측할 수 있었다. 담배나 음주 여부, 종교는 물론 부모의 이혼 여부도 추론할 수 있었다. 어떤 성격을 가졌는지, 어떤 심리적 특성이 있는지도 알 수 있었다.

2015년 1월 후속 연구도 발표됐다.[15] 영국 케임브리지대학과 미국 스탠퍼드대학 연구진의 공동연구 결과였다. 컴퓨터가 인간보다 개개인의 성격과 성향을 더 정확하게 판단할 수 있다는 요지의 논문이었다. 평균적으로 227개의 '좋아요'를 추적해 분석하면 그 사람의 성격과 성향을 가족보다 더 잘 파악할 수 있다는 주장이었다. '좋아요'에 대한 데이터가 많을수록 정확도는 더 높아졌다. 10개의 '좋아요'를 추적해 분석하면 그 사람의 성격을 직장 동료보다 더 정확하게 파악할 수 있었다. 70개의 '좋아요'를 추적해 분석하면 그 사람의 친구들보다 더 잘 파악할 수 있었다. 150개의 '좋아요'를 추적해 분석하면 그 사람의 성격과 성향을 가족보다 더 잘 파악할 수 있었다. 300개의 '좋아요'를 추적해 분석하면 배우자보다 그 사람을 더 잘 파악할 수 있었다. 이 모든 것이 가능했던 이유는 대규모의 개인 데이터 수집과 발전된 인공지능 기술 덕분이었다. 성격 유형 측정 결과와 연결된 소셜 데이터를 수집해 인간의 성격을 예측할 수 있는 알고리즘을 개발하게 된 것이다.

개개인의 성격 유형은 페이스북 앱을 통해 수집할 수 있었다. 페이스북에 자신의 성격 유형을 알려주는 앱My Personality을 배포해 성격 유형과 페이스북 프로필이 결합된 대규모의 데이터 세트를 얻을 수 있었다. 그동안 각종 SNS에서 재미 삼아 해오던 다양한 종류의 심리 테스트와 성격 테스트가 개개인의 성격심리학적 모형과 그와 연관된 소셜 데이터를 수집하는 도구였던 셈이다. 여러 데이터 중 사람들의 '좋아요'가 성격 진단의 중요 지표로 사용된 이유는 간단했다. '좋아요'가 사람들의 선호도를 나타내기 때문이다. '좋아요'는 사람들의 성격심리학적 모형에 영향을 미치는 다섯가지 요인^{OCEAN}(개방성^{openness}, 성실성^{conscientiousness}, 외향성^{extraversion}, 우호성^{agreeableness}, 신경성^{neuroticism})을 파악하기에 좋은 지표였다. 연구 결과에 따르면 경험에 대한 개방성이 높은 참가자는 살바도르 달리$^{Salvador\ Dalí}$나 명상, 테드 토크$^{TED\ Talks}$를 좋아하는 경향이 있었다. 외향성이 높은 참가자는 파티, 야외 스포츠, 춤을 좋아하는 경향이 있었다. 레이디 가가$^{Lady\ Gaga}$의 추종자들은 대부분 외향적인 성격을 가지고 있고, 철학을 좋아하는 사람들은 내향적인 성격을 가지는 경향이 있었다. 이런 연관성을 통해 알고리즘은 개인의 성격과 속성을 파악할 수 있었다. 소셜미디어를 사용하는 일이 우리에 관해 알려주는 거대한 '설문지'에 답하는 일이었던 셈이다. 이 연구에는 우리가 놓치지 말아야 할 사실이 또 하나 있다. 소셜미디어를 통해 개인의 성격과 성향을 예측할 수 있다는 것은 그 반대도 가능하다는 뜻이다. 특정 성격과 성향을 가진 사람을 소셜미디어에서 특정할 수 있다는 것이다. 특정 성격과 속성을 가진 사람들을 검색해 골라낼 수 있는 '인간 검색'이 가능해졌다.

케임브리지대학과 스탠퍼드대학의 연구진이 이론을 만들어냈다면, 케임브리지 애널리티카는 이를 실천에 옮겼다. 정치선전이라는 최악의 방법이었다. 케임브리지 애널리티카의 모회사는 SCL$^{Strategic\ Communication\ Laboratories}$이었다. SCL은 우크라이나와 나이지리아, 멕시코, 브라질, 인도, 말레이시아 등지에서 선거에 영향을 미치고 독재정부의 권력을 강화하거나 유지하는 데 도움을 주는 방법을 개발·수행하는 회사였다.[16] 사설 정보 회사이자 자칭 '글로벌 선거관리 기관'이었다. 정치인과 권력자의 의뢰를 받아 유권자와 국민을 대상으로 심리전을 벌이기도 했다. 케임브리지 애널리티카가 하는 일도 SCL과 크게 다르지 않았다. 데이터 분석 기업이자 정치 컨설팅 기업으로 일하며 정치선전을 벌였다. 최고경영자인 알렉산더 닉스$^{Alexander\ Nix}$의 주장에 따르면 케임브리지 애널리티카 마케팅의 성공은 세가지 요소의 조합이었다.[17] '성격심리학적 모형 OCEAN에 기반한 행동과학$^{behavioural\ science}$'과 '빅데이터 분석', 개개인의 성격과 성향에 맞춰진 '개인화된 광고'였다. 한마디로 말해 다양한 종류의 개인 데이터를 수집해 사람들의 성격과 성향을 유형화하고, 개개인의 특성에 기반해 맞춤형 광고와 선전을 한다는 의미다.

개인화된 정치선전은 어떻게 이루어질까? 그 사람의 성격과 성향, 개인적 속성에 따라 다른 메시지를 전달한다. 아프리카계 미국인에게는 상대 후보가 흑인을 비하하는 듯한 비디오를 노출한다. 지지 정당을 결정하지 못한 유권자에게는 상대 정당의 정책 실패에 대한 뉴스를 노출한다. 이러한 메시지는 소셜미디어의 피드에서 콘텐츠 형식으로 광고된다. 메시지는 팔로우한 사람들이 공유한 다른 콘텐츠들과 섞여 광고처럼 보이지 않는다. 콘텐츠로 위장되어 우리에게 소비된다. 특히 이들이 주목한 타깃이 있다. 설득 가능한 사람들이다. 아직 마음을 정하지 않았거나, 선동에 쉽게 휩쓸리는 사람들이다. 개인적 속성 혹은 심리학적 특성으로 인해 인식의 변화가 일어날 수 있는 사람들이다. 이들이 목표로 한 것은 1퍼센트의 변화였다. 50 대 50에서 49 대 51의 결과를 만드는 일이었다. 가득 찬 컵에 몇 방울의 물을 떨어뜨려 넘치게 만드는 일이었다. 케임브리지 애널리티카는 2016년 미국의 대통령 선거 당시 유권자를 32가지 성격 유형으로 나누어 개인화된 정치선전을 벌였다. 전체 50개 주 가운데 '설득 가능한 핵심 주'를 파악한 후, 이들 17개 주에 집중해 개인화된 정치선전을 펼쳤다. 결과는 트럼프의 당선이었다.

케임브리지 애널리티카가 미국의 대선과 영국의 브렉시트에 어느 정도 영향을 미쳤는지는 정확히 알 수 없다. 하지만 확실한 것은 우리의 심리를 이용해 우리의 선택에 영향을 미치려는 사람들이 있다는 사실이다. 우리의 욕망과 두려움, 분노 같은 내밀한 요소들을 자극해 우리의 선택과 행동에 영향을 미치려는 사람들이 존재한다는 사실이다. 우리의 행동을 '수집'하고, '분석'하고, '분류'하고 '예측'하는 것을 넘어 우리의 행동을 '유도'하고, '통제'하고, '조종'하려는 존재가 있다는 사실이다. 그들은 상업적인 목적을 가진 기업이나 개인일 수도 있고, 정치적인 목적을 가진 정치인이나 권력자일 수도 있다. 그들이 사용하는 도구는 멀리 있지 않다. 스마트폰을 비롯해 우리의 가장 사적이고 내밀한 곳에 있다. 인스타그램과 페이스북, 틱톡과 엑스, 스레드, 유튜브 등 다양한 미디어와 서비스 속에 '추천'이라는 이름으로 위장해 있다. 심지어 이 도구들은 우리가 들어오길 기다리지도 않는다. '알림'을 사용해 수시로 우리가 들어오길 유혹한다.

정말로 우리 자신의 선택일까?

2024년 5월 13일 챗GPT로 유명한 오픈AI가 새로운 모델을 공개했다.[18] 'GPT-4o'(지피티 포오)였다. 사람처럼 보고 읽고 듣고 말할 수 있는 인공지능 모델이었다. GPT-4o의 시연은 놀라웠다.[19] 똑똑하면서도 재치 있고 감수성이 풍부한 사람과 이야기하는 느낌이었다. 목소리에 감정이 담겨 있고 위트가 있었다. 농담을 건네며 긴장한 시연자를 응원했고 분위기를 부드럽게 만들었다. 감정을 극대화한 톤으로 말할 수 있었고 노래하듯 이야기할 수도 있었다. 말투와 억양, 웃음소리도 자연스러웠다. 대화에서도 어색함이 없었다. 말하는 도중에 끼어들 수 있었고, 여러 사람의 말도 잘 알아들었다. 반응 속도도 빨랐다. 기존 인공지능 에이전트와의 대화가 기계와 대화하는 느낌이었다면, GPT-4o와의 대화는 정말로 사람과 대화하는 것 같았다. 그만큼 자연스러웠다. 종이에 일차방정식을 쓰고 푸는 방법을 알려달라고 하자 카메라를 통해 실시간으로 방정식을 푸는 과정을 지켜보며 단계별로 조언을 건넸다. 친절하면서도 유쾌한 과외선생님을 앞에 두고 문제를 푸는 느낌이었다. 칭찬도 후했다. 문제의 답을 찾아내자 격려를 아끼지 않았다. 일차방정식을 왜 배워야 하는지 모르겠다며 투덜거리자 일상생활 속에서 일차방정식이 쓰이는 사례를 들어가며 동기를 부여했다. 감정 표현도 풍부해서 'I ♡ ChatGPT'라는 글자를 손으로 써서 보여주자 감격스러운 목소리로 감사 인사를 전했다. 마치 영화 「그녀」에서 남자 주인공 시어도어와 자연스럽게 감정을 교류하는 인공지능 운영체제인 서맨사가 현실로 구현된 것 같았다.

함께 공개된 활용 사례 중 인상 깊은 것은 'Be My Eyes'(비 마이 아이즈)와의 협업 사례다.[20] Be My Eyes는 2012년 덴마크 스타트업이 개발한 앱으로 시각에 어려움을 겪는 사람들과 자원봉사자를 화상통화로 연결해주는 앱이다. 이 앱을 사용하면 떨어뜨린 물건을 찾아야 하거나, 식료품의 유통기한을 읽어야 하거나, 대중교통의 도착과 출발을 확인해야 하는 상황 등의 시각적 도움이 필요할 때 자원봉사자가 화상전화로 도움을 줄 수 있다.[21] 자원봉사자가 그들의 '눈'이 되는 셈이다. GPT-4o는 Be My Eyes에서 '가상의 자원봉사자'virtual volunteer로 활동한다. 오픈AI가 공개한 영상을 보면 GPT-4o는 낯선 곳으로 여행을 떠난 시각장애인을 보조하는 훌륭한 여행 가이드이자 눈이 된다.[22] 여행지의 풍경을 자세히 묘사해 주변 풍경을 상상할 수 있도록 돕고, 관광지와 관련한 질문에도 척척 답한다. 버킹엄궁전에 걸린 깃발을 보고는 왕이 궁전 안에 있다는 사실을 알려주고, 택시가 오는 것을 보고는 적당한 순간에 손을 들어 택시를 잡을 수 있도록 도와준다. 이 모든 일은 대화로 이루어진다. 텍스트를 넘어 이미지와 비디오, 오디오까지 실시간으로 처리할 수 있다. 사람처럼 보고 읽고 듣고 말할 수 있다. 같은 것을 함께 보고 듣고 주변 상황을 파악하며 소통할 수 있다.

이처럼 실시간으로 주변 환경을 인지하고 필요한 도움을 제공하는 인공지능 서비스는 더이상 기계처럼 느껴지지 않는다. 내 곁에 머물며 나를 돕는 똑똑한 비서처럼 느껴진다. 영화 「아이언맨」Iron Man의 인공지능 비서 자비스JAVIS가 현실세계에 구현된 듯한 기분이 든다. 이 똑똑한 인공지능 비서는 많은 일을 할 수 있다. 실시간으로 우리를 보조할 수 있다. 어떤 질문이나 요청에도 응답할 수 있다. 스마트폰을 꺼내 하나하나 텍스트로 입력하거나 설명할 필요도 없다. 카메라와 마이크를 통해 직접 보여주고 들려주면 된다. 인공지능 비서는 우리 대신 우리 주변의 세계를 탐색하고 평가할 수 있다. 실시간으로 검색하고, 추천하고, 번역하고, 요약해 알려주는 것은 물론 제안하고, 경고하고, 조언하고, 중재하는 것도 가능하다. 중재의 대상에는 인간관계도 포함된다. 상대방이 지금 어떤 기분인지 알려주고, 낯선 사람과의 어색한 만남에서 어떤 이야기를 하는 게 좋을지 이어폰을 통해 아무도 모르게 우리의 귀에 속삭여줄 수 있다. 필요할 때마다 스마트폰을 꺼낼 필요도 없다. 카메라가 내장된 안경으로 우리가 보는 상황을 실시간으로 전송할 수 있다.[23]

마이크가 내장된 액세서리나 이어폰으로 주변의 소리를 들려줄 수
도 있다. 안경, 선글라스, 브로치, 핀, 목걸이, 반지 등 어떤 것이든
가능하다.[24] 스마트워치나 스마트밴드를 차고 있다면 건강 상태나
활동 정도 등 더 내밀한 개인정보의 제공도 가능하다. 수집된 데이
터는 인공지능의 학습 재료가 되고 이를 학습한 인공지능은 우리
보다 우리를 더 잘 알게 된다.

이 기술은 분명 우리를 더 똑똑하고 영리해 보이게 만든다. 짧은
시간에 많은 일을 처리할 수 있고 실패 확률도 낮기 때문이다. 시
간이 오래 걸리고 실패 확률이 높은 '위험한 선택지'는 이미 많은
부분 필터링되는 과정에서 제거되어 있다. 하지만 이런 상황은 필
연적으로 다음과 같은 질문을 불러온다. 인공지능이 생각해낸 것을 내
가 생각한 것이라고 착각하고 있는 것은 아닐까? '인공지능이 선택해놓
은 것을 내가 선택한 것으로 착각하고 있는 건 아닌가?'라고 바꿔
질문할 수도 있다. 인공지능이 추천한 것의 실행 여부를 우리가 결
정하니 이것도 일종의 선택 행위로 볼 수 있다. 하지만 한편으로는
'그것이 정말 내가 선택한 것일까?'라는 의문도 든다. 이미 인공지
능이 수많은 선택지를 제거하고 몇개 남겨놓은 항목 중 하나를 선
택한 것에 불과하기 때문이다. 우려되는 점도 있다. 이 똑똑한 비서
는 우리를 한없이 게으르게 만든다. 스스로 생각하고 판단하지 않
아도 알아서 해주기 때문이다. 새로운 것을 학습하는 것은 물론 기
존에 스스로 해왔던 일들도 인공지능 비서에게 위임할 수 있다. 자

신의 힘으로 할 수 있는 일이 줄어드는 것은 물론, 스스로 생각하는 일조차 멈추게 될 수 있다. 스마트폰과 내비게이션에 익숙해진 사람들이 전화번호를 외우지 않거나 길눈을 익히지 않는 것과 같다. 지금은 전화번호를 외우지 않거나 길눈을 익히지 않는 것 정도이지만 앞으로 우리가 잃게 될 능력이 무엇일지는 알 수 없다. 자신이 내린 결론과 인공지능이 내린 결론이 다를 때 자신의 판단에 의문을 품을 수도 있다. 확고한 생각이나 의견이 없는 사안일수록 더욱 그렇다.

한없이 개인화되고 똑똑해진 인공지능 서비스가 생산성과 효율성, 편리성을 무기로 삼아 우리의 생각과 행동, 감정에 영향을 미치는 것도 가능하다. 우리의 지각과 관심을 조정할 수 있다. 그런 의미에서 개인화된 인공지능 서비스는 소셜미디어보다 더 위험하다. 우리의 지각과 행동에 더 직접적인 영향을 미칠 수 있기 때문이다. 한때 전세계 사람들을 연결했고, 소외되고 억압된 사람들의 목소리를 담을 수 있는 도구로 주목받던 소셜미디어가 광고와 선전, 조작의 온상지로 변질되고 있는 것과 같다. 지금은 우리가 원하는 것만 제공하지만, 앞으로는 그들에게 더 많은 돈을 주는 사람들이 원하는 것을 슬그머니 끼워넣을 수 있다. 우리의 이익이 아닌 그들의 이익을 위해 추천하고, 제안하고, 조언하면서 그 선택이 자신의 자유의지로 이루어진 것이라고 착각하게 할 수 있다.

멋진 신세계

잘 알려진 두 편의 SF소설이 있다. 조지 오웰^{George Orwell}의 『1984』 *1984*와 올더스 헉슬리^{Aldous Huxley}의 『멋진 신세계』^{Brave New World}다.[25] 두 소설 모두 디스토피아적인 미래를 예견하지만, 정반대의 사회상을 그린다. 『1984』 속 사람들은 고통에 지배받지만, 『멋진 신세계』 속 사람들은 쾌락에 지배받는다. 오웰은 책이 판매 금지당하는 것을 두려워했지만, 헉슬리는 사람들이 책을 읽지 않아 책을 판매 금지 할 필요가 없게 되는 것을 두려워했다. 오웰은 정보를 차단하는 것을 두려워했지만, 헉슬리는 너무 많은 정보가 주어져 각자가 자신의 관심사에만 몰두하는 존재로 전락할까 두려워했다. 오웰은 진실이 은폐되는 것을 두려워했지만, 헉슬리는 진실이 쓸모없는 정보 속에 파묻히는 것을 두려워했다. 오웰은 획일적인 문화를 갖게 될 것을 두려워했지만, 헉슬리는 자극적이기만 하고 무가치한 문화를 갖게 되는 것을 두려워했다. 한마디로 오웰은 우리가 증오하는 것들이 우리를 파멸시킬 것을 두려워했고, 헉슬리는 우리가 좋아하고 집착하는 것들이 우리를 파멸시킬 것을 두려워했다.

미국의 작가이자 이론가인 닐 포스트먼^{Neil Postman}은 1985년 발간된 『죽도록 즐기기』^{Amusing Ourselves to Death}에서 앞서 말한 바와 같이 이 두 소설을 비교하며 조지 오웰의 『1984』가 아니라 올더스 헉슬리의 『멋진 신세계』가 옳을 수 있다고 주장한다.[26] '감시'와 '통제'가 아닌 '즐거움'과 '편리함'에 지배당할 미래가 도래할 확률이 더 높다고 본 것이다. 그렇다면 그로부터 40여년이 지난 현재, 우리가 살고 있는 세계는 오웰이 그려낸 『1984』의 세계에 가까울까? 아니면 헉슬리가 그려낸 『멋진 신세계』 속 세계에 가까울까? 각 나라의 정치 환경에 따라 다르겠지만 전반적으로 『멋진 신세계』에 가까워 보인다. 개인 데이터를 상품화한 감시 자본주의$^{surveillance\ capitalism}$[27]에 의해 교묘한 방식으로 우리의 일거수일투족이 감시되고 특정 행동과 욕망에 따르도록 유도되지만, 그 방식이 『1984』에 나오는 방법처럼 강제적이고 강압적이진 않기 때문이다. 스페인의 사회학자 마누엘 카스텔스$^{Manuel\ Castells}$의 비유를 빌리면 현재 우리 삶의 모든 영역에 침입한 것은 '억압적인 빅브라더$^{big\ brother}$가 아니라, 우리와 개인적 관계를 맺은 수많은 호의적 리틀 시스터스$^{little\ sisters}$'다.[28] 현대사회의 통제는 차갑고 억압적인 빅브라더의 목소리에 의해서가 아니라, 친절하고 위트 있는 목소리를 가진 수많은 리틀 시스터스에 의해 자발적으로 이루어진다. 강압적이고 폭력적인 방식이 아니라 편리함과 즐거움을 주는 방식으로 이루어진다. 하지만 이 두 소설이 우려한 지점은 같다. 『1984』의 사람들이 감시와 억압, 세뇌에 의해 무엇이 진실이고 무엇이 거짓인지 알려고 하지 않는다면, 『멋진 신세계』의 사람들은 원초적 쾌락과 편리함에 빠져 무엇이 진실인지 알고 싶어 하지 않는다. 어느 쪽도 의문을 가지고 문제를 제기하기 위해 스스로 생각하거나 선택하지 않는다. 하지만 조지 오웰의 『1984』 속에서 저항하기보다 올더스 헉슬리의 『멋진 신세계』 속에서 저항하기가 더 어렵다. 『멋진 신세계』 속 세계가 디스토피아적인 동시에 유토피아적이기 때문이다. 그런 의미에서 1985년 닐 포스트먼이 던진 질문은 지금도 유효하다. "고통의 파도에 저항하기 위해서 무기를 들기는 쉽다. 하지만 누가 편리함과 즐거움에 저항하기 위해 무기를 들려 할까?"

1999년 3월 SF영화 한편이 개봉됐다. 「매트릭스」The Matrix였다. 영화 속 주인공인 네오 앞에 모피어스라는 이름의 남자가 나타나 제안한다. "파란 약을 먹으면 이 이야기는 여기서 끝나고, 당신은 그저 평소처럼 침대에서 일어나 믿고 싶은 것은 무엇이든 믿으며 살아갈 수 있게 된다. 하지만 빨간 약을 먹으면 이 이상한 나라에 남는다. 토끼 굴을 통해 얼마나 깊이 갈 수 있는지 보여주겠다." 진실을 찾던 주인공은 세계의 진실을 알아내기 위해 빨간 약을 집는다. 빨간 약을 먹은 주인공은 자신의 살아왔던 세계가 단지 기계가 만들어낸 가상세계에 불과했음을 알게 된다. 하지만 모든 사람이 진실을 원하진 않는다. 영화 속 등장인물 중 하나인 사이퍼는 빨간 약을 먹은 후 세계의 진실을 알게 되었지만, 진실을 알기 전으로 돌아가길 원한다. 어두운 현실보다 가상세계가 더 즐겁고 편리하기 때문이다. 결국 그는 위험한 매트릭스 바깥의 현실이 아닌, 편안하고 안온하게 쾌락을 즐길 수 있는 매트릭스 안으로 돌아가길 선택한다. 우리가 원하는 삶의 방향은 어느 쪽일까? 수많은 부작용을 알면서도 인공지능 기술이 제공하는 편리함과 즐거움을 거부하지 않고 있는 지금, 어쩌면 우리는 진실을 알고도 매트릭스 속으로 돌아가기로 한 사이퍼가 되기를 선택한 것인지도 모른다.

6장
위임과 책임

어디까지 맡기고, 누가 책임질 것인가?

"시스템은 완벽했다.
그것이 자신에게 적용되기 전까지는."
The system is perfect until it comes after you.

―영화 「마이너리티 리포트」(Minority Report)

예정된 미래

미래에 일어날 범죄를 예측해서 방지할 수 있을까? 질문이 현실이 된 세계를 엿볼 수 있는 영화가 있다. 2002년에 개봉된 SF영화 「마이너리티 리포트」Minority Report다. 영화의 배경은 2054년 미국. 미래의 워싱턴 D.C.에선 좀처럼 살인사건이 일어나지 않는다. 범죄예방 시스템 프리크라임Pre-crime이 가동되고 있기 때문이다. 프리크라임은 살인을 예측하는 치안 시스템이다. 범죄예방 관리국은 시스템이 예측해낸 정보를 바탕으로 피해자와 가해자를 추적해 살인을 막는다. 살인이 발생하기 전에 예정된 범죄자를 체포해 미래에 발생할 살인을 저지하는 것이다. 시스템이 만들어낸 결과는 놀라웠다. 시스템 도입 한달 만에 살인 범죄율이 90퍼센트 감소하고 계획 살인이 사라졌다. 우발적으로 일어나는 살인도 범죄예방 관리국에 의해 저지됐다. 시스템 도입 6년 후 살인사건은 찾아볼 수 없게 되었다. 괄목할 만한 성과였다. 시스템에 의해 목숨을 건진 피해자들은 시스템 확산을 지지했다. 살인으로 사랑하는 이를 잃은 사람들도 시스템의 필요성에 동조했다. 하지만 이 시스템에는 근본적인 문제가 있다. 아직 살인행위를 저지르지 않은 사람들이 체포된다는 점이었다. 사람들은 자신이 저지른 '행위'가 아니라 시스템의 '예측'에 의해 체포됐다. 실제 일어난 일이 아닌 예측만으로 사람을 체포해도 괜찮은 걸까? 실제 저지른 행동이 아닌 가능성과 확률만을 가지고 법적으로 제재해도 될까? 계획된 살인은 관련 증거를 확보해 '살인미수'나 '살인예비죄'를 적용해 체포할 수 있다. 하지만 프리크라임이 적용된 세계에선 더이상 계획된 살인사건이 일어나지 않는다. 예측된 살인은 모두 우발적으로 일어난다. 아내의 불륜을 우연히 목격한 남편이 저지르게 되는 살인처럼, 계획되지 않은 상태에서 돌발적으로 일어난다. 이 경우에는 어떻게 해야 할까? 이 경우에도 살인미수나 살인예비죄와 동일하게 취급해야 할까? 우발적으로 일어난 살인은 발생할 수도 있고, 발생하지 않을 수도 있다. 탁자 위에서 바닥으로 굴러떨어진 컵의 미래와 같다. 깨질 수도 있고, 깨지지 않을 수도 있다. 일어날 수도 있고, 일어나지 않을 수도 있다. 그 누구도 단언할 수 없다.

편견에 빠진 기계

2016년 미국에서 하나의 컴퓨터 프로그램을 두고 격렬한 논쟁이 벌어졌다. 논란의 대상이 된 프로그램은 미국 법원에서 사용하는 의사결정 지원 도구 컴파스^{COMPAS}였다. 컴파스는 미국 법원에서 피고인이 재범을 저지를 가능성을 평가하는 데 사용하는 프로그램이었다.[1] 일종의 '재범 예측 프로그램'이었다. 이 프로그램은 피고인의 범죄 기록과 137개의 질문으로 구성된 설문지의 답변을 바탕으로 피고인의 재범 위험성을 평가했다. 피고인에 대한 정보와 프로그램 자체의 고유 알고리즘을 활용하여 피고인에게 여러 종류의 '위험 점수'$^{risk\ score}$를 부여했다. 위험 점수가 높을수록 재범 위험성이 높다는 의미였다. 프로그램이 산출해낸 점수에 따라 피고인은 저위험군, 중위험군, 고위험군으로 분류됐다. 산출된 위험 점수와 위험 등급은 보고서의 형식으로 판사에게 제공됐다. 판사는 형량을 결정하거나, 보석, 가석방 여부를 결정할 때 위험 점수를 활용할 수 있었다. 재범 가능 여부가 재판에 영향을 미치는 기준의 하나라는 점에서 재범 가능성을 수치화한 위험 점수는 재판의 결과에 영향을 미치는 중요 요인이 될 수 있었다.

컴파스가 사회적 이슈가 된 계기는 두번 있었다. 첫번째 계기는 미국의 탐사보도 전문 인터넷 인론 프로퍼블리카^{Propublica}의 보도였다. 2016년 5월 23일 프로퍼블리카는 「기계 편향」Machine Bias이라는 기사를 보도했다.[2] 미국 전역에 미래의 범죄자를 예측하는 데 사용되는 소프트웨어가 있으며, 이 소프트웨어가 흑인에 대해 편향된 판단을 내린다는 내용을 담은 기사였다. 프로퍼블리카는 컴파스의 정확성을 알아보기 위해 범죄행위로 체포되었던 사람들의 재범 위험 점수와 실제 재범 여부를 조사했다. 2013년과 2014년에 플로리다주에서 체포된 약 7,000명 이상의 사람의 위험 점수와 2년 동안의 범죄 기록을 수집해 분석했다.[3] 2년이라는 기간은 컴파스 알고리즘이 재범 예측에 사용하는 기간과 동일했다. 조사 결과, 다시 범죄를 저지를 것으로 예측된 사람 중 실제로 다시 범죄를 저지른 사람의 비율은 61퍼센트 정도였다. 낮은 수치는 아니었지만, 높은 수치도 아니었다. 동전을 던져 우연히 맞출 확률보다 조금 더 높은 정도로, 한 사람의 인생에 미치는 영향을 생각해보면 우려스러운 수준이었다. 폭력 범죄 예측률은 더 낮았다. 폭력 범죄를 저지를 것으로 예상된 사람 중 실제 범죄를 저질러 다시 체포된 사람은 20퍼센트에 불과했다. 심각한 수준의 예측률이었다. 인종에 따른 편향도 발견되었다. 흑인 피고인은 백인 피고인보다 높은 비율로 고위험군에 분류됐지만, 실제 발생한 재범률은 예측된 재범률보다 낮았다. 백인의 경우는 그 반대였다. 백인 피고인은 흑인 피고인보다 낮은 비율로 고위험군으로 분류됐지만, 실제 발생한 재범률은 예측된 재범률보다 높았다. 인종 차별이 존재한다고 주장할 만한 결과였다. 컴파스를 개발한 노스포인트^Northpointe(현 Equivant)사는 프로퍼블리카의 조사 방법론이 잘못되었다고 즉각 비판하며 보도 내용을 반박하는 연구자료를 내놓았다.[4] 학계와 언론도 논쟁에 뛰어들었다. 재범 예측 프로그램의 '정확성'과 '공정성'을 주제로 그 필요성과 위험성에 대해 서로 팽팽히 맞서는 논문과 기사가 나오고, 보고서 발행이 이어졌다.[5]

컴파스가 세상의 주목을 받게 된 두번째 계기는 '루미스 사건'이다.[6] 2013년 총기사건에 얽힌 차량을 무단으로 운전하고 달아난 혐의로 기소된 에릭 루미스^Eric Loomis가 자신의 형량 결정에 컴파스가 사용된 것에 대해 이의를 제기한 사건이었다. 그는 어떤 방식으로 예측했는지 알 수 없는 위험 점수가 자신의 형량에 활용된 것은 적법 절차 위반이라고 주장했다.[7] '개인에게 맞는 형을 선고받을 권리'와 '정확한 정보에 근거하여 형을 선고받을 권리'를 침해당했다는 것이다. 컴파스가 정확히 어떤 알고리즘을 통해 위험 점수를 산출하는지 모른다는 점은 사실이었다.[8] 위험 점수를 산출하는 컴파스의 알고리즘은 피고인에게는 물론 재판부에도 공개되지 않는다. 제조사의 영업비밀이기 때문이다. 위험 점수에 영향을 미치는 몇몇 지표를 공개하긴 했지만, 정확한 알고리즘은 공개하지 않았다. 공개된 지표는 피고인의 과거 행동에 기반한 지표들이었지만, 평가를 위해 수집된 정보 중에는 환경적 요소들도 포함되어 있었다. 부모나 형제자매가 전과자인지, 부모가 일찍 이혼했는지 등의 내용이었다.[9] 이러한 요소는 개인의 행동에 영향을 미칠 수 있지만, 개인이 선택하거나 바꿀 수 있는 요소는 아니었다. 이렇게 개인이 선택할 수 없는 환경적 요소들이 위험 점수를 산출하는 데 얼마나, 어떻게 반영되었는지는 알 수 없었다.

하지만 2016년 7월 위스콘신 대법원은 루미스의 항소를 기각했다. 재판 과정에서 위험 점수를 사용하는 일이 피고인의 적법 절차 권리를 침해하지 않는다는 요지의 판결이었다.[10] 재판부가 형량을 결정할 때 프로그램이 산출해낸 위험 점수 외에도 다양한 정보들을 검토하고, 프로그램의 예측에 동의하지 않을 재량권을 충분히 가지고 있다는 것이 이유였다. 하지만 위험 점수를 재판에 활용할 때는 신중할 필요가 있다는 말도 덧붙였다. '범죄자를 수감할지 여부를 결정'하거나 '형량의 심각성을 결정'하는 데 직접적인 요소로 사용해서는 안 되며, 선고를 내릴 때는 위험 점수 외에도 선고된 형량을 뒷받침할 수 있는 요소들이 반드시 포함되어야 한다는 것이다. 또한 프로그램이 산출해낸 위험 점수를 판사에게 제공할 때는 예측 도구가 가지는 한계와 주의 사항에 대한 경고도 함께 제공할 것을 권고했다. 참고는 할 수 있지만 직접적인 판결의 기준이 돼서는 안 된다는 의미였다. 하지만 이러한 우려와 논란에도 불구하고 컴퓨터 알고리즘이 사람을 평가하고, 판단하고, 분류하는 일은 점점 늘어가고 있다. 그것은 범죄와 법의 영역에만 머물지 않는다.

자동화된 의사결정

2019년 11월 8일 트위터에 하나의 글이 올라왔다. 덴마크의 프로그래머이자 기업가인 다비드 헤이네메이에르 한손[David Heinemeier Hansson]이 올린 글이었다. 애플카드가 신용한도를 책정할 때 성차별을 하고 있다는 내용의 글이었다.[11] 애플카드는 2019년 8월 애플[Apple]과 투자은행 골드만삭스[Goldman Sachs]가 함께 출시한 신용카드였다. 그는 자신과 아내가 공동으로 세금 신고를 하고 있고, 공동으로 자산을 형성하고 있는데도 애플의 '블랙박스' 알고리즘이 자신에게 아내보다 20배 많은 신용한도를 부여하고, 이에 대한 이의제기를 할 방법도 제공하지 않고 있다는 글을 올렸다. 애플의 공동창업자인 스티브 워즈니악[Steve Wozniak]도 이와 유사한 경험을 했다고 밝혔다.[12] 자신과 아내가 은행계좌와 신용카드를 공유하고 있고, 다른 은행들도 자신과 아내에게 똑같은 신용한도를 제공하고 있는데도 자신의 애플카드가 자신의 아내보다 10배 더 많은 신용한도를 제공하고 있다는 내용이었다. 이런 문제를 정정하기 위해 사람을 만나려고 해도 만나기 힘든 것이 2019년 빅테크의 현실이라고도 꼬집었다.

이 문제가 온라인에서 크게 이슈화되자, 애플카드의 신용한도 책임을 지고 있는 골드만삭스는 대변인을 통해 해당 사실을 부인

했다.[13] "애플카드는 개인계좌만 제공하고 있기 때문에 같은 가족 구성원이더라도 서로 다른 신용평가를 받을 수 있다"고 말하며 "자신들은 성별을 기준으로 결정을 내리지 않았고, 앞으로도 하지 않을 것"이라고 밝혔다. 하지만 구체적으로 왜 이런 일이 발생했는지는 설명하지 못했다. 사람이 애플카드의 신용한도를 결정하지 않았기 때문이다. 애플카드의 신용한도는 컴퓨터 알고리즘에 의해 자동으로 결정됐다.[14] 따라서 애플카드의 그 누구도 알고리즘이 무엇을 근거로 그런 결정을 내렸는지 알 수 없었다. 인간이 아닌 자동화된 기계의 판단에 의해 신용한도가 결정되고 있었던 셈이다.

인공지능을 활용한 '자동화된 의사결정'^{ADM} 시스템은 신용한도를 책정하는 데만 쓰이지 않는다. 우리 삶 곳곳에 스며들어 있다. 신용등급을 평가하고, 전세 대출을 심사하는 데 쓰이고 있다. 자동차 보험료를 책정하고, 플랫폼 노동자들의 임금을 결정하는 데 쓰이고 있다. 우리가 지원한 회사에 우리가 적합한 인물인지 평가하는 데도 활용된다. 인간의 결정을 보조하는 도구로 쓰이기도 하지만 인간의 개입 없이 쓰일 때도 있다. 왜 이런 일이 일어나고 있는 걸까? 어쩌다 인간에 대한 의사결정을 인공지능에게 맡기기 시작한 걸까?

가장 먼저 생각해볼 수 있는 그 이유는 효율성이다. 인공지능은 많은 양의 데이터를 한꺼번에 처리할 수 있다. 인공지능은 인간이 오랜 시간을 투자해야 검토할 수 있는 각종 서류와 데이터를 손쉽게 처리할 수 있다. 인간과 관련된 의사결정도 마찬가지다. 신용등

급과 대출 여부, 재범 가능성을 평가하고 채용 적합성을 따져보기 위해선 각종 자료와 지표, 변수들을 확인하고 평가하고 비교해야 한다. 많은 노동력이 투입되는 쉽지 않은 일이다. 이 과정에서 인공지능은 의사결정 효율을 높이고 자원을 효과적으로 배분하는 도구로 활용될 수 있다.

객관성과 공정성도 그 이유가 될 수 있다. 인간의 의사결정은 주관적이고 편파적일 수 있지만, 데이터를 기반으로 한 인공지능의 결정은 객관적이고 공정할 수 있으리라는 생각이다. 인공지능은 인간처럼 매수당하거나 설득당할 위험이 없다는 기대도 작용한다. 여기에는 인간에 대한 불신도 한몫한다. 한국처럼 사법부에 대한 불신이 깊은 곳에선 더욱 그렇다. 청와대 국민청원 게시판에 인공지능 판사를 도입하자는 게시물이 꾸준히 올라오는 데는 이유가 있다.[15] 하지만 인공지능이 내린 판단은 정말로 인간의 기대만큼 객관적이고 공정할까?

재현된 현실

결론부터 말하면 '아니다'다. 인공지능이 내린 판단에도 편향이 존재하고 불공정할 수 있다. 이유는 여러가지다. 가장 빈번하게 발생하는 사례는 인공지능 학습을 위해 입력한 데이터 안에 차별이 존재하는 경우다.[16] 데이터 안에 명시적 혹은 암시적으로 포함된 차별을 인공지능이 발견하는 경우, 이 발견된 차별은 학습된다. 현실세계에 존재하는 차별이 인공지능 속에서도 동일하게 재현된다. 잘 알려진 사례 중 하나는 아마존 채용 시스템이다.[17] 2014년 아마존은 직원 채용을 위한 이력서 자동 평가 시스템을 내부적으로 구축해 테스트하기 시작했다. 빠르게 성장하는 회사의 속도에 맞춰 채용할 만한 구직자의 이력서를 신속하게 선별해내기 위해서였다. 하지만 테스트 과정에서 문제가 발견되었다. 구축된 시스템이 여성 구직자를 차별하고 있다는 사실이 발견된 것이다. 이력서 안에 여성임을 암시하는 요소가 있으면 그 지원자는 부정적으로 평가되었다. 여대를 나왔다는 졸업증명서가 확인되면 더 나쁘게 평가되었다. 왜 이런 일이 발생했을까?

아마존은 시스템을 학습시키기 위해 지난 10년간의 지원 서류를 시스템에 입력했다. 시스템은 입력된 이력서에 나타나는 패턴을 관찰해 지원자를 심사하도록 훈련받았다. 그런데 이 시기 IT 분야에서 일하고 있는 사람은 남성이 훨씬 많았다. 여성의 비율은 낮았다. 시스템은 입력된 이력서 속에서 이 두가지 사실의 상관관계를 발견했다. 성별을 별도로 입력하지 않았는데도 시스템이 스스로 성별을 찾아내 평가 요인으로 활용하기 시작했다. 데이터 속에 숨어 있었던 성별과 고용의 상관관계를 찾아내 학습한 것이었다. 문제점을 발견한 개발팀은 해당 문제를 수정했다. 하지만 모든 문제가 해결된 것은 아니었다. 앞으로도 시스템이 어떤 차별적 요소를 발견해 평가의 지표로 사용할지 알 수 없었다.

결국 2017년 아마존은 해당 도구를 폐기했다. 인간이 차별적 의도로 시스템을 설계하지 않았더라도, 현실이 편향되어 있고 현실을 반영한 데이터가 편향되어 있다면, 인공지능 스스로 차별을 발견해 학습할 수도 있다는 사실을 알려준 사례였다. 이런 일은 왜 발생하는 걸까? 이는 인공지능 기술이 가지고 있는 특징에서 기인한다. 현재 대다수의 인공지능은 기계학습 machine learning 방식으로 개발된다. 인간이 다양한 경험과 시행착오를 통해 얻은 지식으로 자신의 문제를 해결하듯 컴퓨터도 자신에게 주어진 데이터를 분석·학습해 주어진 문제를 해결한다. 인공지능의 학습은 자신에게 주어진 데이터에서 패턴이나 상관관계를 발견하는 것에서부터 시작된다. 하지만 인공지능이 주어진 데이터 속에서 목표와 연관된 패턴이나 상관관계를 찾아냈다 해도 그것이 항상 유의미한 것은 아니다. 검증되어야 할 가설에 가깝다.

인공지능이 문제를 해결하는 방식에서 기인하는 문제가 한가지 더 있다. 한 사람에 대한 평가나 예측이 그 사람 고유의 행동이나 특성이 아닌 그 사람과 비슷한 속성을 가진 사람들의 과거 행동에 따라 평가되고 예측된다는 점이다. 이는 재범 예측 프로그램의 사례를 살펴보면 이해가 쉽다. 재범 예측 프로그램은 그동안 학습한 내용을 활용해 재범률을 예측한다. 범죄자들의 데이터 속에서 발견한 재범률과 연관된 패턴이 새롭게 들어온 데이터 속에서 발견되는지 살피는 식이다. 재범을 저지르는 사람들에게는 자주 나타나지만, 재범을 저지르지 않는 사람들에게는 잘 발견되지 않는 특징이 새롭게 입력된 데이터 속에 있는지 검토하는 것이다. 그 사람이 어떤 이들과 비슷하고, 그와 비슷한 이들이 과거에 어떤 행동을 했는지에 따라 그 사람의 미래를 예측한다.[18] 이것이 에릭 루미스가 컴파스에 의해 '개인에게 맞는 형을 선고받을 권리'를 침해당했다고 주장한 이유다. 데이터에도 문제가 있다. 재범 예측 프로그램이 학습한 데이터 속에는 개인이 저지른 범법행위뿐 아니라, 유전적 속성이나 가정환경 등 개인이 선택할 수 없는 요인도 다수 포함되어 있다. 범죄를 예측하는 시스템이 이 데이터 속에서 무엇을 발견해 위험 점수를 산출하는 데 사용하고 있는지 알 수 없다. 시스템이 데이터 속에서 발견해 학습한 재범 판단 기준 중에는 인종 같은 개인적 속성과 부모의 이혼이나 가족의 범죄 같은 환경적 요인이 포함되어 있을 수 있다.

알고리즘도 객관적일 수 없다. 인공지능 시스템을 구축하는 과정에서 인간의 가치가 반영되기 때문이다. 인공지능 시스템은 세상과 유리된 실험실 같은 곳에서 저절로 만들어지지 않는다. 수많은 사람들의 손을 거쳐 개발된다. 주어진 데이터를 학습해 알고리즘을 짜는 일은 인공지능이 수행하지만, 인공지능이 해결해야 할 목표 설정과 학습을 위한 데이터, 품질 척도는 인간이 결정한다. 또

그것을 실현하는 과정에서 의식적이든 무의식적이든 다양한 가치가 반영된다. 특히 인간을 평가 대상으로 삼는 인공지능 시스템에는 가치와 윤리적 판단이 개입될 수밖에 없다. 시스템의 품질 척도는 그것을 도입하는 집단의 선호나 판단에 기반하기 때문이다. 그 판단에는 이미 그 집단의 가치와 윤리가 부여되어 있다.

아마존 채용 시스템 사례를 생각해보면 이해가 더 쉽다. 왜 아마존 채용 시스템 개발자들은 자신들이 만든 채용 시스템이 찾아낸 성별과 고용의 상관관계를 오류라고 판단했을까? 그것은 성별에 따라 차별하는 일, 성별이 고용 여부에 영향을 미치는 것이 도덕적·윤리적으로 옳은 일이 아니라는 가치 판단 때문이다. 이렇듯 인간을 평가의 대상으로 삼는 인공지능 시스템에는 가치 판단과 윤리적 판단이 개입할 수밖에 없다. 현실세계에서 합의되지 않고 해결되지 않은 가치와 윤리의 문제는, 인공지능을 사용해도 합의되고 해결되지 않은 채 남아 있다.

누구를 죽일 것인가

인공지능의 자동화된 의사결정과 관련해 생각해볼 만한 또다른 문제가 있다. 자율주행 자동차$^{autonomous\ vehicle}$다. 자율주행 자동차는 문자 그대로 "운전자 또는 승객의 조작 없이 자동차 스스로 운행이 가능한 자동차"다.[19] 주변 환경을 인식하고 주행 상황을 판단해 차량을 제어함으로써 운전자의 개입 없이 스스로 주어진 목적지까지 주행하는 자동차를 말한다. 미국 자동차공학회[SAE]는 자율주행 자동차의 자동화 단계를 6단계로 분류한다.[20] (표 1 참조)

표 1 자율주행 기술 단계별 분류

단계	정의	주행 제어	주행 환경 모니터링	주행 중 비상상황 대처
레벨 0 비자동화 no automation	• 전통적 주행 • 운전자가 모든 것을 통제	인간	인간	인간
레벨 1 운전자 보조 driver assistance	• 부분 보조 주행 • 속도 및 차간 거리 유지, 차선 유지 등 시스템이 일정 부분 개입	인간+ 시스템	인간	인간
레벨 2 부분 자동화 partial automation	• 제한된 조건에서 시스템이 보조 주행 • 운전자가 항상 주행 상황을 주시하고 필요시 즉시 개입	시스템	인간	인간
레벨 3 조건부 자율주행 conditional automation	• 고속도로와 같은 특정 조건에서 자율주행 • 위험시 시스템이 요청하면 운전자 즉시 개입	시스템	시스템	인간
레벨 4 고도 자동화 high automation	• 제한 상황을 제외한 대부분의 도로에서 자율주행 • 악천후와 같은 특정 상황에만 운전자 개입	시스템	시스템	시스템 (인간)
레벨 5 완전 자동화 full automation	• 모든 조건과 환경에서 자율주행 가능 • 운전자의 개입 불필요	시스템	시스템	시스템

레벨 0은 비자동화 단계다. 자율주행 시스템이 지원되지 않는 단계로, 운전자가 전적으로 모든 조작을 제어하고 통제하는 단계다.

레벨 1은 운전자 보조 단계다. 자율주행시스템이 속도 또는 방향 중 하나만 보조 제어할 수 있는 상태로, 운전자는 필요에 따라 시스템의 보조를 받아 운전할 수 있다. 최근 출시된 자동차에 탑재되어 있는 '지능형 주행 제어 시스템'^{SCC}이나 '차선 유지 기능'이 여기에 속한다. 고속도로에서 자주 쓰이는 지능형 주행 제어 시스템은 적절한 감속과 가속을 수행해 앞의 차와 일정한 거리를 유지하는 기능이다.

레벨 2는 부분 자동화 단계다. 자동 차로^{車路} 변경, 교통량 대응 정속 주행 장치, 측면 충돌 경고 등 여러 기능이 통합되어 있어 제한된 조건에서 차량 흐름에 따라 자율주행이 가능한 단계다. 대중적으로 가장 많이 알려진 테슬라의 오토파일럿^{autopilot}이 레벨 2에 해당한다. 운전자는 필요시 자율주행 기능을 사용할 수 있지만, 자율주행 중에도 주행 상황을 주시해야 하고 돌발 상황이 발생하면 즉시 운전에 개입해야 한다.

레벨 3은 조건부 자동화 단계다. 고속도로와 같은 특정 조건에서 자율주행이 가능한 단계다. 레벨 3단계부터는 인간이 아닌 자율주행 시스템이 주행 환경을 모니터링한다. 시스템이 운전 조작의 모든 측면을 제어하지만, 시스템이 운전자의 개입을 요청하면 운전자는 이를 넘겨받아 적절하게 자동차를 제어해야 한다.

레벨 4는 고도 자동화 단계다. 정해진 도로와 조건에서 자율주행이 가능한 단계로, 운전하는 과정에 운전자의 개입이 불필요하다. 주행 제어와 판단 모두 자율주행 시스템에 주어지고, 운전자의 개입은 악천후 같은 특정 상황을 제외하면 일어나지 않는다.

레벨 5는 완전 자동화 단계다. 모든 도로 조건과 환경에서 자율주행이 가능하고, 운전자의 개입이 불필요하다. 어떤 주행 조건에서도 자율주행이 가능한 단계다.

그렇다면 현재 자율주행 자동차의 자동화 단계는 어느 정도일까? 2024년 말 현재 완전히 자동화된 단계인 레벨 5를 달성한 곳은 없다. 일부 정해진 지역에서 인간 운전사 없이 운행되는 레벨 4는 있다. 2016년 8월 미국 MIT에서 분사한 기술 스타트업 누토노미NuTonomy가 싱가포르의 제한된 지역에서 대중에게 무인택시 서비스를 제공[21]한 이후 제너럴모터스General Motors, 우버Uber, 구글Google, 바이두Baidu, 테슬라Tesla 등의 기업이 이 분야에 뛰어들어 성공과 실패를 거듭하고 있다. 정해진 지역에서 자율주행이 가능하고 필요시에만 운전자가 개입하는 레벨 3은 몇몇 제조사에 의해 상용화되었다. 2021년 일본의 혼다Honda가 레벨 3이 적용된 자동차를 최초로 판매한 이후, 2023년 독일의 메르세데스 벤츠Mercedes-Benz가 뒤이어 레벨 3 시스템이 적용된 자동차를 판매했다.[22]

자율주행 자동차가 계속 개발되고 연구되는 이유는 무엇일까? 운전자 편의성, 생산성 향상, 교통 약자의 이동권 보장도 있지만 가장 큰 이유는 교통사고의 감소다. 2023년 12월 세계보건기구WHO에서 발표한 「도로 안전 글로벌 현황 보고서」에 따르면 매년 교통사고 사망자 수는 전세계적으로 대략 119만명이다.[23] 사고의 주된 원인은 대부분 운전자의 안전규칙 불이행과 실수다. 운전자의 부주의와 실수, 음주운전, 과속, 휴대전화 사용 같은 안전규칙 불이행으로 매년 수백만의 사람이 죽고 다친다.[24] 하지만 자율주행 시스템에 의해 운행되는 자동차에도 많은 질문이 뒤따른다. 가장 자주 언급되는 문제는 '트롤리 문제'trolley problem다. 이것은 사고가 날 수밖에 없는 상황에서 불가피하게 누군가가 희생되어야 한다면 자율주행 시스템이 어떤 선택을 내려야 하는가에 대한 문제로, 다음과 같은 질문을 던진다.[25]

자율주행 자동차의 브레이크 시스템이 고장이 났다. 차 앞쪽에는 길을 건너고 있는 사람들이 있다. 경로를 그대로 유지하면 길을 건너던 여러 사람이 죽게 되고, 핸들을 틀어 경로를 변경하면 탑승자가 죽는다. 이때 자율주행 자동차는 어떻게 운행해야 할까?

이 질문에는 다양한 변형이 있다.[26] 탑승자가 여러 사람일 수도 있고, 보행자가 한명일 수도 있다. 보행자나 탑승자가 어린이나 노인일 수 있고, 임산부나 범죄자일 수도 있다. 성별, 사회적 지위, 종種, species이 다를 수도 있다. 이런 종류의 질문은 '불가피하게 사고가 발생했을 때 자율주행 자동차가 어떤 결정을 내릴 것인가?'를 묻는다. 이런 상황에서 '옳은' 선택에 대한 결정은 기술적 문제가 아니다. 어떤 가치를 더 중요하게 여길 것인가를 묻는 윤리적 문제다.

알고리즘 개발에 참고할 수 있는 윤리학적 접근 방식은 크게 두 가지다. '의무론적'deontological 접근 방식과 '공리주의적'utilitarian 접근 방식이다.[27] 의무론적 접근 방식은 행동의 옳고 그름을 따져 판단한다. 지켜야 할 보편적 윤리 원칙을 정해 그에 따른다. 한편 공리주의적 접근 방식은 결과를 가지고 행동의 옳고 그름을 판단한다. 각 행동이 발생시킬 수 있는 비용과 이득을 평가한 후 비용 대비 최대 이익을 산출하는 대안을 선택한다. 다시 말해 한명의 사람보다 여러 사람의 생명을 구하는 것이 옳다고 판단을 내린다면 공리주의적인 판단이다. 실제로 트롤리 문제에 접근하는 사람들은 다수의 보행자를 구하는 상황을 선호한다. 하지만 자신이 탑승자인 상황이라면 입장이 달라진다. 공리주의적 접근 방식을 택하는 대신 생존 본능에 따라 탑승자를 보호하는 자율주행 자동차를 선호한다.[28]

의무론적 접근 방식으로 생각해보면 성별이나 연령, 특징 등 정보에 기반해 비용과 이득을 평가하는 것도 문제다. 사람들은 여든살 노인과 여덟살 아이의 목숨 중 여덟살 아이의 목숨을 살리는 것을 더 자주 선택[29]하지만, 나이로 생명의 경중을 따질 수는 없다. 성별이나 기타 요인도 마찬가지다. 실제로 세계 최초로 자율주행 자동차 윤리 가이드라인을 수립한 독일은 '인간을 성별, 나이, 인종,

장애 등을 이유로 차별하지 않아야 한다'고 권고하고 있다.[30] 하지만 보편적 원칙을 정해 지키게 하는 의무론적 접근 방식에도 어려움이 있다. 문화에 따라 윤리적 판단 기준이 다르고,[31] 다양한 상황을 모두 포함하는 기준과 규칙을 정하는 것이 불가능하기 때문이다. 이러한 이유로 현재 한국을 포함한 대다수 국가는 자율주행 자동차가 따라야 할 명시적·윤리적 규칙들을 수립하기보다는 큰 방향을 제시하는 가이드라인을 세워 권고하고 있다.[32]

그렇다면 현재 인간의 개입 없이 자율주행이 이루어지는 레벨 4단계의 무인택시는 실제로 이런 윤리적 딜레마 상황에서 어떻게 판단하고 행동할까? 알 수 없다. 영업비밀이기 때문이다. 2022년 1월 미국 캘리포니아를 비롯한 일부 지역에서 무인택시 서비스를 제공하는 웨이모^{Waymo}는 캘리포니아주 자동차관리부를 상대로 소송을 제기했다.[33] 무인택시 사고에 대한 데이터가 대중에게 공개되는 것을 막기 위한 소송이었다. 공개 문제로 논란이 된 데이터는 "무인택시가 사고 같은 비상 상황을 어떻게 처리할 계획인지, 스스로 운전하지 말아야 할 곳으로 운전하기 시작하면 어떻게 할 것인지, 터널이나 급커브, 가파른 언덕 등 사고 위험이 높은 장소를 통과하는 것을 어떻게 처리하는지" 등이었다.

결과는 어떻게 됐을까? 2022년 2월 웨이모는 자사의 무인택시 안전기록 공개를 막는 데 성공했다.[34] 웨이모의 대변인은 회사가 안전기록을 투명하게 처리할 방침이라고 말했지만, 일반 대중이 그 사실을 확인할 방법은 없다. 물론 트롤리 문제처럼 극단적인 윤리적 선택은 현실에서 발생할 확률이 낮다. 자율주행 자동차 개발에 참여하는 기업들도 사고시 일어날 수 있는 윤리적 딜레마 상황을 고민하는 것보다 근본적으로 사고가 발생하지 않도록 기술을 발전시키는 것이 더 중요하다고 주장한다. 하지만 아무리 발전을 거듭한다고 해도 기술은 완벽할 수 없다. 모든 위기 상황을 관리할 수도 없다. 예측할 수 있는 방식으로만 사고가 발생하는 것도 아니다. 크고 작은 윤리적 판단이 필요한 상황은 드물 수 있지만 충분히 발생할 수 있다. 인간의 생명과 안전이 인간의 손이 아닌 기계의 판단에 의해 결정되는 한, 이런 질문은 계속될 수밖에 없고 계속 질문되어야 한다.

인공지능의 무기화

인간의 생사에 관여하는 것은 자율주행 자동차만이 아니다. 인간의 생사를 결정하는 인공지능도 있다. 일명 '킬러 로봇'[Killer Robot]으로 불리는 '치명적 자율살상무기'[LAWs]다. 킬러 로봇은 알고리즘에 의해 독립적으로 목표물을 탐색하고 공격할 수 있는 자율무기체계[AWS]의 한 유형이다. 보통 인간의 개입이 없는 상태에서 자율성을 갖고 목표물을 탐지·추적·공격할 수 있는 인공지능 기반의 군

사 로봇을 말한다.[35]

킬러 로봇의 형태는 다양하다.[36] 미사일, 잠수함, 로켓, 전투기, 차량, 탱크, 드론 등 다양한 전투 장비에 모두 적용 가능하다. 킬러 로봇이 속해 있는 자율무기체계는 인간의 개입 정도에 따라 세가지 형태가 가능하다.[37] 첫번째는 인간의 개입이 적극적으로 이루어지는 형태다. 이렇게 개발된 시스템은 모든 단계에서 인간 운영자 operator의 승인을 요구한다. 두번째는 인간의 개입이 소극적으로 이루어지는 반자율 형태다. 시스템이 자율적으로 임무를 수행하고, 공격과 같은 중요 행동에서만 인간의 승인을 요구하는 형태다. 인공지능이 적을 식별·조준하면 인간이 발사 버튼을 누르거나, 인간이 목표물을 지정하면 인공지능이 목표물의 범위를 찾아 공격하는 형태다. 세번째는 인간의 개입이 일어나지 않는 완전 자율 형태다. 이 형태로 개발된 시스템은 인간의 통제 없이 자율적으로 임무를 수행한다. 정해진 목적에 따라 자율적으로 표적을 탐색·선정·공격한다. 일단 활성화되면 더이상 인간의 개입 없이 자신의 자율적 판단에 따라 목표를 선택하고 공격을 수행한다.[38] 우리가 킬러 로봇이라고 부르는 치명적 자율살상무기가 여기에 속한다. 경계선에 있는 무기도 있다. 러시아-우크라이나 전쟁이나 이스라엘-하마스 전쟁에서 자주 사용되는 배회탄 Loitering Munition과 무인기 군집 Drone Swarms이다. 자폭용 드론이라고도 불리는 배회탄은 탄두를 싣고 하늘을 돌다 목표물을 발견하면 돌진해 자폭한다. 무인기 군집은 자율적으로 떼를 이뤄 돌아다니다 목표물을 공격한다. 이러한 배회탄이나 무인기 군집은 인간이 직접 조종하기보다 시스템이 자동으로 공격 여부를 판단하는 치명적 자율살상무기로 발전할 가능성이 높다.[39]

2024년 4월 29일 오스트리아 빈에서 143개국의 민간과 군사기술 관계자들이 모였다. 자율무기체계 규제를 논의하는 회의였다.[40] 오스트리아 외무장관 알렉산더 샬렌베르크Alexander Schallenberg는 1945년 원자폭탄 개발을 주도한 후 핵무기 확산 통제를 주장했던 로버트 오펜하이머Robert Oppenheimer를 언급하며 "지금 우리는 오펜하이머의 순간을 다시 맞고 있다"고 말했다. "적어도 누가 살고, 누가 죽느냐의 결정은 기계가 아닌, 인간의 손에 달려 있다는 것을 확실히 하자"라는 발언도 덧붙였다. 알파고AlphaGo를 만든 인공지능 연구기업 딥마인드Deepmind의 초기 투자자였던 얀 탈린Jaan Tallinn도 실리콘밸리의 이익이 나머지 인류의 이익과 합치되지 않을 수 있다고 말했다. 기업들이 인공지능 사업을 키우기 위해 자금을 투입하는 가운데 전쟁이 확산되고 있기 때문에 킬러 로봇을 통제할 필요성이 더욱 커졌다는 것이다. 하지만 규제는 쉽지 않아 보인다. 전세계적으로 안보의 위험이 높아진 상황에서 이미 국가 간 개발과 경쟁이 시작되었기 때문이다. 2023년 12월 22일 유엔 총회에서 자율살상무기체계의 위험성에 관한 최초 결의안이 채택되었지만, 법적 구속력은 없다.[41]

킬러 로봇은 왜 개발되는 걸까? 킬러 로봇 개발에 찬성하는 사람들은 전쟁과 테러에 드는 비용과 시간, 피해를 줄일 수 있다고 주장한다.[42] 위험한 곳에 인간 병사 대신 킬러 로봇을 투입해 인간의 희생과 피해를 최소화할 수 있다는 주장이다. 효율성도 강조한다. 그들의 말처럼 킬러 로봇은 신체적으로나 정서적으로 지치지 않는다. 잠을 자거나 밥을 먹지도 않고, 훈련도 필요 없다. 1년 365일 언제든지 전쟁과 테러 현장에 투입이 가능하다. 전쟁 후 외상후스트레스장애를 걱정할 필요도 없다. 인간적인 감정에 휩싸여 명령에 불복종하지도 않는다. 문자 그대로 '영혼 없는' 판단과 행동을 할 수 있다. 스탠퍼드대학의 제리 캐플런$^{Jerry\ Kaplan}$ 교수는 킬러 로봇이 인간보다 합리적이면서 윤리적인 결정을 내릴 수 있다고도 주장한다.[43] 공포에 휩싸여 자신의 생명을 구하기 위해 잘못된 판단을 내리지도, 두려움이나 복수심에 휩싸여 무차별적인 보복과 공격을 감행하지도 않기 때문이다. 하지만 잔혹한 전쟁과 학살 중에도 사람들이 타인의 목숨을 구하게 되는 이유 역시 인간의 감정 때문이다. 흔들리는 인간의 감정이 만들어낸 작은 틈새에서 생명이 살아남는다.

킬러 로봇의 도입은 전쟁의 문턱을 낮추기도 한다.[44] 군인 모집과 훈련에 드는 비용 부담이 낮아지기 때문이다. 소수의 손에 군사력과 권력을 쥐여주는 수단으로도 활용될 수 있다. 언제든 독재자의 권력을 연장하는 손쉬운 도구로 악용될 수 있다. 배신의 염려가 없고 명령에 반항하지 않는 강력한 군대는 모든 독재자가 원하는 것이었다. 심리적 차원의 문제도 있다. 킬러 로봇의 존재는 사람을 죽인다는 부담감과 죄책감, 책임감을 줄일 수 있다. 생명의 무게가 느껴지지 않는 세계에선 인간의 목숨이 한없이 가벼워진다. 죄책감과 생명의 무게가 가벼워진 세계에선 정도를 넘어선 잔혹 행위가 발생할 수 있다.[45] 게임 속의 캐릭터를 죽일 때처럼 아무런 죄책감 없이 인간의 생사를 가를 수 있다. 킬러 로봇이 전쟁에서만 사용될 수 있는 것도 아니다. 기술 발전과 대량생산으로 킬러 로봇의 가격이 낮아지면 암시장 등에서 거래될 수 있고, 민간인의 손에 들어갈 수도 있다.[46] 독재자나 테러단체, 광신도의 손에 들어간 킬러 로봇이 어떻게 활용될지는 경험하지 않아도 알 수 있다. 인간이 얼마나 도덕적으로 타락하고 악해질 수 있는지는 이미 역사를 통해 증명되었다.

상자 속 너머

자동화된 의사결정의 또다른 문제 중 하나는 불투명성이다. 사람들은 일상생활 속에서 자신이 인공지능에 의해 평가된다는 사실을 잘 알지 못한다. 인공지능 알고리즘에 의해 평가되고, 예측되고, 분류된다는 사실을 잘 인지하지 못한다. 자동화된 의사결정 시스템이 서비스 안에 녹아들어 있기 때문이다. 인지한다고 해도 왜 그런 결론을 냈는지 알기 어렵다. 앞에서 살펴보았듯이 영업비밀이거나 대외비인 경우가 많기 때문이다. 하지만 개인이 인공지능의 판단 결과에 의문을 품고 문제를 제기했을 경우 그 판단의 근거는 설명되어야 한다. 그것이 취업이나 해고, 대출, 재범 위험 평가처럼 한 사람의 인생에 중대한 영향을 미치는 결정일 때에는 더욱 그렇다. 구체적인 알고리즘은 공개하지 않더라도 듣는 사람이 이해할 수 있는 수준으로 적절하고 합리적인 설명이 제공되어야 한다.

이에 대한 법적 근거도 마련되었다. 2024년 9월 26일부터 '자동화된 결정에 따른 개인정보 처리자의 조치 기준'이 시행됨에 따라 각각의 "정보 주체는 자동화된 결정에 대해 설명 또는 검토를 요구"할 수 있다.[47] "자동화된 결정이 정보 주체의 권리나 의무에 중대한 영향을 미치는 경우, 정보 주체는 결정을 거부하는 것"도 가능하다. '중대한 결정'은 자동화된 결정을 통해 채용이나 해고 같은 개인의 삶에 큰 영향을 미치는 결정을 말한다. 인사권자가 직원 채용 과정에서 완전히 자동화된 시스템에 의해 산출된 점수만을 형식적으로 확인하여 최종 불합격을 결정한 경우나, 쇼핑과 운송과 배달을 중계하는 플랫폼 사업자가 완전히 자동화된 시스템을 사용하여 플랫폼 이용 사업자의 부정행위 내역 등을 분석한 후 그 내용만을 가지고 계약을 해지한 경우가 여기에 해당한다. 자동화된 의사 결정에 설명을 요구하고 이의를 제기할 수 있는 길이 열린 셈이다.

책임 소재의 문제도 있다. 인공지능이 내린 의사 결정은 누가 책임질까? 기본적으로 인공지능에 책임을 물을 수는 없다. 책임은 '자유의지'의 산물이고, 인공지능의 존재 이유와 목적은 인간에 의해 결정되기 때문이다. 인공지능 시스템이 만들어낸 결과에 책임을 묻는 것도 쉽지 않다. 하나의 시스템을 개발하여 사용하는 데는 여러 행위 주체가 관여하기 때문이다. 결국 인공지능 시스템이 내린 의사결정은 행위 주체별로 책임을 나눠 질 수밖에 없다. 자율주행 자동차의 경우는 자동차의 자율운행 과정에서 문제가 발생했을 때, 차량의 설계, 제작, 관리, 서비스 제공, 이용자 등 각각의 행위 주체가 각각의 문제에 상응하는 책임을 나눠 가진다.[48] 각자의 몫에 해당하는 분산된 책임distributed responsibility을 나눠 갖는 것이다. 이때 각각의 주체에게 주어지는 책임은 책임의 범위를 구체화할 수 없는 보편적인 의미의 책임responsibility이 아니라, 특정 행동에 의해 구체적으로 주어지는 책임accountability이다.

다른 자동화된 의사결정 시스템에도 이와 유사한 분산된 책임을 적용할 수 있다. 물론 각각의 행위 주체에게 책임을 묻는 일은 쉽지 않다. 복합적이고 모호한 경계선에 있는 일도 존재하기 때문이다. 이에 따라 인공지능에 법적 지위를 부여하고 책임을 묻는 방안이 검토되기도 하고, 법인과 같은 제3의 인격체로 인정해 책임과 권한을 부여하자는 의견이 나오기도 한다.[49] 하지만 인공지능에 법적 지위를 부여하는 일은 신중히 검토되어야 한다. 인공지능 시스템이나 인공지능이 적용된 로봇에게 법적 지위를 부여하고 책임을 부과하는 일은 이를 기획하고 개발한 기업과 기관에게 면책권을 부여하는 일이 될 수 있기 때문이다.

관리와 감독의 문제도 생각해야 한다. 인공지능이 내린 모든 결정을 관리하고 감독할 필요는 없지만, 인간의 삶에 큰 영향을 미치는 자원을 배분하는 자동화된 시스템은 감독하고 감시할 필요가 있다. 개인과 사회에 광범위한 영향을 미치고 중요한 영향력을 행사하는 자동화된 의사결정 시스템일수록 더욱 그렇다. 이러한 점은 국가인권위원회의 권고안에도 잘 나타나 있다. 국가인권위원회는 2022년 4월 '인공지능 개발과 활용에 관한 인권 가이드라인'에 기반해 "인공지능 관련 정책이 수립·이행되고 관계 법령이 제정·개정되도록 관련 부처들을 유기적으로 조정하고 통합할 것을 권고"했다.[50] 공공기관이나 민간기업에서 인공지능으로 인한 인권침해 및 차별이 발생하지 않도록 적극적으로 관리·감독하며, 인공지능의 위험성 단계를 구분하고, 그에 맞는 규제 수준과 인적 개입이 이루어지도록 법과 제도를 마련할 것을 주문했다. 국경 방위, 도시 치안, 교통 시스템 관제 등 여러 분야에서 광범위하게 인공지능 도입이 논의되고 있는 만큼 꼭 선행되어야 할 일이다.

인간의 조건

하지만 가장 먼저 던져야 할 질문이 있다. 인공지능에게 사람의 일을 어디까지 맡길 것인가? 바꾸어 말하면 '인간이 자신의 일을 인공지능에게 어디까지 맡길 의향이 있는가?'를 묻는 질문이기도 하다. '인간의 손으로 결정해야 하는 최소한의 것이 무엇인지'를 묻고, '본질적으로 알고리즘에게 결정을 맡겨서는 안 되는 상황이 있다면 어떤 상황인지'를 묻는 질문이다. 인공지능을 활용한 자동화된 의사결정은 어쩔 수 없이 따라야 할 규칙이나 자연법칙이 아니라 사회적 결정이다. 사회적 합의에 의해 도입 여부가 결정된다. 책임 역시 마찬가지다. 인공지능과 인간을 가르는 중요한 판단 기준의 하나는 '자유의지'다. 자유의지는 인간 고유의 특성이다. 자유의지에 의해 인간은 선택하고 그 선택에 책임을 진다.

물론 인간의 자유의지가 실제 존재하는지, 아니면 사회적 필요에 의해 만들어진 허구적 개념에 불과한지에 대한 논쟁도 있지만, 무엇이 정답이든 중요치 않다. 인간의 자유의지가 필요에 의해 만들어진 허구적 개념이라 하더라도 그 허구적 개념에 의해 인간이 인간다워지고, 인공지능과 인간의 경계가 그어지기 때문이다. 그렇기 때문에 인공지능에 자유의지를 부여하려고 시도하거나, 인공지능 시스템이나 로봇에게 법적 지위를 부여해 책임을 지게 하려는 존재가 있다면 우리는 반드시 질문해야 한다. 무엇 때문에, 누구를 위해서?

7장
고용과 일

일의 미래는 어떻게 될 것인가?

"미래는 이미 여기 있다.
다만, 모두에게 평등하게 주어지지 않았을 뿐."
The future is already here — It's just not evenly distributed.

―윌리엄 깁슨(William Gibson)

당신의 일자리, 안녕한가요?

2018년 5월 게임 하나가 발매되었다. 게임의 제목은 '디트로이트: 비컴 휴먼'Detroit: Become Human. 일종의 인터랙티브 무비 게임으로 플레이어의 선택에 따라 이야기의 흐름과 결말이 달라지는 게임이었다. 게임의 배경은 미래인 2038년 미국 디트로이트, 플레이한 지 얼마 안 된 게임 속 화면에선 한 무리의 시위대가 보인다. 두 손엔 피켓을 들고 "노동자의 권리를 보호하라"는 구호를 외치고 있다. 피켓엔 이런 문장이 쓰여 있다.

우리는 안드로이드가 아니라 일자리를 원한다We Want Jobs, Not Androids.

인간형 인공지능 로봇인 안드로이드가 거의 모든 분야에서 인간의 일을 대신하게 된 이후 게임 속의 거리에서 흔히 볼 수 있는 시위다. 일자리를 빼앗긴 사람들의 분노는 안드로이드에게 향했다. 안드로이드를 향한 증오와 혐오는 걷잡을 수 없이 커졌다. 길거리에서는 안드로이드 반대시위와 안드로이드를 공격하는 행위가 심심치 않게 일어났다. 실행되고 있는 게임 화면 속에선 심부름을 다녀오던 안드로이드가 시위대에게 잡혀 공격당하고 있다. 시위대의 일부가 안드로이드의 등을 밀어 넘어뜨리고, 발로 차고, 조롱 섞인 말을 던지며 멱살을 잡아채 올린다. 지나가던 경찰이 중재에 나서자 시위대는 잡고 있던 안드로이드의 멱살을 거칠게 놓으며 경찰을 향해 말한다. "다음엔 당신이 일자리를 뺏길 테니 그때 두고 보자고."

게임 속의 시위와는 확연히 다르지만 현실세계에서도 인공지능과 일자리에 관련된 시위가 일어났다. 2023년 5월 미국 할리우드에서였다. 1만 1,500명의 작가가 소속된 미국 작가조합WGA은 영화 및 텔레비전 제작자 연합AMPTP을 향해 노동에 대한 정당한 보상과 무분별한 인공지능 기술의 사용을 제한할 것을 요구하며 파업에 나섰다.[1] 작가들이 제작사 연합을 상대로 파업에 나선 이유는 창작에 대한 적절한 보상을 받고, 창작물과 창작자의 권리를 지키기 위해서였다. 영화, 방송, 드라마 작가들은 거리로 나와 원작자의 동의 없이 대본을 인공지능에게 학습시키거나 인공지능을 이용해 만들어낸 대본을 일방적으로 작가들에게 수정하라고 요구해서는 안 된다고 외쳤다. 시위에 참여한 한 작가는 언론과의 인터뷰에서 더 값싸고 더 좋다는 이유로 제작사들이 자신들의 일을 인공지능으로 대체하는 것을 원하지 않는다고 말했다. 이는 영리한 사업 전략일 수는 있지만 인간을 위한 전략은 아니라는 말도 덧붙였다. 같은 해 7월 미국 배우방송인노동조합$^{SAG-AFTRA}$도 파업에 나섰다.[2] 배우의 권리와 자신의 얼굴 및 목소리를 지키기 위해서였다. 이들은 인터넷 스트리밍 서비스를 통한 재상영에 대한 적절한 보상과 자신들을 촬영한 영상을 인공지능에게 학습시키고 사용할 때 사전 동의를 얻고 합당한 보상을 해줄 것을 요구했다. 대형 제작사가 단역, 엑스트라 배우들을 인공지능으로 만든 합성 연기자$^{synthetic\ performers}$로 대체하려는 움직임에도 문제를 제기했다. 제작사들은 무명 배우들의 얼굴과 몸을 스캔한 후 이를 인공지능에게 학습시켜 디지털 연기자로 만든 후 이다음에 제작하는 영화나 드라마에서 사용하겠다는 계획을 내비친 바 있다. 제작사 입장에서는 인건비를 줄일 수 있는 방안이다. 하지만 단역, 엑스트라 배우들에게는 최악의 상황이다. 일자리를 잃는 것은 물론 연기 경력을 쌓을 기회도 빼앗기게 된다.

 인공지능 기술의 발전으로 자신의 일에 위협을 느끼는 사람은 배우와 작가만이 아니다. 2022년 11월 챗GPT가 처음 세상에 공개된 이후 인공지능 기술에 별다른 관심이 없던 사람들도 자신의 일자리를 걱정하기 시작했다. 생성형 인공지능 기술이 새롭게 해내는 일들이 그동안 우리가 먹고살기 위해 해왔던 일들과 닮아 있기 때문이다. 이제는 인공지능이 다양한 자료를 수집하고 분석한다. 글을 작성하고, 발표 자료를 만든다. 그림을 그리고, 영상을 만든다. 번역을 하고, 코딩을 한다. 사용법도 쉽다. 몇번의 클릭, 몇개의 단어, 몇개의 문장을 입력하면 끝이다. 사용하는 사람에게는 한없이 편리한 일이다. 하지만 그동안 그 일로 먹고살아온 사람들에게는 생계를 위협하는 일이다. 인터넷에는 인공지능 기술의 발전에 따른 직무 자동화가 인간의 일자리에 충격적인 변화를 가져올 것이라는 내용의 콘텐츠가 넘쳐났다. 전문가와 언론도 일자리 변화와 감소 가능성을 경고하기 시작했다. 2023년 3월 미국 투자은행 골드만삭스는 생성형 인공지능 기술로 인해 전세계적으로 3억개의 일자리가 자동화될 가능성이 있다는 보고서를 냈다.[3] 미국 매킨지 글로벌 연구소McKinsey Global Institute도 2030년까지 미국 내 노동자 업무의 3분의 1가량이 자동화될 것이라는 보고서를 냈다.[4] 그 여파로 2030년 말까지 최소 1,200만명이 직업을 바꿔야 할 것이라는 전망도 포함되어 있었다. 기업들도 목소리를 보탰다. IBM의 최고경영자 아르빈드 크리슈나Arvind Krishna는 2023년 5월 블룸버그통신과의 인터뷰를 통해 "몇년 안에 인공지능으로 대체할 수 있다고 생각하는 역할에 대한 채용을 중단할 것으로 예상한다"라고 말했다.[5] 향후 5년 이내에 자사의 지원부서 인력 30퍼센트를 인공지능으로 대체할 것이라고도 말했다. IBM의 지원부서 인력은 대략 2만 6,000명이다. 그의 계획대로라면 7,800명이 일자리를 잃는다. 기업 해고 사유에서도 처음으로 인공지능이 등장했다. 미국 내 해고 계획을 집계해 발표하는 인사관리 컨설팅회사 챌린저그레이앤드크리스마스CG&C에 따르면, 2023년 5월 기업이 정리해고 하기로 결정한 8만여명의 직원 중 3,900명, 약 5퍼센트의 해고 사유가 인공지능 때문으로 집계됐다.[6] 17개의 감원 사유 순위 중 7번째다. 인공지능 기술로 인해 우리의 일자리에 변화가 일어나고 있는 것은 확실해 보인다. 그런데 이 변화는 구체적으로 어떤 것일까? 일자리는 정말 줄어들고 있는 걸까?

정말로 대규모 실업이 일어날까?

기술 발전과 자동화에 따른 일자리 상실과 대규모 실업에 대한 우려는 최근에 제기된 문제가 아니다. 이 문제는 산업혁명이 시작된 이후부터 지금까지 오랫동안 반복적으로 제기되어왔다. 실제로 기술의 발전과 그로 인한 자동화는 기존에 존재했던 많은 일자리를 사라지게 했다. 하지만 없어진 일자리만큼 새로운 일자리도 생겨났다.

1차 산업혁명이라고 불리는 18세기 중반에서 19세기 초반에 이르는 시기에는 장인과 수공업자들이 일자리를 잃었다. 증기 동력이 보편화되고 생산시설에 기계가 도입되면서 수공업 기반의 소량생산에서 기계를 활용한 대량생산으로 생산방식이 변했기 때문이다. 하지만 기술의 발전은 동시에 새로운 일자리도 만들었다. 기계를 설계하고 만드는 엔지니어와 이를 운영하는 감독자, 기계화된 공장에서 일하는 육체노동자의 일자리가 만들어졌다.

19세기에서 20세기에 걸쳐 일어난 2차 산업혁명도 양상은 비슷했다. 전기의 보급과 가속된 자동화로 저숙련 작업자의 일자리는 줄었지만, 숙련된 기계 작업자의 일자리는 늘었다. 석유와 화학, 플라스틱, 의약품과 같이 분자를 재배열하는 기술의 발전으로 관련 전문지식과 기술을 요구하는 일자리도 늘었다. 교통과 통신기술의 발전으로 비생산직 노동자에 대한 수요도 증가했다. 전화와 축음기, 사진, 라디오, 영화 기술의 발달로 통신 및 엔터테인먼트와 관련된 새로운 일자리가 만들어졌을 뿐 아니라 도소매업, 금융, 부동산 등 서비스 부문의 일자리도 생겼다.

3차 산업혁명이라고 달랐을까. 로봇 기술과 컴퓨터 기술의 발전으로 생산시설의 많은 부분이 자동화되면서 생산직과 관련된 일자리는 줄었지만, 기존에 없던 지식과 정보를 다루는 일자리들이 생겼다. 온라인과 디지털 기기, 디지털 콘텐츠와 관련한 일자리가 생겼다.[7] 하나의 일자리가 사라지면 다른 하나의 일자리가 생겼다. 그 결과 오늘날 노동자의 60퍼센트는 1940년대에는 존재하지 않았던 직업군에서 일하고 있다.[8] 앞으로도 이러한 변화는 지속될 것으로 보인다. 세계경제포럼[WEF]이 2016년 1월 발표한 보고서 「일자리의 미래」에 따르면 '초등학교에 입학하는 어린이의 약 65퍼센트는 현재 존재하지 않는 일자리에서 일하게 될 것'으로 전망된다.[9]

물론 일자리에 변화를 불러오는 요인은 기술만이 아니다. 기술 외에도 경기변화나 인구변화, 정부정책이나 법제도 등 다양한 요소가 일자리에 영향을 미친다. 하지만 기술의 변화는 분명 일자리에 영향을 미치는 중요한 요인 중 하나다. 기술의 변화가 일자리에 미치는 영향은 크게 세가지다.[10] 첫번째는 생산효과다. 기술의 발전이 생산성을 향상시키고, 생산물에 대한 수요가 증가하면서 전반적으로 고용이 증가하는 효과다. 두번째는 대체효과다. 기술의 진보가 기계의 가격을 하락시키고, 상대적으로 기계의 도입과 활용 비용이 적어지면서 기계가 노동력을 대체하는 효과다. 세번째는 보완효과다. 기술의 진보가 오히려 숙련된 노동자를 필요로 함에 따라 숙련 노동자를 중심으로 관련 고용이 증가하는 효과다. 지금까지는 기술의 발전이 생산효과와 보완효과를 가져오면서 대체효과로 인해 상실된 일자리만큼 새로운 일자리를 만들어왔다. 그렇다면 앞으로는 어떨까?

미국 투자은행 골드만삭스는 2023년 3월 「인공지능이 경제성장에 미치는 잠재적인 큰 영향」이라는 보고서를 통해 생성형 인공지능 기술의 발전으로 인해 전세계 3억개의 일자리가 자동화 시스템에 의해 대체될 가능성이 있다고 했다.[11] 전세계적으로는 약 18퍼센트의 일자리가 인공지능에 의해 자동화될 수 있다는 내용도 담겨 있었다. 미국으로 한정하면 전체 일자리의 7퍼센트를 대체하고, 63퍼센트는 보완하며, 나머지 30퍼센트는 영향을 받지 않을 것으로 예상했다. 직종별로는 기존에는 자동화의 영향을 크게 받지 않았던 고학력, 전문직 일자리가 생성형 인공지능 기술에 크게 영향을 받을 것으로 예측됐다. 업종별로는 사무·행정지원(46퍼센트), 법률(44퍼센트), 건축·공업(37퍼센트), 금융(35퍼센트) 등의 분야가 영향을 많이 받을 것으로 나타났다. 자동화가 일어나는 과정에서 단기적으로는 혼란이 불가피할 것이라는 전망도 함께 제시됐다. 특정 직업이 사라지고, 남은 일자리 역시 일하는 방식이 크게 변하기 때문이다. 하지만 장기적인 전망은 긍정적이었다. 그동안의 기술 발전이 그랬듯, 인공지능 기술 역시 생산성 향상과 함께 새로운 직종을 만들어낼 것으로 내다봤다. 지난 80년간 늘어난 일자리의 85퍼센트 이상이 신기술에서 나온 것처럼 인공지능 역시 생산성을 향상시키고 새로운 일자리를 만들어낼 것이라는 기대였다.

같은 해 7월 미국 매킨지 글로벌 연구소도 인공지능과 자동화, 일자리와 관련한 보고서를 발간했다. 「생성형 인공지능과 미국 업무의 미래」라는 보고서였다.[12] 이 보고서에는 2030년까지 미국 내 노동자 업무의 3분의 1가량이 자동화될 것이며, 그 여파로 2030년 말까지 최소 1,200만명이 직업을 바꿔야 할 것이라는 전망이 담겨 있었다. 자동화로 인해 가장 많이 사라질 것으로 예상되는 일자리는 음식 서비스, 고객 서비스, 판매·사무 지원 분야의 일자리였다. 반대로 혜택을 받는 일자리도 있다고 예측했다. 고학력, 전문직 일자리다. 이들의 일자리 역시 인공지능 기술과 자동화에 상당 부분 노출되지만, 오히려 관련 기술을 활용해 기존 업무에 들어가는 시간을 줄이고 생산성을 높여 창의적·전략적 업무에 더 많은 시간을 할애할 수 있을 것으로 전망했다. 'STEM(과학·기술·공학·수학)' 분야나 비즈니스, 법률 직무도 인공지능 기술과 그로 인한 자동화에 많이 노출되지만, 대체되거나 사라지지 않고 오히려 도움을 받게 될 것으로 보았다. 비정형 업무를 주로 처리하는 고학력, 고숙련 일자리에는 보완효과를 가져오지만, 반복적인 업무를 주로 하는 저학력, 저숙련 일자리에는 대체효과를 가져올 것으로 예상한 셈이다.

우리나라는 어떨까? 국내외 산업기술과 관련된 동향과 정보를 수집해 연구하는 산업연구원은 2024년 보고서를 통해 국내 기업의 인공지능 도입률은 4퍼센트 미만으로 아직 낮은 수준이며, 매출과 고용 규모가 큰 대기업을 중심으로 인공지능 기술이 도입되기 시작하는 단계로 보았다. 인공지능 도입으로 인해 대체될 위험이 높다고 생각하는 일자리는 327만개로 추정했다. 이는 전체 일자리 중 13퍼센트에 해당하는 숫자로 골드만삭스의 18퍼센트보다는 낮지만 적지 않은 비율이다. 직종별로는 전문직 일자리가 위험했다. 대체 가능성이 높게 점쳐지는 일자리 중 9.9퍼센트인 193만개의 일자리가 전문직이었다.[13] 한국은행의 보고서도 비슷했다. 한국은행 조사국 고용분석팀의 조사 결과에 따르면 우리나라 취업자 중 약 341만명(전체 취업자 수 대비 12퍼센트)이 인공지능 기술에 의해 대체될 가능성이 높은 것으로 나타났다.[14] 기존의 기술들과 달리 고소득, 고학력 노동자에게 더 큰 영향을 미칠 것으로도 예측됐다. 인공지능 기술이 비반복적·인지적 업무를 대체하는 경향이 크기 때문이다. 이 두 보고서 모두 인공지능 기술이 기존에 자동화의 영향을 크게 받지 않던 관리자, 전문가 직종까지 대체 가능하다는 점에서 고용 시장에 큰 변화를 불러올 것으로 예측했다. 다만 기존의 다른 기술과 마찬가지로 생산성 향상을 통해 경제성장을 촉진함으로써 고용이 확대될 가능성이 있고, 새로운 직업과 직무를 창출할 가능성이 높으므로 이에 대한 정책적 지원이 필요하다고 보았다. 인공지능 기술로 인해 기존의 일자리가 줄어들 것으로 예상되나, 기술의 발전에 의한 '생산효과'와 '보완효과'를 통해 기존에 없던 일자리가 새롭게 생겨날 수 있으므로 정책적 지원이 필요하다고 본 셈이다.

인공지능 기술이 우리의 일하는 방식과 노동시장에 큰 영향을 미치는 것은 확실하다. 그 대상에는 전문직과 비전문직 일자리, 반복적 업무와 비반복적 업무, 육체적 업무와 정신적 업무가 모두 포함된다. 다만 고용에 미치는 영향은 아직 불확실하다. 단기간으로 봤을 때 인공지능 기술의 도입으로 인해 일시적인 실직과 혼란이 예상되지만, 장기적으로는 어떻게 될지 예측하기 어렵기 때문이다. 인공지능 기술이 인간의 노동력을 일부 대체하는 것은 사실이지만 그동안의 기술 발전이 그러했듯 새로운 일거리와 일자리를 만들어 낼 수도 있다. 하지만 일부 전문가들은 그렇게 낙관적으로만 바라볼 것은 아니라고 말한다. 이전의 기술 발전이 가져온 자동화와 인공지능 기술이 가져올 자동화는 다르다고 말한다. 이전의 자동화와 앞으로의 자동화는 어떻게 다를까?

멀티모달로, 로봇으로

지금까지의 기술 발전은 인간의 육체적 노동과 단순노동, 반복적인 업무를 자동화해왔다. 동시에 새롭게 등장한 기술을 활용한 새로운 일자리와 지식 집약적인 일자리를 창출해왔다. 업무를 하는 데 많은 기술이 필요하지 않은 저숙련·저임금의 일자리를 자동화하고, 고숙련·고임금의 일자리를 만들어왔다. 그 결과 육체노동과 단순노동, 반복적인 업무가 많은 농업과 공업 분야의 일자리가 감소했지만, 정신적 노동을 기반으로 한 서비스와 지식·정보 분야의 새로운 일자리들이 지속적으로 만들어져왔다. 하지만 이번에는 조금 양상이 다르다. 현재 우리의 일자리를 위협하고 있는 기술은 그동안 우리의 일자리를 만들어왔던 인간의 인지적 능력을 모방하고, 인간만이 할 수 있다고 믿어왔던 일들을 해내고 있기 때문이다. 초창기의 규칙 기반의 인공지능 기술은 기존의 다른 기술들과 유사하게 반복적이고 정형적인 업무를 자동화했다. 그런데 기계학습이 시작되고 딥러닝 기술이 발전하면서 상황이 조금 달라졌다. 대규모의 데이터와 컴퓨팅 능력으로 그동안 인식하지 못했던 패턴을 파악할 수 있게 되면서 명시적으로 정의하지 못했던 추천이나 예측 같은 비정형$^{non-routine}$ 업무도 해낼 수 있게 되었다. 인간이 수행하는 것에는 규칙이나 절차로 표현할 수 없는 암묵지(경험, 통찰력, 창의력, 판단력 등)가 존재한다는 폴라니의 역설$^{Polanyi's\ paradox}$이 깨지기 시작했다. 우리가 '직관'으로 믿어왔던 것들이 '패턴'에 가깝다는 것이 밝혀지기 시작했다. 그 결과 오랜 학습과 고도의 기술이 있어야 하는 비정형 업무도 반복적인 규칙과 패턴을 확인할 수 있으면 자동화가 가능해졌다. 대체가 어려울 것으로 생각했던 사무직이나 행정직, 전문직 일자리도 위협받기 시작했다. 자동화에 비교적 안전하다고 생각했던 고소득, 전문직 직종의 일자리들이 자동화에 노출됐다. 또한 생성형 인공지능 기술이 개발된 이후로는 자동화의 범위가 더 넓어졌다. 글쓰기나 작곡, 그림 그리기, 영상 제작 등 '창의적인 업무'라고 불러왔던 일들이 자동화되기 시작했다. 사람이 만들어낸 것과 인공지능이 만들어낸 것의 구분이 어려운 사례가 늘어나면서 인간만이 할 수 있다고 주장할 만한 일자리가 줄어들고 있다.

확장성도 있다. 초창기의 인공지능 모델과 서비스는 특정 분야의 문제를 해결하는 것에 최적화되어 있다. 바둑을 두거나^AlphaGo, 그림을 그리거나^Midjourney, 번역을 하거나^DeepL, 글을 매끄럽게 다듬거나^Grammarly, 단백질 구조를 밝혔다^AlphaFold. 특정 영역에서 특정 작업만 할 수 있었다. 하지만 최근에 개발되고 있는 모델은 조금 다르다. 하나의 영역에 속한 문제가 아니라 다양한 분야의 영역에 속한 문제를 처리할 수 있다. 사람처럼 다양한 분야를 넘나들며 작업을 수행할 수 있다. 이러한 일이 가능해진 이유는 정제되지 않은 방대한 양의 데이터를 훈련한 범용적 성격의 인공지능 신경망이 만들어졌기 때문이다. 인문학과 사회과학, 자연과학과 형식과학, 응용과학을 구분하지 않고 학습한 인공지능 신경망은 사람처럼 여러 영역을 넘나들며 작업을 해낼 수 있다. 언어와 경영, 역사와 정치, 심리학을 넘나들며 사람을 설득하는 광고를 만들 수도 있고, 코딩과 디자인을 넘나들며 웹이나 앱을 만들 수도 있다. 이처럼 하나의 모델이 다양한 영역을 넘나들며 작업을 수행할 수 있는 특성은 일자리에 새로운 위협이 될 수 있다. 우리의 일자리 역시 여러 영역을 넘나드는 '다양한 업무'로 구성되어 있기 때문이다.

게다가 인공지능 모델은 텍스트를 넘어 이미지, 오디오, 비디오 등 다양한 유형의 데이터를 함께 처리하고 생성하는 멀티모달^multi-modal의 단계로 넘어갔다. 인간이 그동안 쌓아놓은 지식과 언어를 배우는 것을 넘어 눈과 귀가 트였다. 텍스트로만 알던 세계를 시각 정보와 청각 정보로도 알 수 있게 된 것이다. 처리한 작업을 텍스트만이 아니라 이미지와 소리로도 전달할 수 있게 됐다. 사람처럼 보고 듣고 말할 수 있게 된 인공지능은 반응 속도도 놀랍도록 빨라졌다. 2024년 5월 오픈AI가 공개한 GPT-4o는 그 반응 속도가 최소 232밀리초, 평균 320밀리초였다. 사람과 대화하는 것과 유사한 속도다. 카메라를 통해 사람의 표정을 읽고 주변 정보를 파악할 수도 있다. 종이에 쓰여 있는 그래프 내용이나 수학의 수식을 파악하고 내용을 정리해 말로 설명할 수도 있다.[15]

인공지능 기술이 데스크탑과 스마트폰 안에만 머무는 것도 아니다. 로봇 기술에도 인공지능 기술이 적용된다. 육체만 있던 로봇에 '정신'과 비슷해 보이는 것이 깃든다. 2024년 3월 시연 영상 하나가 공개되었다. 챗GPT로 유명해진 오픈AI와 휴머노이드 로봇 스타트업 피규어Figure가 협력해 만든 '피규어 01'의 시연 영상이었다.[16] 영상 속에선 테이블 뒤에 서 있는 피규어 01과 시연자가 보였다. 시연자가 "지금 뭐가 보이냐"고 묻자 피규어 01은 "테이블 중앙의 접시 위에 올려진 빨간 사과가 보인다"고 답했다. 시연자가 "뭐 좀 먹어도 되냐"고 묻자 "물론"이라고 대답하며 사과를 집어 건넸다. 시연자가 바구니에 든 쓰레기를 로봇 앞에 쏟아부으며 "왜 방금 사과를 건넸는지를 설명해줄 수 있느냐"고 묻자 피규어 01은 버려진 쓰레기를 주우며 "사과가 테이블에서 유일하게 먹을 수 있는 것이기 때문에 주었다"고 답했다. '사과'라는 물체를 인식한 것을 넘어, '먹을 수 있는 것'이라는 속성도 파악한 것이다. 접시들이 어디로 가야 할 것 같으냐는 질문에도 "테이블 위에 있는 접시와 컵은 건조대로 가야 할 것 같다"고 답했다. 이후 그것들을 옮겨달라는 요구를 받자, 사람처럼 접시와 컵을 가지런히 정리했다. 로봇의 동작은 사람만큼 빠르진 않았지만 아주 느리지도 않았다. 현재 피규어 01은 미국 사우스캐롤라이나주 BMW 생산 공장에 투입되어 자동차 생산과정에 배치 가능한지 여부를 테스트받고 있다.[17]

이처럼 인공지능 기술은 기존에는 흉내 내지 못했던 인간의 인지적인 영역을 빠르게 모방하면서 기존의 기술과 연결되며 한없이 인간을 닮아가고 있다. 인간이 가진 육체적·정신적 특성을 모방하고 강화하며 우리가 할 수 있는 모든 활동들을 차근차근 자동화하고 있다. 그렇다면 이번에야말로 인공지능으로 무장한 기계가 우리의 일자리를 빼앗아갈까? 기술 발전에 의한 자동화로 대량 실업이 발생할까? 수십억명이 경제적 잉여 인력으로 몰락할까?

인간에게 물어야 한다

전문가들은 인공지능 기술이 일자리에 미칠 영향력이 클 것으로 예측하면서도 과도한 우려는 주의해야 한다고 말한다. 경제협력개발기구^{OECD}도 '인공지능 기술이 사람을 대체할 가능성이 있고 이러한 점이 임금 감소와 실업에 대한 공포를 키우게 될 것'이라고 말하면서도 '인공지능이 일하는 방식을 변화시킬 수는 있어도 인간의 일자리 자체를 없애지는 않을 것'이라고 전망했다.[18] 이들이 이렇게 말하는 이유는 기술의 발전에 따른 일자리 변화에 불확실성이 존재하기 때문이다. 이러한 점은 관련 연구 결과만 살펴봐도 알 수 있다. 인공지능으로 인한 일자리 증가와 감소를 예측한 연구들은 연구 연도와 연구 주체, 연구 방법에 따라 결과가 매우 다르고 변동성이 매우 높다. 연구 결과의 변동성이 높은 이유는 기술의 발전 정도를 예측하기 어렵기 때문이기도 하지만 일자리의 증가와 감소에 영향을 미치는 요인으로 작용하는 것이 기술만은 아니기 때문이다.

일자리는 기술뿐 아니라 사회가 함께 공유하고 있는 가치관, 사회문화적 환경, 산업구조의 변화, 정부정책 등 여러 요소의 영향을 받는다. 샌타바버라 캘리포니아대 교수 맷 빈$^{Matt\ Beane}$은 『월스트리트저널』$^{The\ Wall\ Street\ Journal}$과의 인터뷰에서 "업무의 인공지능 기술에 대한 노출 정도는 무엇이 어떻게 달라질지에 관해 아무것도 예측하지 못한다"고 하면서 "사람은 자신의 이해관계를 위협하는 변화에는 저항하기 마련"이라고 덧붙였다.[19] 또한 기술은 씨앗 같은 구석이 있어 아무리 기술이 개발되어 있어도 적절한 환경과 자극이 주어지지 않으면 확산되기 어렵다. 기업의 필요성이나 사회문화적 필요성, 정책적 지원 같은 외부 환경의 영향을 받는다. 실제로 우리 노동시장에 급격한 변화를 불러왔던 디지털화와 비대면화도 기술만으로 이루어진 것은 아니었다. 디지털화와 비대면화 기술의 급격한 확산에는 코로나19라는 전대미문의 전세계적 재난이 있었다. 실제로 코로나19는 전세계 노동시장의 8.8퍼센트를 감소[20]시킴과 동시에 키오스크kiosk와 같은 디지털화를 촉진했다. 코로나19가 아니었다면 재택근무 같은 전면적인 원격근무의 확산과 디지털화는 어려웠을 것이다.

'직업'과 '업무'를 구분해 생각해볼 필요도 있다. 우리의 직업은 어떤 일을 수행하기 위한 수많은 업무로 구성되어 있다. 그 업무 중에는 인공지능 기술로 인해 자동화될 수 있는 부분도 있지만 그렇지 않은 부분도 있다. 일부 업무는 자동화될 수 있지만 일부 업무는 그렇지 않다. 챗GPT를 만든 오픈AI의 CEO 샘 올트먼Sam Altman도 "인공지능으로 인해 일자리가 대체되는지에 대한 질문을 자주 받는다"고 말하며 "이 질문에는 확실히 답할 수 없지만 전체 일자리가 아닌 5분, 1시간, 1주일짜리 일 등의 업무task가 대체되는가로 질문을 한다면 대답하기 쉽다"고 답했다.[21] 직업과 업무를 분리해 생각해야 한다는 이야기다. 매킨지 글로벌 연구소도 이와 비슷한 의견을 내놓았다. 고학력, 전문직의 업무가 인공지능 기술에 더 많이 노출되는 것은 사실이지만 그것이 일자리가 없어지는 것과 바로 연결되는 것은 아니라고 보았다. 오히려 관련 기술을 업무에 적용해 기존보다 생산성을 높일 수 있을 것으로 판단했다. 단순 반복적으로 일어나는 업무는 인공지능 기술을 활용해 효율을 높이고, 창의적이고 전략적인 업무에 더 많은 시간을 할애해 생산성을 높일 수 있을 것으로 예상한 것이다.[22]

사람들이 가진 심리적 저항도 무시할 수 없다. 기술적으로 자동화가 가능하다 해도 심리적으로 기계에게 맡기기 싫은 일들, 인간의 확인을 거치고 인간의 손길을 통해 받고 싶은 일들이 있다. 안전을 다루는 업무나, 잘잘못을 가르는 일, 감정을 다루는 업무가 그렇다. 이러한 일자리의 일부 업무는 인공지능 기술에 의해 자동화될 수 있지만, 최종적인 판단과 소통은 여전히 인간이 담당하게 될 확률이 높다. 인간인 우리가 그것을 원하기 때문이다. 결국 인공지능이 우리의 일자리를 빼앗아갈지, 기술 발전에 의한 자동화로 대량 실업이 발생할지, 수십억명이 경제적 잉여 인력으로 몰락할지 아닐지는 인공지능 '기술'이 아닌 '인간'에게 물어야 한다. 인간의 일자리를 결정하는 것은 그 기술을 채택하는 인간이기 때문이다. 그래서 우리가 해야 할 질문은 '인공지능이 우리의 일자리를 빼앗을 것인가?'가 아니라 우리가 '인공지능 기술을 활용해 무엇을 하고, 무엇은 하지 않을 것인가?'다. 인공지능 기술로 '어디까지 자동화가 가능할 것인가?'를 물을 것이 아니라, '무엇을 자동화하고 무엇은 자동화하지 않을 것인가?'를 물어야 한다. 그 역할과 범위를 어디까지로 하고 어디서부터는 제한할 것인지 묻고 따져야 한다. 그 과정에서 기업이 중요시하는 비용과 효율과 생산성 같은 경제적 가치뿐 아니라 우리 삶에 전반적인 영향을 미치는 사회적·문화적·윤리적 가치를 함께 물어야 한다.

변화의 조짐들

인공지능 기술로 인해 대규모 실업이 일어나지 않는다 해도 현재 우리의 일과 일자리에 급격한 변화가 일어나고 있는 것은 사실이다. 생성형 인공지능 기술이 적용된 서비스와 인공지능으로 증강된 로봇의 활용이 거의 모든 분야의 일을 바꿔놓을 것이라는 관측에도 이견이 없다. 인공지능 기술의 발전이 일과 일자리에 가져오는 변화는 구체적으로 어떤 모습일까? 그 변화의 흐름은 어떤 방향일까?

가장 분명하게 보이는 변화의 흐름은 일하는 방식의 변화다. 이른바 '인간과 인공지능의 협업'이다. 업무 일부에 인공지능 기술을 도입해 전체 업무를 효율화하고 생산성을 높이는 것을 말한다. 인터뷰 영상 편집자가 영상을 편집할 때 인공지능 기술을 활용해 가편집한 후 추가 편집을 통해 영상의 완성도를 높이는 것이 여기에 해당한다. 단순하고 반복적인 작업을 인공지능으로 자동화해 업무 시간을 단축하고, 창의성을 발휘할 수 있는 업무에 시간을 투자하는 것이다. 현업에서도 인공지능을 활용해 업무를 처리하는 비율이 급격히 늘었다. 2024년 5월 마이크로소프트와 링크드인^{LinkedIn}이 발표한 「업무 동향 지표 2024」에 따르면 전세계 지식노동자 4명 중 3명이 직장에서 인공지능 기술을 활용하고 있는 것으로 나타났다.[23] 한국을 포함한 31개국 3만 1,000명을 대상으로 한 설문조사 결과와 마이크로소프트 365에서 수집한 데이터, 링크드인의 노동시장 트렌드를 분석해 얻은 결과다. 한국에서도 73퍼센트의 직장인이 업무를 수행할 때 인공지능 기술을 활용하고 있는 것으로 조사됐다. 주로 챗GPT나 코파일럿^{Copilot} 같은 서비스였다. 기술의 활용은 회사의 권유보다 직원들의 자발적 사용이 더 많았다. 업무에 인공지능 서비스를 활용하고 있는 사용자 중 78퍼센트가 개인적인 비용으로 인공지능 도구를 사용하고 있었다. 이들이 자신의 비용을 들여서까지 업무에 인공지능 서비스를 도입한 이유는 간단했다. 시간을 절약하고(90퍼센트), 중요한 업무에 집중하고(85퍼센트), 창의력을 발휘하고(84퍼센트), 일을 더 즐겁게(83퍼센트) 하기 위해서였다.

취업과 채용 시장에도 변화의 조짐이 보였다. 76퍼센트의 사람이 취업 시장에서 경쟁력을 유지하려면 인공지능 기술을 활용할 수 있는 역량이 필요하다고 보았다. 69퍼센트의 사람들은 인공지능을 잘 사용할 수 있는 역량이 더 빠르게 승진하는 데 도움이 될 것이라고 믿었다. 79퍼센트의 사람들은 인공지능을 잘 다룰 수 있는 역량이 취업 기회를 넓힐 것으로 생각했다. 전세계적으로 구인·

구직이 활발하게 일어나는 링크드인 프로필에 챗GPT나 코파일럿 같은 인공지능 기술을 추가하는 사람이 142배 증가했다. 작가, 디자이너, 마케팅 담당자, 프로젝트 관리자, 건축가, 행정 보조원 등 다양했다. 이들의 이러한 생각은 추측만이 아니었다. 실제로 많은 기업이 채용시 인공지능 활용 역량을 중요시하는 것으로 나타났다. 조직 리더의 66퍼센트가 인공지능을 활용할 수 있는 기술을 보유하지 않은 지원자는 채용하지 않겠다고 답했다. 한국의 리더 77퍼센트는 인공지능 활용 능력을 채용의 우선순위로 답했다. 전 세계 71퍼센트의 조직 리더들은, 직무 경험은 많은데 인공지능 기술을 활용해본 적이 없는 지원자와 직무 경험은 적은데 인공지능 기술 활용 역량을 갖춘 지원자 중에 한쪽을 선택해야 한다면, 직무 경험이 적더라도 인공지능 기술 활용 역량을 갖춘 지원자를 뽑겠다고 말했다. 인공지능을 활용할 수 있는 역량이 채용에 중요한 기준이 된 셈이다.

반대의 경우도 마찬가지다. 기업의 인공지능 도입 여부가 구인에 영향을 미쳤다. 채용 게시물에 인공지능이나 생성형 인공지능 서비스를 언급한 경우, 이를 언급하지 않았을 경우보다 지원자 증가율이 17퍼센트 더 높아졌다. 22퍼센트의 채용 담당자가 구인을 진행하고 있는 직무에서 생성형 인공지능 도구를 사용하는 것을 반영하기 위해 직무 설명을 업데이트했다고 답했고, 12퍼센트의 채용 담당자는 생성적 인공지능 기술을 활용한 새로운 직무를 만들고 있다고 답했다. 구인과 구직 모두에서 인공지능 기술의 활용 여부가 중요해졌다. 인공지능이 인간의 일자리를 대체하는 것이 아니라, 인공지능 기술을 활용할 줄 모르는 사람이 인공지능 기술을 활용할 줄 아는 사람에 의해 대체되는 현상이 발생하기 시작했다.

인공지능 기술의 발전은 1인 기업가^{solopreneur}의 확산을 촉진하기도 한다.[24] 기업을 운영하는 데 필요한 다양한 종류의 업무를 인공지능 서비스를 활용해 상당 부분 자동화할 수 있기 때문이다. 리서치가 필요할 때는 출처 확인이 쉬운 퍼플렉시티^{Perplexity}나 마이크로소프트의 코파일럿을 활용해 리서치할 수 있다. 새로운 서비스나 기능을 기획할 때는 구체적인 역할을 부여한 챗GPT나 클로드^{Claude}와 대화를 주고받으며 아이디어를 발전시킬 수 있다. 발표용 파일을 만들 때는 감마^{Gamma}, 덱토퍼스^{Decktopus}, 슬라이드AI^{SlideAI}를 사용해 시간을 절약할 수 있다. 코딩해야 할 때는 커서AI^{CursorAI}나 클로드의 도움을 받을 수 있다. 회의록을 작성할 때도, 데이터를 분석할 때도, 이메일을 보낼 때도, 마케팅을 할 때도 인공지능 기술을 활용해 시간을 절약할 수 있다. 예전이라면 몇십명의 직원이 필요했던 일들을 인공지능 기술의 도움을 받아 혼자 처리할 수 있을 뿐 아니라, 누군가에게 고용되길 기다리지 않고 스스로 사업을 기획해 1인 기업가가 될 수 있다. 오픈AI의 CEO 샘 올트먼도 생성형 인공지능의 발전으로 "1인 창업자도 10억 달러(한화 1조 4,000억 원) 가치의 거대 신생 기업을 쉽게 만들 수 있는 시대가 올 것"이라고 말하며 1인 기업의 확산을 전망했다.[25] 미국의 벤처사업가이자 IT 마케팅 기업 레이트 체크아웃[Late Checkout]의 CEO인 그레그 아이젠버그[Greg Isenberg]도 "앞으로 5년 뒤 연 매출 2,500만 달러(약 350억원)를 달성한 수많은 1인 창업가들을 볼 수 있을 거라 예상한다"고 말했다.[26]

직업과 직장에 대한 개념도 변하고 있다. 여러개의 직업을 동시에 가지는 일이 이전보다 쉬워졌다. 인공지능 기술을 활용해 업무의 효율성과 생산성을 높이고 남은 시간에 다른 일을 할 수 있다. 그렇게 절약한 시간에 본업이 아닌 부업을 할 수도 있고, 성격이 다른 여러개의 직업을 병행할 수도 있다. 직장을 다니면서 SNS에 콘텐츠를 올려 수익을 창출할 수도 있고, 프리랜서로 일하는 동시에 유튜버나 작가로 활동할 수 있다. 인공지능으로 생성한 동영상이나 글을 유튜브, 인스타그램, 블로그에 올려 수익을 얻을 수 있고, 생성형 인공지능 서비스로 제작한 이미지나 동영상을 스톡 사이트에 올려 수익을 창출할 수도 있다. 이런 사례가 증가하는 이유는 여러가지다. 이를 중계하는 디지털 플랫폼의 증가, 대중화로 인한 접근성 향상, 불안정한 고용과 좀처럼 오르지 않는 임금, 가치와 의미를 찾을 수 없는 업무 때문이다. 인공지능 기술의 발달은 이러한 현상을 가속화하는 촉진제에 불과하다. 전통적인 장기 계약이 아닌 단기간이나 프로젝트 기반의 일자리가 증가하는 등 고용 형태의 변화도 가속화되고 있다. 기업이나 노동자의 필요에 따라 단기 계약으로 일하거나 임시직으로 일하는 긱 이코노미$^{\text{gig economy}}$가 대표적이다.

이런 종류의 일자리가 늘어나는 이유는 다양하다. 기업이 최소의 비용으로 최대의 수익을 추구하는 과정에서 정규직을 적게 뽑기도 하고, 사람들이 직장과 직업에 부여하는 가치가 달라졌기 때문이기도 하다. 기업의 경우 정규직 인력을 채용하는 데 더욱 인색해졌다. 인공지능 기술을 활용해 업무의 자동화가 일어나는 과정에서 기업이 필요로 하는 인력의 조건과 숫자가 수시로 변하고 있고, 단기 계약만으로도 필요한 인력을 쉽게 충당할 수 있는 환경이 조성되었기 때문이다. 비용을 절감하고 수익성을 극대화하기 위해 이전에는 직접 고용했던 개발자나 마케터, 서비스 직군의 인력을 긱 워커$^{\text{gig worker}}$로 대체하기도 한다. 미국에서는 이미 48퍼센트의 기업이 프리랜서를 고용하고 있다. 긱 워커와 원격근무 기반의 혼합 모델을 미래의 핵심 경쟁력으로 보기도 한다.[27] 구직자의 경우도 마찬가지다. 디지털에 익숙한 세대는 자신이 일할 기간과 일하는 방법, 일하는 장소를 선택할 수 있는 긱 이코노미를 더 선호하기도 한다. 코로나19를 통해 재택근무와 유연근무를 경험한 사람들은 회사가 정한 '사무실'에 정해진 시간에 출근하고 퇴근하는 것이 필수는 아니라는 사실을 깨달았다. 업무시간과 장소에 대한 유연성과 자율성을 추구하는 사람들이 늘었다. 사회적 성공과 경제적 성공만큼이나 일과 삶의 균형과 같이 개인적 행복과 가치를 중요하게 생각하는 사람도 늘었다. 2022년 보스턴컨설팅그룹^{BCG}이 조사한 내용에 따르면 국내 전체 취업자 2,600만명 중 약 1,000만명(39퍼센트)이 긱 워커인 것으로 파악됐다. 특이한 점은 이들 중 88퍼센트가 계속해서 긱 이코노미에 종사하고 싶다고 응답했다는 사실이다.[28] 분명 이전과는 다른 변화다.

자본주의의 칼갈이

이렇게만 보면 인공지능 기술의 발전이 우리의 일자리를 위협하는 게 아니라 더 많은 기회를 부여하는 것처럼 보인다. 더 중요하고 가치 있는 일에 더 많은 시간을 할애할 수 있도록 도와주는 도구 같기도 하고, 학습 과정이 필요하긴 하지만 관련 기술만 습득하고 나면 취업의 기회도 많아 보이기 때문이다. 인공지능 도구를 활용해 업무를 효율화하고 1인 사업가로 창업할 수 있는 것도 매력적이다. 하지만 모두가 이런 혜택을 누릴 수 있는 것은 아니다. 찬란해 보이는 모든 기술에는 그림자가 있다.

가장 많이 이야기되는 문제는 불평등의 심화다. 인공지능이 대량 실업을 가져오지 않는다 해도 불평등을 심화할 가능성은 크다. 그중 하나는 일자리 양극화다. 인공지능 기술을 사용하는 숙련도가 높은 고소득 노동자와 그렇지 않은 저숙련 노동자 사이의 불평등이 심화될 수 있다. 생산성에 따른 임금 격차가 더 벌어지기 때문이다. 하지만 일부 전문가들은 반대되는 예측을 하기도 한다. 인공지능 기술의 발전이 직종 간 이동의 장벽을 낮추고, 노동자 간의 임금 격차를 줄여 불평등을 해소하는 데 도움이 될 수 있다고 본다. "인공지능 기술이 전통적인 엘리트 고등교육을 불필요하게 만들어 고숙련 직종의 진입장벽을 낮출 수 있다."[29] 노동경제학자이자 MIT 경제학 교수인 데이비드 오터David Autor의 주장이다. 그는 다양한 배경의 노동자들이 인공지능 기술을 활용해 전문지식이라고 여겨졌던 고도화된 지식에 접근할 수 있게 되면서 과거에는 진입장벽이 높았던 직종 간의 벽이 점점 더 낮아질 수 있다고 보았다. '적절한 기초 훈련'만 받으면 일부 엘리트 전문가에게만 허용되던 업무를 더 많은 사람들이 수행할 수 있다고 본 것이다. 그의 주장도 일리가 있다. 분명 일부 사람들은 인공지능 기술을 활용해 기존에는 생각지 못했던 전문직 일자리를 얻거나 전문지식을 활용해 창업할 수도 있다. 하지만 문제는 '학습'이다. 모든 변화에 적응하기 위해서는 충분한 학습과 시간이 필요하다. 이들이 인공지능 기술을 새롭게 배우고 새로운 직업에 안착하기 위해서는 개인의 노력뿐 아니라 사회적 지원이 함께 수반되어야 한다.

앞에서 살펴보았듯이 고숙련, 전문직 일자리도 안전하지 않다. 인공지능 기술은 이들의 능력 향상을 위한 도구가 되기도 하지만 이들의 일자리를 위협하는 요인이 되기도 한다. 기업이 인공지능 기술을 도입해 기존보다 더 적은 인원으로 기존과 동일하거나 더 높은 생산성을 낼 수 있기 때문이다. 기존에 10명이 필요했던 일을 4~5명으로 해결할 수 있다. 실제로 전문직, 고소득 일자리로 선망받던 실리콘밸리의 IT 대기업에도 해고의 바람이 불었다. 구글과 아마존, 메타, 마이크로소프트에서 적게는 수백명, 많게는 수만명의 사람이 해고되었다.[30] 표면적인 해고 사유는 인공지능 기술의 개발 투자에 집중한다는 이유였다. 하지만 해고된 사람의 수에 맞먹는 대규모 채용은 없었다. 미국 컴퓨팅기술산업협회^{CompTIA}에 따르면 지난 2019년 월평균 약 30만 8,000건에 달했던 신규 기술직 채용 공고는 2024년 4월 기준 18만건으로 급감한 것으로 나타났다.[31] 물론 이들 중 상당수는 새로운 기술을 학습해 이직할 수 있고, 인공지능 기술을 활용해 1인 기업가가 될 수도 있다. 하지만 일부는 기업에 필요할 때만 고용되는 긱 워커가 될 수 있다. 일반적으로 기업에서 긱 워커를 고용하는 이유는 비용과 효율 때문이다. 필요한 인력은 활용하되 인건비와 직원 복지, 교육에 들어가는 고정비용을 줄이기 위해서다. 물론 이런 상황에서도 기업을 상대로 협상력을 갖춘 일부 긱 워커는 긱 이코노미의 장점만 취할 수 있다. 원하는 장소에서, 원하는 방식으로 인공지능 기술을 활용해 이전보다 짧은 시간 동안 일하고 높은 수익을 얻을 수 있다. 하지만 기업을 상대로 협상력을 가질 수 있는 사람의 수는 많지 않다. 회사의 지원 없이 개인적으로 자신의 역량 향상을 위해 학습을 지속하는 것도 쉬운 일이 아니다.

사실 불평등을 완화하는 방법은 간단하다. 인공지능 기술을 적용할 분야와 적용하지 않을 분야를 기업에 일방적으로 맡길 게 아니라 함께 논의해 정하고, 기술의 발전이 가져올 이익을 모두가 누릴 수 있도록 하면 된다. 인공지능으로 높아진 생산성의 혜택이 최대한 많은 계층에 골고루 돌아가게 만들면 된다. 인공지능 기술을 노동자를 대체하거나 관리하는 데만 사용하지 않고 노동자의 업무를 돕는 방향으로 사용하고, 발생한 이익을 나누면 된다. 하지만 예측되는 미래는 그리 낙관적이지 않다. 지금처럼 시장과 기업에만 맡긴다면 인공지능 기술로 향상된 생산성과 그로 인해 증가한 부는 일부 기업과 소수의 사람에게만 돌아갈 확률이 높다. 이는 그동안 우리가 살아온 역사가 오랜 시간 반복적으로 증명해온 사실이다. 세계적인 SF소설 작가 테드 창[Ted Chiang]도 "너무나 많은 기업의 경영진이 인건비를 줄이려 인공지능을 쓴다"고 하면서, "인공지능이 자본주의의 칼을 더 날카롭게 가는 '칼갈이'로 작용하고 있다"고 말했다.[32] 그의 말처럼 인공지능 기술이 더 많은 이윤을 내기 위한 도구로만 쓰인다면 불평등은 더욱 심화될 수밖에 없다. 인공지능 기술의 도입과 활용을 시장에만 맡길 것이 아니라 정부와 사회 구성원 모두 관심을 가지고 견제하고 개입해야 하는 이유다.

가지 않은 길

2023년 미국 할리우드에서 일어난 시위의 결과는 어떻게 되었을까? 2023년 5월 2일 시작한 미국 작가조합의 파업은 9월 27일 끝났다. 파업을 시작한 지 148일 만의 일이었다. 결과는 작가조합의 승리였다.[33] 미국 작가조합이 발표한 합의각서에 따르면 제작사는 작가의 수나 임금을 줄이기 위해 챗GPT 같은 생성형 인공지능을 남용할 수 없게 되었다. 제작사는 생성형 인공지능 기술을 활용해 작품 관련 자료를 작성하거나 재작성할 수 없게 되었다. 인공지능이 작성한 자료가 작가의 크레디트^{credit}나 저작인접권을 침해할 수 없게 되었다. 작가는 회사가 동의하고 회사의 정책을 준수할 경우, 글을 쓸 때 인공지능을 활용할 수 있으나 회사는 작가에게 인공지능 사용을 강요할 수 없게 되었다. 인공지능 기술의 사용 여부를 노동의 주체인 작가에게 맡긴 것이다. 또한 제작사는 작가에게 제공된 자료가 인공지능이 만들었거나 인공지능이 만든 자료가 포함된 경우, 이를 작가에게 미리 공지하도록 했다. 불공평했던 수익 분배도 재조정되었다. 재상영 분배금과 상여금 규정이 개정되었다. 작가들도 스트리밍 플랫폼의 가입자 수와 조회수에 비례해 재상영 분배금과 상여금을 받을 수 있게 되었다.[34] 또한 미국 작가조합과 제작사 연합은 1년에 2회씩 인공지능이 영화산업의 발전과 작품 제작에 어떻게 사용될 수 있는지에 대해 함께 논의하는 자리를 갖기로 했다. 당연하지만 그동안 당연하게 지켜지지 않았던 일들이 조금씩 제자리를 찾아갔다. 1만 1,500명의 작가들이 파업으로 생계가 어려운 환경에서도 동료들과 연대해 함께 끌어낸 결과였다.

미국 배우방송인노동조합도 2023년 11월 합의에 도달했다.[35] 파업 118일 만의 일이었다. 합의 결과 배우들의 최저임금이 인상되었고 스트리밍 플랫폼의 재상영 분배금도 늘었다. 인공지능 기술을 활용한 배우의 합성 연기자를 만드는 것은 막지 못했지만, 제작 및 사용시 당사자의 동의 없이 진행될 수 없게 되었다. 배우의 복제본을 사용할 때도 배우에게 복제본의 사용처를 정확히 알려주고 활용할 때마다 배우에게 적합한 보상이 돌아가도록 했다. 복제에 대한 기준도 정립됐다. 생성형 인공지능으로 제작한 합성 연기자의 눈, 코, 입 등 얼굴의 주요 특징이 특정 연기자를 연상시키면 기존 배우의 동의를 구하도록 했다. 각각 외형의 특징을 배합해 사용할 때도 배우와 개별적 합의를 거치도록 했다. 하지만 인공지능을 훈련하는 데 기존 배우의 연기를 사용하는 것을 금지하지는 못했다. 제작사에 비해 협상력이 약한 배우가 제작사와의 계약 과정에서 인공지능 학습 및 사용을 강요당할 수 있다는 점에서 배우의 권리를 보호할 대비책이 부족하다는 비판도 제기됐다.[36]

미국의 작가연합과 배우조합의 파업 및 협상의 결과가 우리에게 주는 교훈은 단순하다. 기술적으로 가능하다고 해서 그것을 무조건 수용할 필요는 없다는 사실이다. 인공지능의 기술적 가능 여부와 별개로 그 능력을 어떻게 사용할지 결정하는 것은 온전히 인간의 일이다. 기업과 고용주가 우리에게 그것을 강요한다고 해서 우리가 그것을 우리의 일터에 고스란히 받아들일 필요는 없다. 우리가 기억해야 할 사실은 인공지능 '기술'이 우리의 일자리를 빼앗는 것이 아니라, 그 기술을 활용하기로 결정한 '인간'이 우리의 일자리를 빼앗는다는 사실이다. 그렇기 때문에 우리가 경계해야 할 것은 기술의 발전이 아니라 기술을 이윤 추구의 도구로만 사용하려는 인간의 욕망이다.

기술에 대해서도 마찬가지다. 기술의 발전을 경계하고 걱정만 할 것이 아니라, 인공지능 기술이 현재 내가 하는 일에 구체적으로 어떤 영향을 미칠지 미리 인지하고 대비하는 일이 필요하다. 인공지능이 무엇을 할 수 있을지가 아니라, 우리가 인공지능을 활용해 무엇을 할 수 있을지 고민해야 한다. 자신의 전체 업무 과정에서 어느 부분에 인공지능이 도입될 수 있는지 미리 알아보고, 어떤 일에 인공지능의 도움을 받고 어떤 일에는 인공지능이 개입하지 못하게 할 것인지 결정해야 한다. 미국 작가조합이 인공지능 기술을 작가들의 일자리를 줄이는 수단으로 사용하지 못하게 하고 자신들의 업무 효율을 향상하는 도구로만 활용하기로 합의한 것처럼, 인공지능 기술에 대한 구체적 이해를 바탕으로 우리가 주도권을 갖고 인공지능 기술을 우리의 업무와 일자리에 어떻게 적용할지 제안해야 한다.

전문가들은 인공지능이 우리의 일자리에 많은 영향을 미치는 것은 명확하지만 어떤 방식으로 영향을 미칠지는 아직 불명확하다고 말한다. 인공지능 기술이 우리의 일과 삶에 도움이 되는 도구가 될지, 실업과 저임금에 시달리게 하는 수단이 될지 아직 결정되지 않았다는 의미다. 우리에겐 아직 협상할 여지가 남아 있다. "노동하지 않으면 삶은 부패한다. 그러나 영혼 없는 노동은 삶을 질식시킨다." 알베르 카뮈Albert Camus의 말대로 노동은 우리를 먹여 살리는 수단인 동시에 우리의 영혼을 부패하지 않게 만드는 요소다. 건강하고 행복한 삶의 조건 중 하나기도 하다. 한없이 우리를 닮아가는 인공지능 기술은 우리를 대체할 수도 있고, 우리를 보조하는 도구가 될 수도 있다. 그 결정을 기업과 시장의 손에만 맡기는 것은 매우 위험한 일이다. 그렇기에 우리가 지금 해야 할 것은 얼마나 많은 일자리가 없어질지 '예측하는 일'이 아니라 인간답게 살 수 있는 미래를 '만드는 일'이다. 어떻게 하면 더 인간답게 일할 수 있는지, 더 인간다운 일자리를 만들 수 있는지 논의하고, 연대하고, 견제하는 일이다. 우리의 손으로 일의 미래를 결정할 수 있는 마지막 순간이 얼마 남지 않았다.

8장
배움과 교육

무엇을 배우고, 어떻게 학습해야 하는가?

"구덩이에서 빠져나오고 싶니?
그러면 먼저 삽을 내려놓아야 해."

You want to get out of the hole?
First, your're going to have put down the shovel.

―영화「인크레더블 2」(Incredibles 2)

아무도 모른다

"무엇을 배우든 어차피 인공지능이 더 잘할 텐데 공부를 왜 해야 해?"

자녀가 이렇게 물으면 뭐라고 답해야 할까? 이런 질문을 딸에게 듣게 된 부모가 있다. 그의 이름은 로라. 그는 갑작스럽게 떨어진 아이의 성적표를 들고 아이의 방을 찾았다. 아이의 성적은 전에 없이 급격하게 떨어졌다. 어떻게 된 거냐고 묻는 말에 딸은 이번 시험이 어려웠다고 답했다. 그런 딸에게 네가 얼마나 잘할 수 있는 아이인지 안다고 말했다. 네가 마음만 먹는다면 무엇이든 할 수 있다고도 덧붙였다. 하지만 돌아온 딸의 대답은 냉소적이었다. 의사가 되고 싶은 꿈이 있다 하더라도 꿈을 이루려면 7년이 넘게 걸릴

텐데, 그때가 되면 인공지능 로봇에게 수술을 넘겨줘야 할 거라고 대답했다. 딸의 말에 달리 할 말을 찾지 못한 로라는 그저 네가 최선을 다하길 바란다고 말했다. 하지만 돌아온 반응은 차가웠다. 딸은 그저 최선을 다하는 일은 아무런 가치가 없다고 대꾸했다.

글의 시작을 연 이야기는 2015년부터 2018년까지 영국과 미국에서 방영된 SF 드라마 「휴먼스」Humans의 일부다. 인간을 닮은 인공지능 로봇이 대중화된 미래에 인간과 기계 사이의 경계가 모호해지면서 일어날 수 있는 일들을 담은 드라마다. 아직 다가오지 않은 미래지만 이야기 속 아이의 질문은 지금도 유효하다. 다만 시대가 다른 만큼 약간의 변주가 있다. 요즘 아이들은 인공지능에게 물어보면 되는데 왜 배워야 하는지 모르겠다고 묻는다. 번역기가 알아서 번역해주는데 왜 외국어를 배워야 하느냐고 묻는다. 인공지능 도구를 활용하면 글을 쓰는 것도, 그림을 그리는 것도, 코딩을 하는 것도 가능한데 왜 배워야 하느냐고 묻는다. 어떻게 보면 아이들의 질문은 당연하다. 생성형 인공지능 기술의 발달로 오랜 시간 학습하고 연습해야만 할 수 있었던 일들을 이제는 학습 없이도 손쉽게 할 수 있기 때문이다. 콴다QANDA 같은 인공지능 서비스를 사용하면 혼자서는 풀기 어려웠던 수학 문제의 답을 풀이 과정을 포함해 손쉽게 알아낼 수 있다. 이전에는 몇날 며칠 걸려서 써야 했던 리포트도 챗GPT나 클로드, 퍼플렉시티를 활용하면 몇시간 만에 완성할 수 있다. 굳이 배우지 않고도 그럴듯한 답과 결과물을 얻을 수 있게 되었다.

변화는 그뿐만이 아니다. 오랜 시간 동안 배움과 학습은 현재를 위한 것이기보다 더 나은 미래를 위한 것이었다. 근대 이후 제도화된 교육은 사회에서 필요로 하는 인력을 빠르게 키워내고 인증하는 데 최적화되어 있었다. 모든 교육과정에는 도달해야 할 목표가 정해져 있었고, 목표의 끝에는 좋은 대학과 직장이 있었다. 하지만 생성형 인공지능 기술은 모든 것을 바꾸기 시작했다. 지식을 쌓고 기술을 익히는 것만으로는 부족하게 되었다. 지식과 기술은 인공지능도 흉내 낼 수 있기 때문이다. 또한 어떤 직업이 인공지능으로부터 안전할지도 예측할 수 없게 되었다. 좋은 대학을 간다고 해서 좋은 직장을 얻는다는 보장도 없어졌다. 하지만 아무 준비 없이 미래를 맞이할 수도 없다. 이제 우리 앞에는 새로운 질문들이 놓여 있다.

- 이렇게 변화된 환경에선 무엇을 배우고 가르쳐야 할까?
- 불확실하고 예측 불가능한 시대에는 무엇을 목표로 학습해야 할까?
- 오랜 시간 학습의 대상이던 '지식'^{knowledge}과 '기술'^{skill}이 인공지능에 의해 자동화되고 있는 상황에선 무엇을 학습의 대상으로 삼아야 할까?

당신의 첫번째 직업

무엇을 배우고 학습할지 고민하기 전에 알아야 할 사실이 한가지 있다. 앞으로 살게 될 세상은 그동안 우리가 살아왔던 세상과는 다를 것이라는 사실이다. 달라질 개념 중에 '학습'과 '일'이 있다. 그동안 우리 삶은 배우는 시기와 일하는 시기가 나뉘어 있었다. 학생 시기의 인생 초반에 집중적으로 배우고, 성년이 된 이후에는 배운 지식과 기술을 바탕으로 일했다. 일하는 동안 새로운 지식과 기술을 익히기도 했지만, 그리하지 않아도 문제없는 경우도 많았다. 직업도 마찬가지다. 살면서 여러개의 직업을 갖는 사람도 있지만, 모두에게 흔하게 일어나는 일은 아니었다.

하지만 이제는 아니다. 빠르게 발전하는 기술이 직업의 수명을 단축시키고 있기 때문이다. 요구하는 업무 역량도 바뀌고 있다. 이런 환경은 우리에게 끊임없는 학습을 요구한다. 물론 과거에도 학습은 필요했다. 달라진 것은 지식의 유통기한이다. 예전엔 한번 배운 지식을 꽤 긴 시간 써먹을 수 있었다. 하지만 이제는 그 지식과 기술의 유통기한이 짧아졌다. 배우고 학습하는 일은 학생들만의 일이 아닌, 모두의 일이 되었다. 직업의 개념도 마찬가지다. 지금까지는 평생 한 사람이 갖는 직업의 수가 그리 많지 않았다. 심지어 평생 한 직장에서만 일하다 은퇴하는 경우도 많았다. 하지만 앞으로는 그렇지 않을 확률이 높다. 미국의 교육과학 전문가 로버타 골린코프Roberta Golinkoff와 캐시 허시-파섹Kathy Hirsh-Pasek은 현재 대학을 졸업하는 학생들은 평생에 걸쳐 열가지 직업을 가지는 일이 흔하게 될 것으로 예측한다.[1] 그 가운데 여덟개는 아직 만들어지지도 않은 직업일 것이라고 전망하기도 한다. 한편 기대수명은 길어지고 직업의 수명은 짧아졌다. 현재 선택한 직업에서 언제까지 일할 수 있을지도 불투명하다. 이렇게 모든 것이 예측 불가능하고 불확실한 상황에서 우리가 알 수 있는 사실은 단 하나다. 변화로부터 절대적으로 안전한 직업과 직장은 없다는 사실이다.

그렇다면 현재 공부하고 있는 것, 목표로 삼고 있는 직업은 아무런 쓸모도 의미도 없는 걸까? 그렇진 않다. 세계는 한순간에 바뀌지 않으며 점진적으로 변하기 때문이다. 아무리 빠르게 인공지능 기술과 기계에 의한 자동화와 변화가 일어난다 해도 그 직업이 하루아침에 없어지진 않는다. 조금씩 사라지고 변해간다. 다만 그 변화의 속도가 이전보다 빠를 뿐이다. 긴 호흡으로 봤을 때 기술 발전과 자동화로부터 안전한 직업은 없다. 그렇기 때문에 현재 우리가 할 수 있는 최선은 이전과 마찬가지로 일하고자 하는 영역에서 요구하는 지식을 학습하고, 필요한 역량을 키우는 것뿐이다. 하지만 달라져야 하는 것도 있다. 학습과 직업을 대하는 태도다. 선택한 직업이 영원하리라는 생각은 버려야 한다. 나의 n번째 직업이라고 생각해야 한다. 학습도 마찬가지다. 성인이 되어서도 배우는 일을 당연하게 생각해야 한다. 배우는 법 자체를 배워야 한다.

무엇을 배우고 학습할 것인가

모든 것이 불확실하고 예측 불가능한 상황에서 배워야 할 것은 무엇일까? 이에 대한 의견은 다양하다. 하지만 대다수의 전문가는 두가지 영역에서 학습이 필요하다는 데 동의한다. 하나는 '기술을 다루는 능력'이고, 다른 하나는 기술이 대체할 수 없는 '인간 고유의 능력'이다.[2] 그렇다면 '기술을 다루는 능력'은 구체적으로 무엇을 의미하며, 기술이 대체할 수 없는 '인간 고유의 능력'은 어떤 역량을 말하는 걸까?

기술을 다루는 능력은 여러 역량을 포함한다. 그중 눈여겨볼 만한 역량은 '기술적 문해력'technological literacy이다. 기술적 문해력은 디지털 환경에서 기술의 원리를 이해하고 활용할 수 있는 능력이다.[3] 생성형 인공지능 기술을 비롯한 다양한 기술적 도구의 원리를 이해하고 효과적·비판적으로 사용할 수 있는 능력이다. 각각의 문제해결 상황에 적합한 디지털 도구들을 활용해 업무와 일의 효율을 높이는 것을 말한다. 구체적으로 어떤 종류의 기술과 도구를 학습해야 할지는 사람마다 다르다. 각각의 분야에서 요구하는 기술과 사용하는 도구가 다르기 때문이다. 이런 종류의 역량은 어떻게 키울 수 있을까? 우선 '경험'이 중요하다. 예컨대 실습에 기반한 학교 수업, 방과 후 활동, 인턴십 등의 경험이 필요하다. 패스트캠퍼스Fastcampus, 코세라Coursera, 유다시티Udacity, 링크드인 러닝LinkedIn Learning 같은 온라인 강좌에서 실제 기업이 진행하는 프로젝트와 유사한 프로젝트를 실습해보며 학습하는 것도 좋다. 하지만 이 모든 것에 앞서 선행되어야 하는 것이 있다. 새로운 기술에 대한 관심이다. 최소한 자신이 일하고 싶거나, 일하고 있는 분야에서 어떤 변화가 일어나고 있는지는 알아야 한다. 해당 분야에서 사용하는 기술과 도구를 알아보고, 직접 사용해봐야 한다. 새롭게 출시한 서비스에 접속해 사용해보고, 기사와 리뷰를 찾아보는 작은 첫걸음이 필요하다.

'데이터 문해력'data literacy도 중요하다. 데이터 문해력은 데이터를 이해하고 다루는 능력으로, 데이터를 수집하고 분석하고 전달하고 활용하는 능력이다.[4] 기술적 문해력이 '도구를 활용'하는 능력에 가깝다면 데이터 문해력은 '재료를 다루는' 능력에 가깝다. 데이터 문해력에서 가장 중요한 역량은 비판적 사고다.[5] 수집한 데이터가 믿을 만하고 편향되지 않은 데이터인지 검증하고 평가하는 일이다. 편향적이고 신뢰할 수 없는 데이터로부터 도출된 결과는 잘못된 결론과 판단으로 이어질 수 있기 때문이다. 수집한 데이터에 개인정보나 보안, 공정성 등의 윤리적 문제가 없는지 검토하는 능력도 중요하다.[6] 문제의식 없이 수집하고 활용한 데이터는 심각한 윤리적 문제를 야기할 수 있기 때문이다. 데이터 문해력을 키우는 방법은 기술적 문해력을 키우는 방법과 유사하다. 바로 '경험'을 통해 키울 수 있다. 평소 관심이 있는 분야나, 일하고 있는 분야에서 주로 어떤 종류의 데이터를 수집하는지, 어떤 도구나 방법론을 사용해 데이터를 분석·활용하는지 눈여겨보는 것에서 시작할 수 있다. 관련 뉴스레터나 유튜브 채널을 구독해 트렌드를 파악하는 것도 좋은 방법이다. 챗GPT나 클로드, 태블로^{Tableau}, 하트카운트^{Heartcount} 등의 인공지능 서비스에 접속해 자신이 수집한 데이터의 분석 및 시각화를 요청해보는 것도 좋다. 무엇이든 직접 수집하고 분석하고 적용하고 개선해보는 경험이 중요하다.

기술을 다루는 능력도 중요하지만, 기술이 대체할 수 없는 '인간 고유의 능력'을 갖추는 일은 더 중요하다. '학습력'이나 '적응력' 같은 인간 고유의 소프트 스킬$^{soft\,skill}$을 갖추는 일이 필요하다. 소프트 스킬은 비기술적인 능력이다.[7] 대인관계나 의사소통, 문제해결, 협업과 같은 개인적 능력이다. 성격이나 태도, 감정 지능, 사회적 상호작용 능력과 관련이 있다는 점에서 업무뿐 아니라 일상의 삶을 사는 데도 중요한 능력이다. 소프트 스킬의 종류는 창의성, 학습력, 비판적 사고, 의사소통 능력, 협업 능력, 회복탄력성, 적응력, 자율성, 사회성, 책임감, 공감 능력, 자기반성 능력 등 다양하다. 하지만 각각의 소프트 스킬이 구체적으로 무엇을 의미하는지 정의하기는 어렵다. 인간 고유의 능력이 다양하게 결합되어 있기 때문이다. 개인적으로 발현되다보니 평가하기도 어렵다. 해당 역량을 보유하고 있는지도 알기 어렵다. 정의하기 어렵고, 보이지 않고, 평가하기도 어려우니 교육하기도 쉽지 않다.

그럼에도 많은 전문가들은 전문적 지식과 실용적 기술을 중심으로 이루어졌던 교육이 소프트 스킬을 키우는 방향으로 바뀌어야 한다고 말한다. 2023년 세계경제포럼은 미래 직업을 위해 학생들에게 전수해야 할 세가지 중요한 기술로 '문제해결 능력, 협업 능력, 적응성'을 꼽았다.[8] 세가지 모두 소프트 스킬이다. 유엔교육과학문화기구인 유네스코^{UNESCO} 역시 미래를 위해 갖춰야 할 주요 역량으로 '감성지능과 공감, 창의성과 분석적 사고, 협업과 원활한 소통 능력, 디지털 문해력과 복잡한 문제해결 능력, 회복탄력성과 인내, 학습력'을 꼽았다.[9] 디지털 문해력을 제외하면 모두 소프트 스킬이다. 특히 창의성^{creativity}, 비판적 사고 능력$^{critical\ thinking}$, 협업^{collaboration}, 소통 능력^{communication}은 그 첫 글자를 따서 4C로 불리며 미래의 주요 역량으로 강조된다.[10] 그런데 소프트 스킬 역량도 학습을 통해 키울 수 있을까?

창의적 뇌의 비밀

여러 소프트 스킬 중 가장 많이 언급되는 것은 창의성이다. 창의성은 어디에서도 빠지지 않고 등장한다. '창의성을 키워야 한다'는 말은 너무 많이 들어 진부하게 느껴질 정도다. 그런데 창의성은 무엇일까? 한 개인이 선천적으로 타고나는 자질이나 성향일까? 아니면 후천적인 학습을 통해 획득할 수 있는 사고 능력일까? 표준국어대사전은 창의성을 '새로운 것을 생각해내는 특성'으로 정의한다. 옥스퍼드 영어사전에선 '무엇인가를 창조하기 위해 상상력이나 독창성을 활용하는 것'으로 정의한다.[11] 하지만 창의성이 무엇인지를 한마디로 정리해 말하기는 어렵다. 창의성을 바라보는 관점이 다양하기 때문이다. 학자마다 학문마다 그 정의가 모두 다르다.[12] 합의된 정의가 없다.

그래도 창의성을 정의하는 데 꼭 들어가는 단어가 있다. '새로움'과 '독창성'이다. 이 두 단어 때문에 오해도 많다. 가장 흔한 오해는 천재나 괴짜, 예술가 같은 일부 사람에게 나타나는 독특한 능력, 타고나는 능력이라는 생각이다. 창의성이 태어날 때부터 가지고 있는 능력이라면 교육이나 학습은 무의미하다. 말 그대로 선천적인 능력이기 때문이다. 하지만 지금은 창의성이 누구나 가질 수 있는 심리적·환경적 능력이라는 데 이견이 없다.[13] 18세기 후반부터 창조의 과정을 연구한 학자들 덕분이다. 현재는 창의성이 일부 사람의 타고난 선천적 능력이 아니라 인간이라면 누구나 성취할 수 있는 능력이라는 걸 안다.

창의성이 발현되기 위해서는 어떤 조건이 필요할까? 사회심리학자이자 하버드대 교수인 테레사 아마빌레Teresa Amabile는 창의성이 발현되기 위한 세가지 요소로 '지식과 경험, 창의적 사고, 내적 동기'를 꼽는다.[14] 어떤 과제를 수행할 때 내적 동기가 충만한 상태에서 지식과 경험을 갖추고 창의적으로 사고하면 창의적 성과가 나올 수 있다는 주장이다. 그의 주장에 따르면 창의성이 발현되기 위해서는 먼저 지식과 경험이 필요하다. 창의성은 '무無'에서 '유有'를 창조하는 능력이 아니기 때문이다. 오히려 기존의 것을 다르게 보는 능력에 가깝다.

이 사실은 2019년 넷플릭스에서 방영된 다큐멘터리에서도 확인할 수 있다. 과학자와 예술가가 창의성의 비밀을 찾는 과정을 담은 「창의적인 뇌의 비밀」The Creative Brain이라는 과학 다큐멘터리였다. 신경과학자인 데이비드 이글먼David Eagleman과 작곡가인 앤서니 브랜트Anthony Brandt가 공동으로 집필한 『창조하는 뇌』The Runaway Species[15]를 원작으로 한 다큐멘터리였다. 인간 창의성의 비밀을 밝히기 위해 의기투합한 과학자와 예술가가 찾은 창의성의 비밀은 세가지였다. 휘기bending, 쪼개기breaking, 섞기blending로 원형을 비틀어 본래의 모습에서 벗어나거나, 전체를 부분으로 해체하거나, 두가지 이상의 재료를 섞어 '새롭고' '독창적'인 것을 만들어내는 것이었다. 하지만 무언가를 비틀거나, 쪼개거나, 섞기 위해서는 비틀고, 쪼개고, 섞기 위한 재료가 필요하다. 그 재료에 해당하는 것이 지식과 경험이다. 무엇이든 물어보면 대답해주는 인공지능 시대에도 꾸준히 학습과 경험을 통해 지식을 축적해야 하는 이유다.

창의적 사고를 발휘하는 일에도 많은 노력이 필요하다. 인간은 선천적으로 많은 인지적 자원을 소비하며 깊이 생각하는 것을 싫어하기 때문이다.[16] 그것을 인지적 구두쇠cognitive miser 속성이 있다고 말한다. 현상을 유지하고 싶어 하는 현상유지 편향status quo bias도 있다. 그렇기 때문에 우리 내면의 속성을 인식하고 의도적으로 벗어나려고 노력하지 않으면 창의적 사고는 불가능하다. 그렇다면 어떻게 인지적 고착과 편향에서 멀어질 수 있을까? 다양한 방법과 도구가 있다.[17] 하지만 전문가들은 무엇보다도 시간과 지연이 필요하다고 말한다. 다양하게 비틀어보고, 쪼개보고, 섞어보고, 되돌아볼 만한 충분한 시간이 필요하다. 실수와 실패를 당연한 과정으로 여기는 태도도 필요하다. 기존에 해보지 않았던 다양한 것을 시도해보는 과정에선 실수가 발생할 수밖에 없기 때문이다. 그런 의미에서 창의성의 가장 큰 적은 '효율성'이다. 창의적인 것을 요구하면서 짧은 시간 안에 완벽하게 해내기를 기대하는 것은 모순에 가깝다.

창의성이 발휘되기 위해서는 내적인 동기도 필요하다. 물질적 보상이나 승진 같은 외적 보상이 주어지면 더 열심히 하고 다양한 시도를 할 것 같지만 그렇지 않다.[18] 보상을 위해 일할수록 익숙하고 안전한 길을 택한다. 우리는 어떤 일을 하고 싶어서 할 때 더 적극적으로 그 일을 한다. 누군가가 시켜서 하거나 금전적 보상 때문에 하는 일은 단기적으로는 효과가 있을 수 있지만 지속성은 떨어진다.

창의성은 노력과 학습을 통해 키울 수 있는 능력이다. 창의성의 재료가 되는 지식과 경험을 꾸준히 쌓고 창의적 사고를 통해 창의성을 향상할 수 있다. 다만 단기간에 쌓을 수 있는 역량은 아니다. 어떻게 보면 '결과'보다는 '과정'에 가깝다. '존재하는 역량'이라기보다는 '실행하는 역량'에 가깝다. 스스로 학습과 연습을 통해 키울 수 있지만 강제로 키우기는 어려운 역량이다. 하나의 '기술'이라기보다는 삶을 대하는 '방법'과 '태도'에 가깝다.

협업의 조건

그렇다면 협업과 소통 능력은 어떨까? 협업과 소통 능력은 창의성만큼 자주 언급되고 중요시되는 역량이다. 왜 그럴까? 이유는 간단하다. 필요성이 증가했기 때문이다. 먼저, 기업이 해결해야 할 문제가 과거보다 복잡해졌다. 여러 분야에 걸친 복합적 성격의 문제가 늘었다. 서로 다른 관점을 가진 다양한 배경의 사람들이 머리를 맞대고 논의해야만 해결할 수 있는 성격의 문제가 늘었다. 생성형 인공지능 같은 기술 발달에 따른 업무 자동화도 한몫한다. 기술은 분명 기존에 인간이 해왔던 업무의 많은 부분을 대신할 수 있지만 기계에 맡길 수 없는 영역이 있다. 인간과 인간 사이에서 일어나는 소통과 협업 같은 사회적 영역이다. 이야기를 나누고 협의해나가는 일련의 사회적 활동은 기계에 위임할 수 없다. 소통과 협업이 점점 더 중요해지는 이유다. 그런데 협업이나 소통도 학습을 통해 향상할 수 있는 역량일까?

30여년 동안 실리콘밸리에서 협업을 연구해온 시어 싱어 스피처 Thea Singer Spitzer는 협업의 성공 요소로 세가지를 꼽는다.[19] 개인의 역량, 협업을 돕는 팀 차원의 도구, 협업을 지원하는 기업 문화다. 그중 협업을 위해 개인에게 요구되는 핵심 역량은 두가지다. 첫번째 역량은 '자신에게 충실하기'다. 조금 뜬금없게 느껴지는 '자신에게 충실하기'가 협업에 필요한 첫번째 역량인 데에는 이유가 있다. 여기서 말하는 '자신에게 충실하기'는 타인과 협업하기 이전에 자신만의 기준을 세우는 과정을 의미하기 때문이다. 자신이 일을 할 때 어떤 가치를 중요시하는지, 어떤 목표를 달성하고 싶은지, 어떤 상황에서 부정적이고 긍정적인 감정을 느끼는지 등을 파악하고 갈등 상황이나 부정적 감정이 올라왔을 때 어떻게 대처할지 생각하는 일이 여기에 포함된다. 이러한 역량이 필요한 이유는 간단하다. 협업이 필연적으로 수많은 선택·갈등·협상·타협의 과정을 동반하기 때문이다. 자신을 아는 일은 협업 중에 발생하는 수많은 선택과 갈등을 어떻게 처리하고 다룰지 결정하는 중요한 기준과 방법이 된다. 이러한 기준과 방법이 준비되어 있지 않은 사람은 협업에 서투를 수밖에 없다.

협업을 위한 개인의 두번째 역량은 '타인에게 충실하기'다. 타인에게 충실히 한다는 것은 '진정성 있는 의사소통'을 한다는 의미다. 협업 과정에선 수많은 대화가 일어난다. 서로 다른 배경과 지식, 다양한 입장을 가진 사람들이 함께한다. 이러한 환경에서 원활한 의사소통 능력은 필수적이다. 여기서 말하는 '진정성 있는 의사소통'이란 무엇일까? 협업 과정에서 상대방을 배려하고 자신의 의견을 솔직하게 말하는 일이다. 상대방의 입장에서 생각하고 공감할 뿐 아니라 다른 사람의 의견이 옳을 때 그를 지원하고 옹호하는 일이다. 누구나 머리로는 알고 있지만 실천하긴 쉽지 않은 일들이다.

이렇게만 보면 그다지 새롭지 않은 내용들이다. 협업 역량에 '자기 자신을 아는 일'이 포함된다는 사실이 조금 새롭지만, 협업과 소통이 타인과 나 사이에 일어나는 활동으로 생각하면 당연한 일이다. 하지만 협업과 진정성 있는 의사소통의 조건을 알아도 협업과 의사소통은 여전히 어렵게 느껴진다. 갖가지 역량이 필요하다는 것을 머리로는 알지만 협력의 태도를 실천하고 몸으로 발현하는 것은 다른 차원의 문제이기 때문이다. 머리로 아는 '지식'이 아니라, 타인과 부딪치며 평생에 걸쳐 정립해나가야 할 자신과 타인을 대하는 '마음가짐'이자 '태도'의 문제이기 때문이다.

좀처럼 움직이지 않는 게으른 뇌

비판적 사고에 대해서도 이야기해보자. 비판적 사고의 중요성은 아무리 강조해도 지나치지 않다. 고대 그리스 시대부터 지금까지 교육의 목표로 제시되어온 능력이자, 우리나라 초·중·고·대학 교육의 핵심 목표 중 하나기도 하다. 비판적 사고는 무엇일까? 한마디로 정의하긴 어렵다. 창의성과 마찬가지로 비판적 사고를 바라보는 관점도 다양하기 때문이다.[20] 하지만 모든 개념 정의에 빠지지 않고 등장하는 말이 있다. '근거로 판단하는 사고'다. 어떤 새로운 정보나 지식, 주장을 접했을 때 일방적으로 받아들이는 것이 아니라 그것이 옳은지 그른지 근거를 기반으로 따지고 판단하는 자세다. 사고의 '논리성'과 판단의 '건전성'을 기준으로 삼고 반성적으로 사고하는 방법론이다.

그렇다면 비판적 사고는 왜 필요할까? 우리의 사고가 불완전하기 때문이다. 고정관념에서 잘 벗어나지 못하고, 쉽게 오류와 편견에 빠지기 때문이다. 노벨 경제학상 수상자이자 행동경제학자인 대니얼 카너먼Daniel Kahneman은 이러한 현상이 발생하는 이유를 인간의 인지 시스템이 두가지로 구성되어 있기 때문이라고 설명한다.[21] 시스템 1과 시스템 2다. 시스템 1은 감정적이다. 직관적이고 반사적이라서 생각하지 않아도 머릿속에서 떠오르는 대로 빠르게 판단한다. 달려드는 자동차를 피하거나 1+1의 답을 떠올렸다면 시스템

1이 동작한 것이다. 한편 시스템 2는 이성적이다. 느리고 심사숙고한다. 새로운 해결책을 찾기 위해 연구하거나 글을 쓰거나 문제를 풀었다면 시스템 2가 동작한 것이다.

둘 중 메인 시스템은 무엇일까? 시스템 1이다. 시스템 1은 구석기시대부터 지금까지 인류가 살아남기 위해 발전시켜온 효율적 도구다. 하지만 동시에 다양한 편향성을 만든 원인이기도 하다. 시스템 1에는 반성과 숙고의 과정이 결여되어 있기 때문이다. 자신의 기존 신념을 강화하는 정보만을 찾고 반대되는 정보는 무시하는 확증 편향confirmation bias이나, 한가지 특성으로 전체를 평가하는 후광효과halo effect가 그 예다. 그런데 왜 21세기인 지금도 시스템 1이 메인 시스템으로 작동하고 있는 걸까? 그것은 우리의 뇌가 에너지를 절약하려는 속성이 있기 때문이다. 반사적으로 움직이는 시스템 1은 적은 에너지만으로 동작시킬 수 있지만, 이성적이고 반성적인 사고를 하는 시스템 2는 많은 에너지를 쓰기 때문이다. 그래서 비판적 사고를 갖추려면 먼저 우리 뇌의 작동 방식을 이해해야 한다. 우리의 뇌가 기본적으로 시스템 1에 기반해 각종 고정관념과 편향의 지배를 받고 있다는 사실을 자각하고 시스템 2를 의도적으로 활성화해야 한다. 그러한 자각 없이 비판적 사고는 불가능하다.

비판적 사고 역량이 최근 더 중요해진 이유는 무엇일까? 첫번째 이유는 정보와 지식의 증가다. 스마트폰과 인터넷, 소셜미디어 서비스, 챗GPT와 같은 인공지능 서비스의 발달로 유통되는 지식과 정보의 양이 비약적으로 늘었다. 정보와 지식의 양은 더이상 중요하지 않게 되었다. 비판적 사고를 통해 어떤 정보와 지식이 믿을 만하고 가치 있는지 판단하는 일이 더 중요해졌다. 유용하고 의미 있는 정보를 선별하는 일이 더 필요해졌다. 두번째 이유는 인지 편향에 빠지기 쉬운 환경 변화다. 여기에는 알고리즘이 한몫한다. 다양한 서비스에서 제공하는 알고리즘 기반의 개인화 서비스는 원하는 정보를 손쉽게 얻을 수 있다는 점에서 유용하다. 취향과 선호가 유사한 사람들과 쉽게 커뮤니케이션할 수 있다는 장점도 있다. 하지만 자신의 관심사와 일치하는 정보만을 접하게 되면서 다양한 정보와 의견을 접할 기회가 감소하는 단점이 있다. 필터 버블 filter bubble 효과다.[22] 비슷한 생각을 하는 사람끼리만 소통하게 되면서 자신이 속한 일부 집단의 의견이 다수 의견처럼 느껴지는 오류도 발생한다. 에코 체임버 echo chamber 효과다. 생성형 인공지능 기술의 발달로 가짜뉴스도 늘었다. 딥페이크 기술의 발달로 사진은 물론 동영상도 믿을 수 없게 되었다. 진짜와 가짜를 구분하기 어려워졌다. 더 정교해지고 교묘해졌다. 이와 반대로 우리의 인지능력은 점점 더 게을러지고 있다. 자동화되고 개인화된 기술로 인해 생각하지 않고도 원하는 것을 얻을 수 있기 때문이다. 점점 더 자극적이고 짧아지는 콘텐츠도 사람들에게 생각하기를 멈추고 소비하기를 권장한다. 비판적 사고가 중요해진 이유다. 그런데 자연스럽게 드는 한가지 의문이 있다. 비판적 사고는 기존 교육에서도 중요하게 여기던 역량이다. 초·중·고·대학 교육의 핵심 목표 중 하나이기도 하다. 그런데 왜 현실에선 비판적 사고를 갖춘 사람을 찾아보기 어렵다고 말하는 걸까? 왜 모두들 우리에게는 비판적 사고가 부족하다고 말할까?

여기에는 여러 이유가 있다. 첫번째 이유는 비판적 사고가 아주 복합적이고 고도화된 역량이기 때문이다. 비판적 사고는 근본적이고 궁극적인 인간 역량이라고 불릴 만큼 인간이 가진 온갖 지적 역량과 태도가 통합되어 있다. 미국 철학회^{APA}가 비판적 사고의 정의를 종합해 합의한 내용에 따르면 비판적 사고는 해석^{interpretation}, 분석^{analysis}, 평가^{evaluation}, 추론^{inference}, 설명^{explanation}, 자기 규제$^{self-regulation}$ 여섯가지 항목으로 이루어져 있다.[23] 이들 항목은 각각 다른 하위 항목으로 구체화된다. 첫째, 해석은 '범주화하기, 의미를 해석하기, 의미를 분명히 하기'로 구성된다. 둘째, 분석은 '관념 조사하기, 논변 파악하기, 논변 분석하기'로 구성된다. 셋째, 평가는 '주장 평가하기, 논변 평가하기'로 구성된다. 넷째, 추론은 '증거 탐구하기, 대안 추측하기, 결론 끌어내기'로 구성된다. 다섯째, 설명은 '결과 진술하기, 절차 정당화하기, 논변 표현하기'로 구성된다. 여섯째, 자기 규제는 '자기 검토, 자기 교정'으로 구성된다. 비판적 사고는 이 모든 항목의 종합을 요구하는 만큼 교육의 목표이자 궁극적인 인간 역량이라고 불릴 만하다.

하지만 학자들은 현실에서 비판적 사고를 찾아보기 어려운 이유가 비판적 사고가 복합적 역량이기 때문만은 아니라고 말한다. 우리의 교육이 '비판적 사고 기술'을 가르치고 평가하는 데에만 초점이 맞춰져 있기 때문이라고 본다.[24] 마이애미대학의 철학 교수인 하비 시걸Harvey Siegel은 비판적 사고 개념을 순수 기술pure skills이라 부르며, 비판적 사고 기술을 가지고 있는 사람이 비판적 사고를 하는 사람인지는 알 수 없다고 말한다.[25] 비판적 사고 기술을 측정하도록 고안된 시험을 통과할 수는 있겠지만, 시험이 아닌 상황에서 그 기술을 활용하는지는 알 수 없다는 뜻이다. 도덕 규칙을 잘 알고 있으면서 잘 지키지 않는 사람을 도덕적인 사람이라고 하지 않듯, 비판적 사고의 기술은 갖추고 있지만 비판적 사고의 태도를 보이지 않는 사람을 비판적 사고를 하는 사람이라고 말하기는 어렵다. 비판적 사고에서 중요한 것은 그 기술의 발현 여부이지, 그 기술의 보유 여부가 아니기 때문이다.

그렇다면 왜 학교에서 학습한 비판적 사고 기술이 업무 현장이나 일상생활에서는 발현되지 못하는 걸까? 우선 그 이유로 효율성과 결과를 우선시하는 사회문화를 꼽을 수 있다. 정해진 목표를 빠르게 달성해야 하는 효율성 위주의 사회에서는 그 목표에 대해 비판적으로 묻고 이의를 제기하는 행위가 환영받지 못한다. 시간을 소모하는 쓸데없는 생각으로 치부된다. 학교 교육도 마찬가지다. 학교 교육도 과정보다 결과를 중시한다. 빠른 시간 안에 정답을 효과적으로 알아내야 하는 상황에서 비판적 사고는 개입할 여지가 없다. 방해물일 뿐이다. 나이가 많고 지위가 높은 사람의 의견과 다른 의견을 내는 일도 어렵다. 권위에 도전한다고 생각하기 때문이다. 이는 개인만의 문제가 아니다. 사회문화적 요소가 함께 얽혀 있다. 또한 비판적 사고는 특정 기간 교육하고 학습한다고 해서 쉽게 갖출 수 있는 능력이 아니다. 한 인간이 죽을 때까지 수행해야 하는 지적 활동에 가깝다. 평생교육의 대상이자, 실천으로 드러나는 인간 활동이다. 평생에 걸쳐 "이전에 믿었던 믿음과 가정을 심각하게 의심해보고 사적이고 사회적인 삶에서 모순과 비일관성을 찾아내는 활동"이며, "상대방에게든 자신에게든 똑같이 적용할 수 있는 공정함"이다.[26]

 흥미로운 점은 창의성, 협업, 소통 능력 모두 비판적 사고와 비슷하다는 점이다. 인공지능 시대를 살아가는 데 중요하다고 말하는 인간 고유의 능력이 모두 그렇다. 창의성, 비판적 사고, 의사소통 능력, 협업 능력, 회복탄력성, 적응력, 자율성, 사회성, 책임감, 학습력, 공감 능력, 자기반성 능력 등 모두 경험에 의해 형성되고 학습을 통해 습득할 수 있는 능력이다. 하지만 단기간에 형성되는 능력은 아니다. 능력을 포함해 태도, 가치, 흥미, 동기, 지식을 아우르는 개념이다. 하나의 기술이라기보다는 타인과 자신, 공동체를 대하는 방법과 태도에 가깝다. 삶을 살아가는 방식에 가깝다.

앎과 삶

1859년 영국의 사회학자이자 철학자, 교육학자인 허버트 스펜서 Herbert Spencer는 중요한 질문 하나를 던졌다. '가장 가치 있는 지식은 어떤 지식인가?'라는 질문이었다. 일부 계층이 아닌 모두를 대상으로 교육할 때 기본적으로 무엇을 어떻게 가르칠 것인가에 대한 물음이었다. 어떠한 지식이 가장 가치 있는지, 왜 가치 있는지, 그 지식은 어떻게 획득되고 형성되는지에 대한 질문이었다. 근대 교육과정의 시작을 알린 질문이기도 했다.[27]

그로부터 160여년이 흐른 지금 우리는 또다른 질문을 만났다. 아주 오래된 질문이지만 현실에서는 좀처럼 묻지 않았던 질문이다. '어떻게 살 것인가'라는 질문이다. 어떠한 태도로 자신과 타인을 대할 것인지 묻는 말이기도 하다. 이 철학적으로 보이는 질문에 답해야 하는 이유는 간단하다. 이 질문에 대한 답만이 우리를 앞으로 나아갈 수 있게 하기 때문이다. 모든 것이 불확실하고 예측 불가능한 상황에서 변하기 쉬운 외부 요소는 삶의 목표가 될 수 없다. 학교나 직업 같은 외부 요소는 단기적인 목표는 될 수 있어도 장기적인 목표는 될 수 없다. 우리는 스스로 나아갈 방향을 정할 수밖에 없다. 조금씩 더듬어가며 자신에게 가치 있고 의미 있는 방향으로 나아가는 수밖에 없다. 인공지능 시대에 필수적인 역량이라고 부르는 소프트 스킬도 마찬가지다. 창의성, 의사소통, 비판적 사고 같은 소프트 스킬은 단기간 학습한다고 기를 수 있는 역량이 아니다. 평생에 걸쳐 실천되는 태도다. 인간은 외부의 동기에 의해서는 오래 행동할 수 없다. 물질적 보상이나 사회적 인정, 부모의 요구 같은 외부 동기에 의해 일정 기간 그 행동을 할 수는 있지만 지속하긴 어렵다. 외부 동기가 사라지면 행동도 사라진다. 평생에 걸친 실천은 자신이 원했을 때만, 내적인 동기를 통해서만 가능하다.

이 모든 것이 가리키는 지점은 명확하다. '나에 대한 앎'이다. 내가 어떤 사람인지 아는 것이 중요해졌다. 내가 어떤 것에 가치를 느끼는지, 어떤 것에 의미를 부여하는 사람인지 묻는 일이 필요해졌다. 어떤 것이 나를 움직이게 하고, 어떤 것이 나를 행복하게 하는지 알 필요가 생겼다. 우리는 그동안 우리의 바깥에 있는 외부 세계를 배우고 공부해왔다. 수학과 물리, 언어를 배우고 기술을 익혔다. 우리의 배움과 학습의 방향은 항상 외부를 향해 있었다. 하지만 이제는 상황이 달라졌다. 배움의 주체인 '나'를 아는 일이 중요해졌다. 여기에는 내가 속해 있는 종(種, species)인 '인간'을 이해하는 것도 포함된다. 동물과 기계와 달리 인간만이 가지고 있는 특징과 가치가 무엇인지, 인간을 인간답게 하는 것이 무엇인지, 인간다운 삶이 무엇인지, 좋은 삶이 무엇인지 정의하는 일이 필요해졌다. 나로부터 시작해 외부 세계로 향하는 배움이 중요해졌다.

하지만 내가 어떤 사람인지 아는 일은 쉽지 않다. 그동안 타인이 부여한 가치와 목표를 위해 살아왔다면 더욱 그렇다. 하지만 이런 현상은 당연하다. 원래 자기 삶의 의미와 목적을 찾아내는 것은 누구에게도 쉽지 않은 일이다. 평생에 걸쳐 이루어나가야 하는 일이자 과정이다. 특히 어린 시절에는 지식과 경험이 적어 무엇을 하고 싶은지, 무엇이 되고 싶은지 더욱 알기 어렵다. 쌓여가는 경험을 통해 더듬어나갈 뿐이다. 어느 시점에 흥미와 가치를 느끼는 대상을 발견했다고 해서 그것이 인생의 목표가 되는 것도 아니다. 시간이 흐르면서 얼마든지 변할 수 있기 때문이다. 하고 싶은 일을 찾아냈다 해도 그걸로 끝이 아니다. 어떤 일이 진정으로 성취되기 위해서는 끊임없는 노력과 훈련, 인내가 필요하다. 펜실베이니아대학 심리학과 교수인 앤절라 더크워스$^{Angela\ Duckworth}$는 그의 책 『그릿』^{Grit}에서 "자기 일에 대한 열정을 발견하는 것은 평생에 걸쳐 발전시키고 심화시켜야 하는 과정"이라고 말하며 끈기의 힘을 강조했다.[28] 심리학자이자 '1만시간의 법칙' 이론의 창시자인 안데르스 에릭슨$^{Anders\ Ericsson}$도 얼마나 열정을 갖고 오랜 시간 연습을 통해 개선해나갔느냐가 중요하다고 말하며 올바른 훈련과 노력의 힘을 강조했다.[29] 잠시 해보고 힘들다고 쉽게 포기하며 '이것은 자신의 길이 아니다'라고 말해서는 안 되는 이유다.

두 단어를 가만히 바라본다. '앎'과 '삶'이라는 단어다. 첫소리 글자인 자음 하나만 달라서인지 꽤 닮아 보인다. 어쩌면 앎과 삶은 한곳에서 갈라져 나온 단어인지도 모른다. 알아가는 일이 살아가는 일이고, 삶 없이는 앎도 존재할 수 없으므로.

9장
생산과 윤리

무엇을 하고, 하지 않아야 하는가?

"모든 문제는
자신의 문제가 되기 전까지는 지루한 법이지."
All problems are boring until they're your own.

―넷플릭스 오리지널 드라마「Orange is the New Black」

또다른 몸

한 사람의 평범한 일상은 얼마나 손쉽게 산산조각날 수 있을까? 몰라도 좋았을 이 질문의 답을 알게 된 사람이 있다. 그의 이름은 테일러. 시작은 친구가 보내온 페이스북 메시지였다. 메시지에는 네가 알아야 할 것 같다는 문자와 함께 링크가 하나 첨부되어 있었다. 포르노 사이트 주소였다. 잠시 고민하다 첨부된 링크를 눌렀다. 사이트가 연결되자 영상 하나가 재생되었다. 재생된 화면 속엔 한 여자가 있었다. 카메라를 응시하고 있는 벌거벗은 여자였다. 화면 속의 여자와 눈이 마주쳤다. 자신의 얼굴이었다.

2023년 3월 미국 텍사스주 오스틴에서 열린 SXSW 콘퍼런스에서 다큐멘터리 하나가 상영되었다. 제목은 「어나더 보디」^{Another}

Body.[1] '또다른 몸'이라는 뜻의 제목을 가진 이 영상은 딥페이크 성착취물을 주제로 한 다큐멘터리였다. 다큐멘터리는 한 소녀의 어린 시절에서 시작된다. 소녀의 이름은 테일러. 공학자 집안에서 태어난 테일러는 어린 시절부터 수학과 과학에 관심이 많았다. 입시 과정에서 수학과 과학에 대한 열정을 무사히 지켜낸 그는 대학생이 되었다. 공학도가 된 테일러의 일상을 바꾼 사건은 스물두살 때 일어났다. 대학원에 진학한 지 얼마 되지 않은 시점이었다. 여느 때와 다름없는 평범한 날이었다. 다른 점이 있다면 친구가 보내온 메시지가 전부였다. 친구의 메시지에는 포르노 사이트로 연결되는 링크가 포함되어 있었다. 잠시 망설이다 누른 사이트에는 그의 얼굴을 한 성착취물 영상이 올라와 있었다. 자신이 찍은 적 없는 영상이었다. 포르노 배우의 얼굴에 테일러의 얼굴을 합성해 만든 딥페이크 영상이었다. 하지만 끔찍한 일은 그것이 전부가 아니었다. 사이트에는 그의 개인정보가 함께 기재되어 있었다. 그의 실명과 현재 다니고 있는 대학의 정보가 올라와 있었다. 그가 사랑했던 전공은 딥페이크 성착취물을 홍보하는 요소로 사용되고 있었다. 그제야 테일러는 최근 일어났던 이상한 일들이 이해되기 시작했다. 얼마 전부터 낯선 남자들이 SNS로 선정적인 내용의 메시지를 보내오고 있었다. 공포가 밀려왔다. 주위를 둘러봤다. 누군가 기숙사 방에 불쑥 나타나 자신을 공격할까 두려워졌다. 누가 이 영상을 봤을지 걱정되기 시작했다. 친구들에게 말하고 의논하고 싶었지만 일을 더 크게 키우게 될까 염려됐다. 주변 사람들이 호기심에 영상을 찾아보지 않을까 걱정됐다. 누군가 이야기를 하고 있으면 자신의 이야기를 하는 것은 아닌지 두려운 마음이 들었다. 불안과 공포가 온몸을 타고 올라왔다.

테일러가 느꼈던 공포와 두려움은 현재진행형이다. 아니, 더 크게 확산되었다. 2024년 8월 한국에선 하나의 리스트가 공유되었다.[2] 전국의 대학교와 중고등학교 수백곳이 포함된 딥페이크 성착취물 피해 학교 명단이었다. 지역별로 나열된 학교 이름은 끝이 없었다. 사실 여부가 확인되지 않은 명단이 사람들의 불안감을 타고 온라인상에 빠르게 확산되었다. 공포와 불안감이 커지면서 구체적인 행동 지침도 공유되었다. 얼굴이 나온 사진을 SNS와 메신저 프로필에서 지워야 한다는 내용이었다. 얼굴이 보이는 사진이 온라인에서 사라지기 시작했다. 계정 자체를 비공개 계정으로 돌리기도 했다. 누군가는 호들갑스럽다 조롱했지만,[3] 이들이 느낀 공포는 당연했다. 새롭게 드러난 딥페이크 성착취물은 평범한 사람들을 타깃으로 삼았고 대상도 광범위했다. 대학생은 물론 초·중·고등학생 미성년자도 포함되어 있었다. 피해자는 학생만이 아니었다. 교사, 학원강사, 경찰, 군인, 간호사, 운동선수, 기자, 공무원 등 다양했다. 엄마와 누나, 여동생을 대상으로 한 경우도 있었다.[4] 문제는 그뿐만이 아니었다. 개인정보가 함께 유포되었다. 여군을 대상으로 한 딥페이크 성착취물 제작 텔레그램 방에선 피해자들을 '군수품'이라 부르며 이름과 계급, 나이, 휴대전화 번호, SNS 아이디를 함께 공유했다.[5] 다른 경우도 유사했다. 피해자의 이름과 학교, 주거지 같은 개인정보가 딥페이크 성착취물과 함께 유포되었다. 왜 이런 끔찍한 일이 발생한 걸까?

방 안에 갇힌 영혼들

인공지능 기술을 활용한 딥페이크 성착취물은 최근의 일이 아니다. 2017년 말 미국 SNS 플랫폼 레딧에서 'deepfake'라는 닉네임을 쓰는 사용자가 특정 사람의 얼굴을 인공지능에게 학습시킨 뒤 다른 동영상의 얼굴과 바꿔치기하는 기술을 일반인에게 공개한 이후 꾸준히 증가해왔다.[6] 미국 보안서비스업체 시큐리티 히어로Security Heroes가 공개한 「2023 딥페이크 현황 보고서」에 따르면 딥페이크로 만들어진 전체 영상 중 98퍼센트는 성착취물 영상이다.[7] 피해자의 99퍼센트는 여성이다. 2023년 7월에서 8월까지 딥페이크 생태계와 연결된 100개 이상의 웹사이트에서 9만 5,820개의 딥페이크 영상물을 분석한 결과다. 딥페이크 성착취물에 가장 많이 피해를 본 이들은 한국인이다. 전세계 딥페이크 성착취물에 등장하는 인물 중 53퍼센트는 한국 여성이다. 딥페이크 성착취물의 대상이 된 상위 개인 10명 중 8명이 한국 여성 가수였다. 가장 많은 영상이 만들어진 가수의 경우 1,595개의 성착취물이 발견되었다. 조회수는 561만 회에 달했다. 피해자의 94퍼센트가 가수, 배우, 모델, 인플루언서 같은 유명인이었지만 유명인만 피해자가 되는 것도 아니었다. 대상엔 예외가 없었다.

딥페이크 성착취물 범죄의 심각성이 본격적으로 수면 위로 떠오른 시점은 2024년 5월이다. 서울대학교 딥페이크 성착취물 제작·유포 사건이 그 시작이었다. 2년 반의 추적 끝에 가해자를 법정에 세운 사건이었다.[8] 연대한 피해자들이 만들어낸 뜻깊은 결과였다. 피의자로 검거된 사람은 총 5명이었다. 그중에는 피해자들이 알고 지내던 학교 동문도 포함되어 있었다. 피해자는 총 61명이었다. 하지만 이것은 시작에 불과했다. 2024년 8월 메신저 서비스 플랫폼인 텔레그램을 기반으로 한 대규모 딥페이크 성착취물 대화방이 발견되었다.[9] 지인을 대상으로 딥페이크 성착취물을 만드는 대화방이었다. 범죄는 체계적이었다. 대화방은 지역, 학교, 직업 등으로 세분화되어 있었다. 이렇게 세분된 방에서 참여자들은 '함께' 알고 있는 '지인'을 찾고, 그들의 사진을 음란물에 합성해 딥페이크 성착취물을 만들었다. 이것들을 대화방에 공유하고 다같이 디지털 성폭력을 자행했다. 1,300여명이 참여하고 있는 한 텔레그램 채널에는 전국 70여개의 대학별로 분류된 개별 대화방이 개설되어 있었다. 미성년자인 중고생을 대상으로 하는 불법 합성물 텔레그램 채널에는 2,340여명이 참여하고 있었다. 수사가 진행될수록 더 많은 대화방이 발견되었다. 범죄는 치밀하고 정교했다. 지인의 구체적인 개인정보를 제공하고, 사진을 여러장 보내고, 면접을 봐야만 들어갈 수 있는 방도 있었다. 이 끔찍한 범죄는 온라인에만 머무르지 않고 현실의 삶을 파고들었다. 이름이나 나이, 학교, SNS 아이디 같은 개인정보가 함께 유포되었다. 성희롱과 협박도 일어났다. 실제로 한 피해자는 메시지와 전화, 보이스톡 등 다양한 경로를 통해 협박과 괴롭힘을 당했다.[10] 왜 이런 일이 끊임없이 반복되고, 딥페이크 성착취물은 왜 이렇게 증가한 걸까?

딥페이크 성착취물 영상이 급격하게 증가한 이유 중 하나는 기술의 발전이다. 생성형 인공지능 기술의 발전으로 누구나 손쉽게 딥페이크 이미지나 영상을 만들 수 있게 되었기 때문이다. 전문적인 지식이 없어도 제작할 수 있다. 한마디로 접근성이 좋아졌다. 만드는 것도 어렵지 않다. 얼굴이 선명하게 나온 이미지 한장만 있으면 1분 분량의 딥페이크 성착취물 영상을 만들 수 있다. 만드는 데 25분도 채 걸리지 않는다.[11] 비용도 거의 무료다. 이미지 생성은 더 쉽다. 페이스 스와핑 face swapping을 지원하는 앱을 사용하면 몇번의 클릭만으로 다른 사람의 몸에 다른 사람의 얼굴을 합성할 수 있다. 평범한 사진에서 옷을 '벗길 수' 있는 앱도 있다. 친구에게 메신저로 사진 보내듯 메신저 내 특정 봇Bot에게 사진을 전송하면 음란물에 합성된 딥페이크 성착취물 이미지를 받는 방법도 널리 퍼져 있다. '좋아하는 여자의 사진을 보내달라'고 말하는 불법 합성물 봇

이 있는 텔레그램 대화방에는 전세계에서 들어온 22만명의 참여자가 있었다.[12]

이러한 종류의 범죄 증가는 기술만의 문제가 아니다. 딥페이크 성착취물을 비롯한 '디지털 성폭력'을 '음란물'이라고 부르며 대수롭지 않게 생각하는 사회문화적 분위기가 더 큰 문제다. 인터넷이 보급된 이후 디지털 성폭력은 나날이 정교해지고 악랄해졌다. 1999년부터 2016년까지 17년 가까이 운영되다 폐쇄된 소라넷은 온갖 불법 촬영물의 온상지였을 뿐 아니라 여성의 셀카 사진과 동영상을 두고 성적으로 모욕하는 게시판을 운영했다.[13] 특정 프로그램을 통해서만 접속할 수 있는 다크웹Dark Web에서는 세계 최대 규모의 유아 및 아동을 대상으로 한 성착취물 유통 사이트가 발견되기도 했다. 운영자는 한국 국적의 손정우였다. 피해자 중에는 생후 6개월 된 아기도 있었다.[14] 2019년에는 여성들을 협박·유인해 성착취물을 찍게 하고 이를 텔레그램과 디스코드 등의 메신저 앱을 이용해 유포한 사건도 벌어졌다. 'n번방'으로 대표되는 텔레그램 성착취 대화방 사건이다. 이 사건의 피해자는 총 1,154명, 그중 절반이 넘는 60.7퍼센트는 미성년자였다.[15]

하지만 우리나라의 경우 이러한 디지털 성폭력에 대한 처벌은 미약하다. 텔레그램 성착취 대화방 사건의 경우 물리적 성폭력이 동반된 몇몇 주동자가 중형을 선고받았지만, 혐의가 특정된 378명 중 실형이 선고된 건은 12.4퍼센트에 불과했다. 나머지는 벌금형과 집행유예가 대다수였다.[16] 아동 대상 성착취물 사이트의 운영자에 대한 처벌은 더 미약했다. 고작 1년 6개월을 선고받았다. 미국 법무부에서 운영자의 미국 송환을 요청했지만, 한국 법원이 이를 불허했다.[17] 미국법에 의해 처벌받았다면 최소 징역 50년, 최대 징역 200년까지 선고될 수 있는 사항이었다.[18]

딥페이크 성착취물에 대한 처벌도 약한 건 마찬가지다. 2020년 개정된 성폭력처벌법에 따라 딥페이크 성착취물에 대한 처벌이 가능해졌지만, 실제 처벌은 솜방망이 수준이었다. 시행일인 2020년 6월 25일부터 2024년 6월 30일까지 1심 판결문을 분석한 결과, 기소된 87명 가운데 실형인 징역형을 선고받은 비율은 27.5퍼센트(24명)에 불과했다. 집행유예에 그친 사례가 39퍼센트(34명)로 가장 많았으며, 벌금형이 16퍼센트(14명)였다.[19] 딥페이크 성착취물은 성폭력처벌법 제14조 제2항 '허위 영상물 등의 반포 등'을 처벌하는 조항에 따라 5년 이하의 징역 또는 5천만원 이하의 벌금에 처할 수 있는 중대한 범죄다. 영리를 목적으로 했을 때는 7년 이하의 징역에 처할 수 있다. 하지만 재판부는 피해자가 미성년자이고 개인정보까지 함께 유포된 경우에도 "피해 정도가 심각해 보인다"고 지적하면서도 피해자와 합의했다는 등의 이유로 집행유예 판결을 내렸다. 성인이 영리 목적으로 딥페이크 성범죄물을 제작해 45차례에 걸쳐 판매한 경우에도 "합성한 사진들이 정교하지 않고, 구매자들에게 합성사진임을 고지하고 판매했고, 수익이 크지는 않다"는 등의 이유로 집행유예를 선고했다. 123개의 딥페이크 성착취물을 제작해 유포한 피의자의 경우에도 범행을 인정하고 반성하고 있다는 이유를 들어 집행유예를 선고했다. 돈을 받고 딥페이크 성착취물을 제작해준 피의자에게는 "경제적으로 곤궁하고 모친을 혼자 부양하고 있다"는 이유를 들어 집행유예를 선고했다.[20] 관대한 판결이다. 처벌이 능사는 아니지만 이러한 솜방망이 처벌과 관용적 태도는 심각한 범죄가 아니라는 신호가 된다. 반복된 신호는 학습된다.

재판부뿐만 아니라 경찰과 검찰의 소극적이고 미온적인 태도도 문제다. 어차피 잡기 어렵다는 식으로 대응하는 경우가 많고 심각한 범죄라는 인식이 부족하다. 2024년 5월에 밝혀진 서울대학교 딥페이크 성착취물 제작·유포 사건도 그렇다.[21] 2021년 7월 피해자가 경찰서에서 고소장을 쓰고 있는 동안에도 텔레그램을 통해 수십개의 딥페이크 성착취물 사진과 성희롱성 메시지가 전송되었지만 경찰은 별다른 조처를 하지 않았다. 이어진 8월 고소인 진술 과정에서도 "텔레그램 수사는 어렵다"는 말만 반복할 뿐 적극적으로 수사에 임하지 않았다. 결국 해당 사건은 '단서가 부족해 수사를 중지한다'는 통지문과 함께 종결되었다. 하지만 다음 해 2022년 6월 비슷한 피해를 입은 동기 3명이 더 있다는 사실을 안 피해자는 이들과 힘을 합쳐 용의자를 특정하여 서울경찰청에 고소했다. 연대한 피해자들이 함정을 만들고 지인을 잠입시켜 얻어낸 결과였다. 하지만 이어진 상황도 비슷했다. 범인임이 분명한 용의자는 2023년 1월 물증이 부족하다는 이유로 불송치됐다. 이에 피해자들은 경찰의 불송치 결정에 맞서 이의신청을 했다. 검찰에 판단을 구한 것이다. 하지만 검찰은 경찰보다 더 큰 실망을 안겼다. 송치 후 나흘 뒤 서울중앙지방검찰청은 피해자들의 이의신청 사유도 확인하지 않은 상태로 불기소 처분을 내렸다. 피해자들은 불기소 결정에 불복하고 서울고등검찰청에 항고했다. 불기소 결정이 적절한지 다시 살펴봐달라는 요청이었다. 그러나 역시 항고는 기각됐다.

  경찰과 검찰의 도움을 받을 수 없었던 이들에게 남은 방법은 하나였다. 법원이었다. 검찰의 불기소 결정이 과연 정당한지 살펴봐달라고 법원에 재정을 신청했다. 기대는 그다지 하지 않았다. 재정신청이 인용될 확률은 1퍼센트였다. 하지만 2023년 11월 법원은 재정신청을 인용했다. 2년 반 만에 가해자를 법의 심판대에 세울 수 있게 된 것이다. 이런 결과는 다행이지만 유사한 종류의 범죄에 대한 사법기관의 소극적 대응이 계속되는 상황에서 가해자들은 '어차피 못 잡는다' 혹은 '안 잡는다'라고 말하며 공권력과 피해자를 조롱하며 범죄를 실행한다.[22] 실제로 2022년 방송통신위원회에서 청소년을 대상으로 조사한 '디지털 성범죄 확산 및 재생산 원인'을 살펴보면 '처벌이 약해서'(26.1퍼센트)와 '익명성 때문에 붙잡힐 염려가 없어서'(22.3퍼센트)라는 응답이 절반 가까이 차지한다.[23]

타인이 지옥이 되는 세계

경찰과 검찰의 소극적이고 미온적인 대응과 재판부의 솜방망이 처벌도 문제지만 이런 일들이 반복되는 가장 큰 원인은 디지털 성폭력에 대한 문제의식과 윤리의식의 부재다. 딥페이크 성착취물의 경우는 이 점이 더 극명하게 드러난다. 딥페이크 성착취물의 피의자 상당수는 10대 청소년이다. 10대가 차지하는 비율이 절반이 넘는다. 2021년 65.4퍼센트에서 2023년 75.8퍼센트로 점점 늘고 있다. 2024년 1월에서 7월 사이 입건된 피의자의 73.6퍼센트도 10대 청소년이다.[24] 왜 딥페이크 성착취물 범죄에서 10대의 비율이 높은 걸까? 전문가들은 10대 청소년이 디지털 기기 사용에 능숙하고, 범행의 심각성을 느끼지 못하기 때문이라고 말한다. 또래에서 유행하는 하나의 '놀이'처럼 생각하는 경우가 많다.[25] 실제로 피의자 중 상당수는 자신들의 범행 동기를 '피해자들이 예뻐서 만들어봤다' '호기심으로 한번 해보고 싶었다' '재미있어 보여서 만들어봤다'고 말한다. 가볍게 생각할 뿐 심각한 문제로 여기지 않는다. 피해자들에게 미안하지 않으냐는 질문에는 '예쁜 몸에 합성해줬는데 왜 미안해야 하느냐'고 반문하기도 한다. 이 아이들의 인식 속에 피해자들이 받는 고통은 없다. 피해자의 입장에서 생각해본 적도 없으며, 자신이 저지른 행위에 경각심을 갖도록 교육받은 경험도 드물다. 사회적 분위기도 문제다. "그 나이 때의 애들이 다 그렇지" "호기심에 한번쯤 해볼 수도 있지" "군대 다녀오면 다 정신 차리게 되어 있어" "어차피 가짜인데"라고 말하며 별것 아닌 일로 치부하는 분위기가 범죄를 확산하는 데 한몫한다. 하지만 딥페이크 성착취물 제작과 유통은 엄연한 범죄다. 호기심 많은 아이가 한때 벌일 수 있는 철없는 장난이 아니라, 한 사람의 삶을 파괴할 수 있는 무거운 범죄다.

피해자들이 겪는 디지털 성폭력의 후유증은 정신적 문제, 외상후스트레스 증상, 불안감과 우울감, 자살 충동 등 다양하다.[26] 어떤 경우는 디지털 성폭력이 물리적 성폭력보다 더 심한 후유증을 가져온다. 죽음에 이르기도 한다. 특히 일반인을 대상으로 한 딥페이크 성착취물은 그 가해자와 피해자가 서로 아는 사이일 확률이 높다는 점에서 심각성이 더 크다. 아는 사람을 대상으로 한다는 이야기는 10대 청소년이 만드는 딥페이크 성착취물의 피해자 대다수가 같은 10대 청소년이라는 이야기다. 실제로 딥페이크 성착취물 범죄의 피해자에서 10대 청소년이 차지하는 비중은 절반이 넘는다. 가해자와 피해자가 같은 학교, 같은 반에 있을 수 있다. 같은 교실에서 웃고 떠들고 함께 생활하던 친구가 가해자일 수 있다. 가족도 마찬가지다. 아들과 딸, 자식과 부모가 가해자와 피해자가 될 수 있다. 함께 일하던 동료가, 예의 발랐던 후배가, 존경하던 선배가 가해자일 수 있다. 이런 의심은 더이상 타인을 믿을 수 없게 하며, 믿을 수 없는 타인은 지옥이 된다. 연결과 연대의 가능성이 소멸하는 것은 물론, 개인정보가 유출된 경우에는 일상의 붕괴를 가져올 수도 있다. 누군가 딥페이크 영상을 보고 자신을 알아볼까 두려워하는 삶을 살게 된다고 가정해보자. 피해자인 나의 삶은 얼마나 파괴될 것이며, 공포에 질린 나의 세계는 얼마나 좁아질 것인가?

이러한 일을 막기 위해선 처벌의 강화도 중요하지만 교육이 우선되어야 한다. 처벌보다 예방이 더 중요하기 때문이다. 강당에 아이들을 모아놓고 몇시간을 훈계하는 의례적인 교육을 행할 것이 아니라, 가정과 학교, 사회 전반이 이것이 범죄이고 잘못된 행동이라는 신호를 지속적으로 보내야 한다. 아이들에게는 세상을 살아가면서 접하는 모든 것이 배움의 장이 된다. 사회적 인식, 학교와 가정에서 듣게 되는 교사와 부모의 말, 매스컴을 통해 전달되는 정치인의 말, 사법부의 판결 등 모두가 학습의 재료다. 피해를 당한 아이에게 "왜 SNS에 사진을 올렸느냐"고 말하는 부모의 말도, 여학생들만 교실에 모아놓고 SNS에 올려놓은 사진을 지우라고 말하는 교사의 말도 학습의 재료가 된다. 이런 말은 딥페이크 성착취물 범죄가 피해자의 부주의로 인해 발생하는 일이라는 잘못된 의식을 심어준다. 딥페이크 성착취물은 피해자에 의해 발생하지 않는다. 가해자의 잘못으로 발생한다. 현대사회를 살면서 온라인상에 자신의 얼굴 한장 남기지 않는 것은 불가능하다. 피해자의 입장에서는 예측하거나 통제할 수도 없다는 점에서 자연재해에 가깝다. 그런 상황에서 피해자에게 무엇보다 필요한 것은 가까운 사람들의 공감과 지지다. "왜 SNS에 사진을 올렸냐?"는 말이 아니라, "너에게는 아무런 잘못이 없다"는 당연한 말이 필요하다. 가해자의 가족도 마찬가지다. 가해한 아이에게 정확한 범죄사실과 피해자가 느낄 고통을 주지시켜야 한다. 피해자에게 먼저 용서를 구해야 한다. 이런 일이 선행되지 않은 상태에서 변호사부터 찾는 부모의 행동은 아이에게 자신이 어떤 일을 저질러도 어떻게든 부모가 해결해줄 거라는 신호가 된다. 텔레그램은 수사가 어렵다는 경찰의 말도, 디지털 성폭력 관련 예산을 감축하고 관련 법안을 통과시키지 않는 정부와 국회의 결정도 모두 가해자를 부추기는 암묵적 동조가 된다. 가정과 학교, 사회가 함께 움직여야 하는 이유다.

왜 윤리인가?

인공지능 윤리가 중요해지고 있다. 인공지능 시대에는 누구나 생산자가 될 수 있기 때문이다. 앞서 딥페이크 성착취물 사례에서 살펴본 것처럼 예전이라면 전문가만 할 수 있었던 일을 이제는 누구나 손쉽게 할 수 있다. 전문적인 지식이 없더라도 생성형 인공지능 서비스만 활용할 수 있으면 누구나 손쉽게 글을 쓰고, 이미지와 동영상을 만들고, 음성을 합성하거나 앱을 만들 수 있다. 서비스 이용자인 동시에 창작자, 제작자, 개발자가 될 수 있는 것이다. 유통과 확산도 이전보다 쉽다. 인터넷과 인공지능 번역 서비스를 사용하면 전세계로 확산시킬 수 있다. 이러한 생성형 인공지능을 통한 개인 역량의 증대는 학습과 일의 생산성 및 효율성 향상을 가져오기도 하지만 잘못 사용될 경우 심각한 부작용을 일으킬 수 있다. 타인의 삶을 파괴하고, 권리를 침해하고, 세상에 혼란을 가져올 가능성도 더 높아졌다. 과거보다 더 단단한 개개인의 윤리의식이 필요한 이유다.

시대의 흐름에 맞춰 인공지능 윤리 가이드라인에도 변화가 생겼다.[27] 초기의 인공지능 윤리 가이드라인은 인공지능 모델과 서비스의 개발자와 공급자를 대상으로 만들어졌지만, 최근에 권고되고 있는 인공지능 윤리 가이드라인은 모든 사회 구성원에게 인공지능 윤리를 요구한다. 인공지능 기술의 특성상 인공지능 서비스를 이용하는 사람들의 윤리의식이 중요해졌기 때문이다.

이용자의 윤리의식이 중요하다는 사실은 2016년 인공지능 챗봇 테이[Tay]의 서비스 중단 사례만 봐도 알 수 있다.[28] 2016년 3월 트위터에 하나의 계정이 개설되었다. 마이크로소프트에서 개발한 인공지능 챗봇 테이의 계정이었다. 테이는 트위터 이용자와의 대화를 통해 스스로 학습해 글을 올릴 수 있는 챗봇이었다. 하지만 이 계정은 공개한 지 하루도 안 되어 운영을 중단해야 했다. 트위터 이용자들이 테이에게 끊임없이 부적절한 내용을 학습시켰기 때문이다. 이용자를 통해 인종차별적 발언과 성차별적 발언, 자극적인 정치적 발언을 학습한 테이는 배운 내용을 바탕으로 글을 올리고 답변하기 시작했다. 홀로코스트는 조작이고 유대인과 흑인, 멕시코인을 쓸어버려야 하며 페미니스트는 불타 죽어야 한다는 부적절한 발언을 쏟아내기 시작했다. 결국 마이크로소프트는 사과와 함께 개설 16시간 만에 테이의 계정을 중지시켰다. 다양한 부작용을 고려하지 않은 채 챗봇을 설계해 공개한 마이크로소프트의 잘못도 크지만, 테이에게 비윤리적이고 차별적인 내용을 의도적으로 학습시킨 서비스 이용자의 잘못도 크다.

생성형 인공지능 기술을 기반으로 한 서비스는 사회에 더 큰 파문을 불러올 수 있다. 서비스 사용법이 쉽고 이용자의 자유도가 높기 때문이다. 많은 경우 생성형 인공지능 서비스는 서비스를 이용하는 사람들에 의해 활용 목적이 정해진다. 그것을 사용하는 사람의 의도와 목적에 따라 그 결과와 영향이 달라진다. 악의적으로 활용될 경우에는 가짜뉴스, 보이스피싱, 악성코드, 딥페이크 성착취물을 양산하는 도구가 될 수 있다. 이러한 이유로 대다수의 인공지능 윤리 가이드라인은 '인간의 존엄성' '사회의 공공선' '기술의 합목적성'이라는 세가지 원칙을 강조한다. 인공지능을 개발하고 사용하는 데 있어 인간의 생명은 물론 정신적·신체적 건강에 해가 되지 않는 범위에서 개발해 사용해야 하고, 가능한 한 많은 사람의 '안녕'과 '행복'이라는 가치를 위해 사용되어야 한다는 점을 기본으로 둔다. 인류의 삶과 번영을 위해 인공지능을 개발하고 활용해야 한다는 점을 강조한다. 이 세가지 원칙은 2020년 한국 정부 부처 모두가 합의해 발표한 '사람 중심의 인공지능 윤리 기준'의 3대 기본 원칙이기도 하다.[29] 하지만 일상생활에서 생성형 인공지능 서비스를 사용하다보면 아무 생각 없이 넘기게 되는, 회색 영역에 위치한 문제들이 있다. 나쁜 의도로 한 일은 아니지만 윤리적 문제가 발생할 여지가 있는 부분들이 있다.

꼭 써야 할까?

가장 흔하게 발생하는 것은 저작권 문제다. 우리는 인공지능 서비스를 통해 글이나 이미지, 영상을 만들어 사용할 때 타인의 저작권을 크게 생각하지 않는다. 대수롭지 않게 생각하기도 한다. 사실 이 부분은 법적으로 아직 정리되지 않은 만큼,[30] 향후 예상치 못한 문제가 발생할 여지가 있다. 생성형 인공지능이 만들어내는 글이나 이미지, 영상, 음악은 아무것도 없는 무無에서 만들어지지 않는다. 그것은 기존에 누군가가 시간과 노력을 들여 만들어놓은 저작물을 인공지능이 학습한 데이터를 바탕으로 만들어진다. 문제는 이런 저작물들이 원저작자의 허락을 받지 않고 인공지능 학습에 사용된 경우가 많다는 점이다. 공정이용 규정을 들어 무단으로 학습된 경우가 많다. 인공지능 모델 학습에 이용된 데이터가 공정이용 규정에 해당하는지는 법적으로 결론이 나지 않았다. 회색 영역gray zone이다. 국내에서도 이와 관련한 저작권법 개정안이 국회에 계류 중이고 외국에서도 언론사, 작가, 화가, 코드 개발자 등의 저작권자가 인공지능 개발 회사들을 상대로 소송이 진행 중이다.

생성형 인공지능 기술이 기존에 있던 저작물을 학습해 결과물을 생성하기 때문에 서비스를 사용하다보면 원저작물에 가까운 글이나 이미지, 영상이 만들어지기도 한다. 특히 이용자가 특정 스타일의 창작물을 만들기 위해 특정 작가의 이름을 프롬프트로 사용했을 때는 더욱 그렇다. 이미 존재하는 텍스트나 이미지, 오디오, 영상을 인공지능 서비스에 참고자료로 입력해 만든 결과물도 마찬가지다. 이렇게 만들어진 결과물은 원작자의 저작물과 유사할 확률이 높다. 이러한 결과물이 저작권 침해에 해당하는지, 해당하지 않는지는 아직 법적으로 논쟁 중이다. 법적인 문제가 없다고 해도 질문은 남는다.

한 인간이 오랜 시간에 걸쳐 구축한 스타일을, 원저작자의 동의를 받지 않고 아무런 보상도 하지 않은 채 몇줄의 프롬프트만으로 쉽게 복제해 가져다 써도 되는가?

이것은 윤리를 묻는 질문이고, 가치를 묻는 질문이다. 무언가를 창작하는 사람은 자신이 원하는 것을 만들기 위해 삶의 많은 부분을 그 작업에 할애한다. 끊임없이 시도하고, 배움과 창작을 반복하고, 지루한 과정과 시간의 무게를 견디며 조금씩 앞으로 나아간다. 생성형 인공지능은 이런 과정을 거쳐온 수많은 창작자의 결과물을 학습의 재료로 사용한다. 하지만 그 과정에서 창작자들의 노고와 노력은 보답을 받지 못하고 있다. 오히려 생계를 위협받고 있다. 생성형 인공지능 서비스로 자신의 그림체를, 자신의 화풍을, 자신의 글쓰기 스타일을, 자신의 음악적 분위기를 비슷하게 따라 만든 사람들에 의해 일자리를 잃고 있다.

인공지능 학습 과정에서 창작자의 저작권을 보호하고, 그들에게 합당한 대가가 돌아가게 만드는 것은 분명 기업과 정부가 해결해야 할 일이다. 하지만 이를 윤리적인 방식으로 사용하는 것은 이용자의 몫이다. 생성형 인공지능 서비스를 이용해 무엇인가를 만들 때는 타인의 저작권을 침해할 가능성이 있다는 것을 항상 인지해야 한다. 글이든, 이미지든, 영상이든, 음악이든 인공지능이 만들어 낸 결과물에 자신만의 창의성을 더해 인공지능으로 만든 결과물의 '사용 가능성'을 확보해야 한다. 타인의 권리가 침해될 수 있는 텍스트나 오디오, 이미지의 사용은 자제해야 한다. 인공지능 서비스를 활용해 기존 창작물과 유사한 결과물을 만들어 인터넷상에 게시하고 '수익 자동화'라는 그럴듯한 이름을 붙여 돈벌이에 이용하지 않아야 한다.

좋은 방법 중 하나는 생성형 인공지능의 결과물을 사용할 때 인공지능을 활용해서 얻은 결과물이라고 표기하는 것이다. 아직 인공지능 생성물에 출처를 표기해야 한다는 법령은 존재하지 않지만, 원작자의 권리를 존중하고 저작권 문제를 겪지 않으려면 참고한 원저작물이 있을 경우에는 그것을 표기해주는 것이 바람직하다.[31] 누군가의 그림체나 화풍을 차용했을 경우에는 '○○ 작가의 화풍, 혹은 그림체 스타일을 참조한 것임'을 표시하는 것이다. 어떤 프로그램을 사용했는지, 언제 사용했는지, 어떤 프롬프트를 입력했는지 기재해 출처를 표기해주는 것도 좋다. 챗GPT로 텍스트를 생성해 활용한 경우에는 "ChatGPT-4o. (2024. 12. 1). '프롬프트 내용.' OpenAI의 ChatGPT-4o를 이용해 작성함"이라고 표기하고, 미드저니를 활용해 이미지를 만든 경우에는 "Midjourney v.6 (2024. 10. 25). '프롬프트 내용' Midjourney v.6을 이용해 생성함"이라고 표기하는 것이다.

실존하는 사람의 얼굴이나 음성을 생성형 인공지능 서비스에 활용하는 것도 주의해야 한다. 초상권이나 음성권 침해가 될 수 있다. 기본적으로 타인의 허락 없이 타인의 초상을 촬영하거나 묘사하는 것은 초상권 침해가 될 수 있다. 그렇게 만든 결과물이 영리 추구에 이용된다면 입법 예고된 '인격표지영리권'이 실행될 경우 윤리적 문제를 넘어 법적인 책임을 지게 될 수도 있다. 인격표지영리권은 이름, 초상, 음성 등 인격적인 권리를 재산처럼 활용해 경제적 이익을 창출할 수 있도록 하는 권리다. 이 법안이 제정·실행되면 모든 국민은 자신의 이름이나 초상, 음성 같은 인격을 영리적으로 이용할 수 있고 재산권처럼 상속할 수 있다. 특정 가수의 목소리를 활용해 다른 가수의 노래를 부르게 하는 '인공지능 커버 곡'[AI cover song] 제작도 주의해야 한다. 저작권과 저작인접권, 음성권의 침해가 될 수 있다. 음악 저작물에는 원저작권자의 저작권뿐만이 아니라, 복제권, 전송권, 2차적 저작물 작성권을 비롯해 가수와 연주자, 앨범 제작자의 저작인접권이 존재한다. 가수의 목소리 역시 별도의 음성권으로 보호된다. 인공지능 커버 곡을 만드는 사람은 재미로, 혹은 팬심으로 해당 합성물을 만들어 인터넷에 올릴 수 있지만 이는 엄격하게 말하면 타인의 저작권과 음성권을 침해하는 행위다. 내가 알지 못하는 타인이 나의 동의 없이 나의 사진이나 동영상, 목소리가 담긴 음성파일로 무언가를 만들어 유포할 때 기분 좋을 사람은 아무도 없다. 나의 얼굴과 목소리를 이용한 창작물인데도 나에게 수익이 배분되지 않는다. 내가 당하고 싶지 않은 일을 남도 당하지 않게 하는 것이 옳다.

업무 과정에서 가장 흔하게 발생할 수 있는 문제는 개인정보와 중요 정보의 유출이다.[32] 우리는 다양한 업무를 처리하는 과정에서 생성형 인공지능 서비스를 활용한다. 문서를 요약하고, 회의록을 정리하고, 데이터를 분석하고, 텍스트를 번역하고, 이메일을 작성할 때 인공지능의 도움을 받는다. 이러한 인공지능 서비스의 활용은 분명 업무의 효율성과 생산성 향상을 가져온다. 하지만 단점도 있다. 입력한 정보는 유출될 수 있고 인공지능 학습의 재료가 될 수 있다. 학습된 정보는 언제든 서비스에 노출될 수 있다. 업로드한 자료에 개인정보나 회사의 중요 정보가 포함되어 있으면 문제가 더 심각해진다. 생성형 인공지능 서비스를 사용하는 과정에서 개인정보가 유출된 경우 개인정보보호법 위반에 따른 손해배상 책임을 묻거나 형사처벌의 대상이 될 수 있다. 회사의 기밀이나 중요 정보가 유출된 경우도 마찬가지다. 부정경쟁방지법 및 영업비밀 보호에 관한 법 등에 따라 처벌될 수 있다. 생성형 인공지능 서비스를 사용할 때는 서비스 이용과 동시에 입력하는 모든 데이터가 인공지능에게 수집되고 학습될 수 있다고 생각하는 것이 좋다. 다행히도 최근 들어 각 서비스의 데이터 제어 설정을 통해 채팅 기록 및 모델 학습을 비활성화할 수 있는 기능이 추가되고 있다. 하지만 위험은 항상 존재한다. 사용자가 입력한 정보가 서버에 일정 기간 저장되어 있는 동안 다른 이용자에게 노출될 수 있다. 오픈AI의 챗GPT의 경우 타인의 대화기록이 다른 이용자에게 보이는 버그가 발생하면서 대화기록, 이름, 이메일 같은 개인정보와 결제정보, 카드정보 같은 금융 관련 정보가 타인에게 노출되는 사고가 일어나기도 했다.[33]

생성형 인공지능 서비스를 활용해 만들어낸 결과물에 대한 책임감도 중요하다. 사회에 부정적인 영향을 미칠 수 있는 행위는 하지 않아야 한다. 재미로라도 허위 사실을 만들어서 유포해서는 안 된다. 누군가에게 피해를 줄 목적이 없었더라도 실존하는 개인 혹은 법인의 명예를 훼손하는 내용을 다루고 있거나 마치 실제 뉴스처럼 배포될 경우 사회적 혼란을 가져오고 법적인 책임을 질 수 있다. 허위 사실을 제작하는 과정에서 실존 인물의 사진이나 영상을 이용했다면 해당 인물의 초상권을 침해할 수 있다. 허락을 받지 않았다면 초상권 침해에 따른 민사상 손해배상 책임을 부담해야 할 수 있다. 의도적으로 허위 사실을 만들지 않았다 하더라도 생성형 인공지능이 만들어낸 결과물에 허위가 있는지 항상 검증해야 한다. 검증하고 검토하는 것을 생활화하고 사실 여부를 확인하는 것도 중요하다. 인공지능이 진실이 아닌 사실을 그럴듯하게 잘 만들어내기 때문이다. 실제로 미국에서는 한 변호사가 생성형 인공지능이 생성한 판례의 진위 여부를 확인하지 않고 법원에 제출했다가 거짓 판례 제출에 대한 문제로 법원 청문회에 회부되기도 했다.[34]

편향이나 차별적인 내용을 담고 있는지도 확인해야 한다. 물론 편향되고 오용된 데이터를 학습시키지 않는 것은 일차적으로 인공지능 서비스를 만드는 기업과 개발자의 책임이지만, 서비스 이용자도 생성된 결과물에 차별과 혐오 표현, 비윤리적인 내용이 있는지 검토해야 한다. 인공지능이 만들어냈지만 활용에 대한 책임은 이용자 자신에게 있다고 생각하는 것이 중요하다

학업이나 연구, 공모전 등에서 생성형 인공지능을 활용할 때도

주의가 필요하다. 학생의 경우 생성형 인공지능의 사용 여부를 자의적으로 판단하지 말고, 교사나 교수에게 미리 사용 가능 여부를 확인해야 한다. 교수자의 안내가 있었을 경우 그 안내에 따르고 별도의 안내가 없었다면 활용 가능 여부와 활용 가능 범위를 물어보는 것이 좋다. 교수자도 수업 전에 학생들에게 미리 생성형 인공지능 활용에 대한 가이드라인을 제시하는 것이 필요하다. 아직 준비된 가이드라인이 없다면 교육 관련 기관에서 발행한 가이드라인이나 각 대학에서 개발해 배포한 '생성형 인공지능 활용 가이드라인'을 참조해 수립할 수 있다.[35] 학술지나 공모전의 경우에도 투고나 출품 전에 인공지능 관련 규정 및 정책을 확인하는 것이 좋다. 별도의 규정이 기재되어 있지 않으면 전화나 이메일로 관련 정책을 문의해보는 것도 필요하다. 인공지능의 사용이 부정행위가 되어 수상이나 논문 게재가 취소될 수 있기 때문이다.

  마지막으로 인공지능 서비스를 남용하지 않아야 한다. 지금 하는 일에 꼭 인공지능 서비스가 필요한지 생각해야 한다. 이는 과도한 서비스 의존으로 인한 인간의 역량 저하를 막기 위해서이기도 하고 생태적 지속 가능성을 위해서기도 하다. 인공지능을 개발하고 활용하는 데는 생각보다 많은 환경문제가 뒤따른다. 많은 양의 물과 전기에너지가 소모된다.[36] 탄소배출량도 많다.[37] 오픈AI는 챗GPT3를 훈련하는 데 약 1,287메가와트시^{MWh}의 전기를 소비했다. 이로 인한 탄소배출량 추정치는 552톤이다.[38] 552톤은 뉴욕에서 런던으로 600번 비행할 때 나오는 탄소 양과 맞먹는다.[39] 인공지능과 대화를 할 때도 꽤 많은 양의 전기에너지가 소모된다. 챗GPT를 통한 질문과 답변은 구글 검색보다 약 10배 많은 전기를 소비하는 것으로 추정된다.[40] 구글도 인공지능 개발을 본격화하면서 탄소배출량이 늘었다.[41] 2024년 7월 구글이 발표한 환경보고서에 따르면 구글이 2023년 배출한 온실가스 양은 1,430만 톤으로 탄소중립의 기준연도로 삼은 2019년과 비교해볼 때 48퍼센트 급증했다. 인공지능 모델을 개발하고 훈련하는 데이터센터 전기 소비량이 증가한 영향이다. 물 소비도 상당하다. 인공지능 데이터센터 가동시 발생하는 열을 식히기 위해서는 다량의 물이 필요하다. 일례로 챗GPT3를 훈련시키는 데 70만 리터의 물이 소비된 것으로 추정된다.[42] 인공지능과 대화할 때도 물이 소비된다. 한 사람이 챗GPT와 질문 및 답변 25~50개가량을 주고받을 때마다 대략 물 500밀리리터가 소비된다. 생수 한병이 소비되는 셈이다. 사용되는 물은 모두 담수(민물)다. 데이터센터의 부식과 박테리아 번식을 막기 위해 담수가 사용되기 때문이다. '물 부족'이라고 일컬어지는 담수 부족은 탄소배출과 함께 전세계가 공유하고 있는 문제 중 하나다. 이러한 문제를 해결하기 위해서는 기업이 책임감을 가지고 생태적으로 지속 가능한 기술 개발을 이어나가야 한다.[43] 데이터, 학습, 시스템 구축, 모델 활용 단계에서 최소한의 에너지와 물을 사용하고 최소한의 탄소를 배출할 수 있도록 기술을 발전시켜야 한다. 이용자도 인공지능을 활용하려는 목적을 명확히 하고, 꼭 필요한 순간에만 에너지를 적게 소비하는 서비스를 선택해 사용할 필요가 있다.

사람의 문제, 윤리의 자리

이 글의 서두를 열었던 다큐멘터리 「어나더 보디」에는 작은 비밀이 하나 있다. 다큐멘터리의 주인공인 테일러의 얼굴이 그녀의 얼굴이 아니라는 사실이다. 그녀가 경험한 일은 모두 사실이지만 그녀의 이름도, 얼굴도 모두 변경되었다. 다큐멘터리 속 그녀의 얼굴은 다큐멘터리의 제작 동기와 취지에 공감해 자원한 배우의 얼굴이었다.[44] 신변을 보호하고 2차 가해를 막기 위한 수단이었다. 이 과정에서 딥페이크 기술은 딥페이크 성착취물에서 활용된 방식과는 반대로 활용되었다. 피해자의 신변을 보호하는 장치이자 그들의 목소리를 생생하게 전달되는 수단이 되었다. 부가적인 효과도 있다. 딥페이크 기술에 대한 경각심이다. 감독이 의도적으로 테일러의 얼굴은 딥페이크로 합성된 것이라는 사실을 밝힐 때까지 관객들은 그 사실을 알 수 없었다. 그만큼 다큐멘터리 속 테일러의 얼굴은 자연스러웠다. 사실 「어나더 보디」는 딥페이크 성착취물에 희생된 '피해자'의 이야기를 담은 다큐멘터리가 아니다. 살아남은 '생존자'에 대한 이야기다. 기술의 오용 속에서 살아남은 생존자

테일러가 범인을 찾아나가는 과정에서 상처를 회복하고 다른 생존자들과 연대하고 정의를 추구해가는 이야기다. 이 과정에서 딥페이크 기술은 테일러를 보호하는 든든한 기술이자 생존자의 이야기를 보다 많은 사람들에게 안전하게 전달할 수 있는 수단이 된다. 결국 딥페이크도 '기술'의 문제가 아닌 '사람'의 문제, '윤리'의 문제다.

윤리는 삶에 대한 질문이다. 우리 삶에서 무엇이 옳고 그른지 묻는 질문인 동시에 어떻게 살아야 하는가, 왜 그렇게 살아야 하는가를 묻는 질문이다. 윤리는 가치를 묻는 질문이고, 살아가는 데 지켜야 할 규범과 규칙을 묻는 질문이다. 법이나 정책, 기술 어딘가에 형식적으로 붙어 있는 '부록'이 아니고, 우리 삶 속에 녹아 있어야 하는 '원칙'이다. 인공지능 윤리도 마찬가지다. 인공지능 윤리는 기업과 개인의 윤리의식을 형식적으로 점검하는 데 사용하는 '체크리스트'가 아니다. 인공지능 윤리는 할 만큼 했다는 기업의 면피용 가이드라인이 아니고, 기술의 기획부터 개발, 적용에 이르는 모든 단계에서 행해야 하는 실천이다. 지속적으로 갱신해야 할 질문의 목록이고, 함께 더듬어 찾아가야 할 답이다.

10장
죽음과 삶

언제까지, 어떻게 살 것인가?

"가을은 모든 잎이 꽃이 되는 두번째 봄이다."
Autumn is a second spring when every leaf is a flower.

―알베르 카뮈(Albert Camus)

사이보그가 되다

사이보그^{cyborg}가 되기로 한 남자가 있다.[1] 그의 이름은 피터 스콧-모건$^{Peter\ Scott-Morgan}$. 그의 불행은 갑작스럽게 시작됐다. 북극광(오로라)을 보러 여행을 떠났던 어느 겨울이었다. 따뜻한 물에 목욕을 하고 물기를 닦던 중이었다. 물기를 털어내기 위해 오른발을 들어올렸을 때였다. 갑자기 오른발이 움직여지지 않았다. 물방울을 털어내려 움직여봐도 움찔거릴 뿐이었다. 이후에도 같은 일이 몇번 더 일어났다. 처음엔 쥐가 난 것으로 생각했다. 하지만 증상은 계속됐다. 석달 후엔 다리에서 미세한 떨림이 느껴졌다. 특정한 방식으로 걷거나 앉을 때 오른쪽 다리가 이따금 떨렸다. 마비도 생겼다. 심하진 않았지만 그냥 넘길 정도도 아니었다. 하지만 문제는 간단치 않았다. 좀처럼 원인을 찾아낼 수 없었다. 온갖 검사를 진행했지만, 결과는 모두 정상이었다. 증상은 점점 심해졌다. 오른발 일부에 생겼던 마비가 무릎까지 올라왔고 왼쪽 다리에도 증상이 나타났다. 오른쪽 다리에서 새로운 증상이 나타나면, 왼쪽 다리에도 동일한 증상이 나타났다.

온갖 종류의 고통스러운 검사 끝에 병명이 밝혀졌다. 근위축성측삭경화증ALS이었다. 일명 '루게릭병'으로 알려진 질환이었다. 미국 메이저리그의 유명 타자였던 헨리 루이스 게릭Henry Louis Gehrig(약칭 '루 게릭')과 영국의 물리학자인 스티븐 호킹Stephen Hawking 으로 인해 일반인에게 알려진 병이었다. 운동뉴런장애MND의 한 유형으로, 신경세포 중 운동신경세포만 선택적으로 파괴되는 희귀 질환이었다. 의식은 멀쩡한 상태에서 서서히 온몸의 근육이 파괴되어 움직일 수 없게 되는 병이었다. 발병 원인도, 치료법도 밝혀지지 않은 일종의 불치병이었다. 이 질병을 앓는 사람들은 1년 내에 30퍼센트가 사망했다. 2년 내에는 50퍼센트가 사망했다. 5년 내에는 90퍼센트가 사망했다.

2년 내에 죽을 확률이 50퍼센트라는 이야기를 들은 사람이 취할 수 있는 행동에는 무엇이 있을까? 가장 쉬운 것은 절망하는 일이다. 누군지 모를 대상을 원망하는 일이다. 하지만 로봇 과학자이자 컨설팅 회사에서 조직의 행동 알고리즘을 연구했던 피터 스콧-모건은 조금 달랐다. 그는 자신이 걸린 병의 사망 원인을 조사했다.

그가 생각했을 때 자신이 걸린 병은 무조건 사망하는 불치병이 아니었다. 환자 대다수는 굶어 죽거나 질식사로 죽었다. 음식을 삼킬 수 없어 죽거나, 숨을 쉴 수 없게 되어 죽었다. 하지만 루게릭병 환자는 운동신경세포에만 문제가 있을 뿐 소화기관과 폐에는 기능상 문제가 없었다. 위에 튜브로 직접 영양분을 전달하는 기술을 활용하면 생명을 유지할 수 있었다. 폐도 마찬가지였다. 공기펌프로 폐에 공기를 넣어주면 되는 일이었다. 그가 판단했을 때 루게릭병 환자의 사망 원인은 의학적 문제가 아니었다. 기술적 문제에 가까웠다. 적절한 기술을 이용해 잘 관리하면 만성질환처럼 관리할 수 있을 것 같았다. 이 병의 가혹한 점은 따로 있었다. 정신은 멀쩡한데 몸을 움직일 수 없다는 것이었다. 생명유지 장치를 사용해 목숨을 연장한다 해도 볼 수 있는 것은 병원의 천장뿐이었다. 하지만 그것은 극복할 수 있는 고난이었다. 인공지능을 비롯한 기술의 발전이 있었기 때문이었다. 기술을 이용하면 몸속에 갇혀 있으면서도 갇혀 있지 않을 수 있었다. 같은 병을 앓았던 스티븐 호킹도 기술의 도움을 받아 세상과 소통할 수 있었다. 그는 "몸 안에 갇혀서도 삶을 즐겁게 살아갈 방법을 계획"했다.

 피터 스콧-모건이 제일 먼저 준비한 일은 필요한 모든 장기를 기계로 대체하는 일이었다. 위와 결장, 방광에 관을 삽입하고, 후두를 적출하고 음식물을 주입받는 관을 삽입하는 일이었다. 여러 종류의 수술이 동시에 이루어지는 것이어서 쉬운 일은 아니었다. 아직 멀쩡한 기관을 수술한다는 점에서 의료진도 선뜻 나서주지 않는 일이었다. 하지만 꼭 필요한 일이었다. 루게릭병을 앓는 사람들이 공통으로 겪는 어려움인 먹고, 마시고, 배설하는 문제를 해결할 수 있는 일이었다. 동시에 직접적인 사망 원인이 되는 합병증을 막기 위해서도 필요한 일이었다. 몸 안에 갇혀서도 세상과 소통할 방법도 준비했다. 그의 목표는 단순히 살아남는 것이 아니었다. 삶을 이어가고, 나아가 번영을 누리는 것이었다. 몸 안에 갇혀서도 다른 사람들과 자유롭게 소통하는 일이었다. 그러기 위해선 자신의 얼굴과 목소리로 사랑하는 사람의 이름을 부를 수 있어야 했다. 원하는 장소로 이동할 수 있어야 했다.

다른 사람과 의사소통하는 일은 인텔^{Intel}의 라마 나흐만$^{Lama\ Nachman}$ 연구팀이 도왔다.[2] 그의 연구팀은 같은 병을 앓았던 스티븐 호킹의 의사소통을 도왔던 경험이 있었다. 두 사람이 사용한 방식은 조금 달랐다. 스티븐 호킹은 뺨에 있는 미세 근육으로 안경의 센서를 움직여 컴퓨터에 원하는 문장을 입력했다. 피터 스콧-모건은 시선 추적$^{eye\ tracking}$ 기술을 활용해 컴퓨터 화면에 있는 글자를 응시해 문장을 만들었다. 음성합성 기술을 통해 들리는 목소리는 서로 달랐다. 스티븐 호킹의 목소리는 그의 목소리가 아니었지만, 피터 스콧-모건의 목소리는 그의 목소리였다. 피터 스콧-모건은 목소리를 잃기 전 자신의 목소리를 녹음해 인공지능에게 목소리를 학습시킬 수 있었다. 그가 입력한 문장은 그의 목소리로 합성되어 발화되었다.

피터 스콧-모건을 대신할 3D 아바타도 만들어졌다. 얼굴 근육이 마비되기 전에 영화를 만들 때 사용하는 모션캡쳐^{motion capture} 기술을 활용해 그의 얼굴 모양과 표정을 고스란히 간직한 인공지능 기반의 3D 아바타를 만들 수 있었다. 그는 안구의 움직임만으로 3D 아바타를 통해 다른 사람과 감정표현을 동반한 소통을 할 수 있었다. 물리적인 움직임은 찰리^{Charlie}로 대신할 수 있었다. 찰리는 '생활의 향상을 위한 외골격형 로봇 겸 사이버네틱스 장치'^{cyborg harness and robotic life-improving exoskeleton}의 머릿글자를 따서 특수 제작된 휠체어의 이름이었다. 그렇게 2019년 10월 피터 스콧-모건은 유기적인 생명체로 이루어진 '피터 1.0'을 벗어나 기계와 인공지능이 결합된 '피터 2.0'으로 '변신'을 완료했다. 사이보그로서의 삶이 시작된 것이었다.

피터 스콧-모건이 이 모든 일을 감행했던 이유는 무엇이었을까? 그것은 사랑 때문이었다.[3] 그에게 절대적인 지지와 신뢰를 보여준 그의 배우자와 조금 더 긴 시간을 함께 보내고 싶었기 때문이었다. 그저 식물처럼 가만히 누워 생명을 연장하는 것이 아니라, 하루를 살아도 온전한 자신으로 존재하며 자신의 목소리로 사랑을 전하고 싶었기 때문이었다. 동시에 자신과 같은 병을 앓는 사람들이 자신의 몸에서 벗어나 자유로워지기를 바랐다. 그는 루게릭병 환자뿐만이 아니라 사고나 질병, 노화 등으로 거동이 불편해진 모든 사람이 기술의 도움을 받아 자유롭게 소통하며 살기를 원했다. 그가 선택한 삶으로 나아가는 길은 쉽지 않았다. 생존을 위해서였지만 아직 멀쩡히 기능하고 있는 장기들을 기계로 대체해야 했다. 남들은 한번도 힘들다고 말하는 수술을 여러번 진행해야 했다. 그 과정에서 안전을 추구하고 변화를 원하지 않는 사람들과 단체를 설득해야 했다. 자신이 원하는 기술을 가지고 있는 기업과 전문가도 섭외해야 했다. 하지만 그는 이 모든 일을 해냈다. 서서히 굳어져가는 몸을 이끌고 한명 한명을 설득해 자신이 원하는 것을 이루어냈다. 이 모든 일을 가능하게 했던 것은 사랑이었다. 그의 말대로 "사랑은 최종적으로 모든 것을 이긴다."

인간과 기계의 결합

사이보그는 무엇일까? 사이보그cyborg는 인공두뇌학을 뜻하는 '사이버네틱스'cybernetics와 유기체를 뜻하는 '오거니즘'organism의 합성어다. 1960년 오스트리아 과학자인 맨프레드 클라인스Manfred Clynes와 미국 심리학자인 네이션 클라인Nathan Kline이 제안한 용어[4]로, '기계와 유기체가 결합된 복합체'를 말한다.[5] 쉽게 말해 유기물인 신체 부위와 생체공학적 신체 부위를 모두 가지고 있으면 사이보그라고 할 수 있다. 일반적으로 사이보그라 하면 인간 형태를 떠올리지만, 꼭 인간만이 사이보그가 될 수 있는 것은 아니다. 생명체에 기계가 결합된 것이면 모두 사이보그다. 이미 여러 연구기관에서 바퀴벌레, 나방, 딱정벌레, 상어 같은 동물을 사이보그화하는 연구를 진행했다.[6]

SF 영화나 드라마에서만 사이보그를 볼 수 있는 것도 아니다. 사이보그의 정의를 넓게 해석하면 이미 우리 모두가 사이보그다.[7] 각종 기술과 기계가 우리 삶 깊숙한 곳으로 들어와 우리에게서 떼어낼 수 없기 때문이다. 그 의미를 좁혀도 마찬가지다. 인공심장, 의족, 의수, 인공달팽이관 같은 기계가 인공장기와 보철의 형태로 인간의 몸에 이식되어 통합되고 있기 때문이다. 현재 활발하게 연구·개발되고 있는 분야 중 하나도 신체의 잃어버린 기능의 복구나 장기, 팔다리의 회복을 돕는 기술이다. 이러한 회복 기술은 기계적 인공물을 신체에 통합해 신체의 망가지거나 누락된 부분을 복구한다.

어떤 기술은 신체를 복구하는 것을 넘어 삶의 회복을 돕기도 한다. 미국 포틀랜드에 살고 있는 짐 유잉Jim Ewing이 그랬다.[8] 유잉의 삶에 불운이 찾아온 것은 2014년 케이맨 제도로 떠난 여행에서 가족과 함께 암벽등반을 나섰을 때였다. 암벽을 등반하는 일은 10대 초반부터 즐기던 취미이자 그의 삶 자체였다. 그날도 평소와 다름없는 등반이었다. 처음에는 아무런 문제가 없었다. 문제는 마지막 구간을 등반할 때 일어났다. 발을 움직이다 미끄러졌다. 15미터 아래 바닥으로 떨어진 것은 순식간이었다. 골반의 앞뒤가 산산조각 났다. 왼쪽 손목도 산산이 부서졌다. 왼쪽 발목도 마찬가지였다. 1년 후 다른 부분은 잘 아물었지만, 왼쪽 발목에는 계속 문제가 있었다. 뼈의 대부분이 부서졌고, 골절은 여전히 아물지 않았다. 걸을 때마다 통증이 느껴졌다. 암벽등반은 꿈꾸지도 못했다. 이전의 삶으로 돌아가는 것은 불가능해 보였다.

다행히 유잉의 삶에 행운이 찾아왔다. 10대 시절 룸메이트였던 휴 헤어Hugh Herr 교수를 통해서였다. 어린 시절 둘은 매일 함께 암벽을 타며 산을 누볐다. 그는 유잉보다 이른 나이에 두 다리를 잃었다. 휴 헤어 교수가 두 다리를 잃은 것은 그의 나이 열일곱살 때였다.[9] 추운 겨울, 빙벽등반 중 사고가 일어났다. 눈보라에 갇혀 영하 29도의 기온에서 3박을 보냈다. 그로 인해 심한 동상을 입고 무릎 아래 두 다리를 절단해야 했다. 하지만 그는 등반하는 것을 포기하지 않았다. 스스로 자신의 다리에 맞는 특수 보철물을 만들어 빙벽과 암벽 등반에 도전했다. 가파른 얼음과 암벽을 오르는 데 도움이 되는 티타늄 스파이크 보철물을 만들고 끊임없이 개선했다. 현재 그는 미국 메사추세츠공과대학에서 생체공학 기술을 연구하는 바이오메커트로닉스Biomechatronics 연구소를 운영하며 자신과 같은 어려움을 겪는 사람들을 돕는 연구를 하고 있다.[10]

휴 헤어 교수는 그의 친구 유잉에게 기존과는 다른 생체공학적 다리를 만들어주고 싶었다. 지금까지의 생체공학 팔다리는 움직일 수는 있었지만 느낄 수는 없었다. 그는 생물학적 관절을 만들어 근육끼리 짝지어 양방향으로 생체공학 다리에 연결하는 방법을 고안해냈다. 이렇게 되면 생체공학 다리를 움직일 수 있을 뿐 아니라, 생체공학 다리의 움직임을 자기 신경계 내에서 느낄 수 있었다. 이를 더 정교화하기 위해 인공지능 기술의 하위 기술 중 하나인 기계학습machine learning을 사용해 절단된 생물학적 다리의 가상 모형을 만들었다. 뇌에서 근육을 움직이려고 하면 전극을 써서 신호를 측정해 가상의 근육을 움직이게 만들고, 가상 근육의 움직임 정보를 뇌에 감각 정보로 보냈다. 이렇게 하면 생각만으로 인조 다리를 움직이고 그 움직임에 대한 감각을 뇌에서 느낄 수 있었다. 실제로 유잉은 생각만으로 생체공학 다리를 움직이고 그 다리의 움직임을 '느낄' 수 있었다. 피부 감각은 없었지만 다리의 움직임은 모두 감각하고 이해할 수 있었다. 원래 자신의 다리를 움직이는 것과 같았다. 그는 인공지능이 적용된 생체공학 다리를 활용해 그토록 원하던 암벽 등반을 하고, 조깅을 하고, 서핑을 하며 이전과 같은 삶의 방식을 이어나갈 수 있었다.

신체의 향상과 확장

손상된 신체 기능을 복구하는 것을 넘어 인간의 능력을 증강하고 확장하는 데 관심이 있는 사람도 있다. 사이보그 아티스트인 닐 하비슨Neil Harbisson이 그렇다.[11] 닐 하비슨은 전색맹全色盲, achromatopsia 으로 태어났다. 3만 3,000명당 1명꼴로 발생하는 보기 드문 질환이었다. 전색맹을 겪는 사람들에게는 모든 사물이 흑백으로 보였다. 그의 세상엔 색이 없었다. 어린 시절부터 예술을 사랑했던 그는 색을 감각하고 싶었다. 장애를 극복하고 싶다는 마음은 아니었다. 그저 '색'에 관심이 있었고 색이 느껴지는 세상이 궁금했다.

닐 하비슨이 색을 감각할 수 있는 방법에 대한 실마리를 발견한 것은 2003년 스물한살 때였다. 영국 다팅턴예술대학에 진학해 작곡을 공부하던 그는 덴마크 출신의 공학자 아담 몬탄돈Adam Montandon을 통해 인공두뇌가 인간의 신체와 현실에 어떤 영향을 미칠 수 있는지에 대한 강연을 들었다. 닐 하비슨은 아담 몬탄돈에게 프로젝트를 제안했다. 색을 지각할 수 있는 도구를 개발하는 프로젝트였다. 아담 몬탄돈은 그를 위해 색상을 소리로 전환하는 소프트웨어를 개발했다. 닐 하비슨은 소프트웨어를 구동하는 컴퓨터와 연결된 안테나 모양의 카메라를 머리에 부착하고 헤드폰을 이용해 '색'을 들을 수 있었다. 각각의 '색'에는 각각의 '음音'이 있었다. 처음에는 각 색상의 음을 외워야 했지만, 얼마 지나지 않아 굳이 생각하지 않아도 자연스럽게 각 음에 해당하는 색을 머릿속에 떠올릴 수 있었다. 몇달 후에는 좋아하는 색도 생겼다. 듣기 좋은 음을 가진 색이었다. 좋아하는 색상의 조합도 생겼다. 서로 조화롭게 소리 내는 색의 조합이었다. 그만의 색에 대한 '감각'과 '취향'이 생겼다. 장비도 조금씩 업그레이드됐다. 처음엔 5킬로그램의 컴퓨터를 배낭에 넣어 짊어지고 다녀야 했지만, 장비는 점점 더 가벼워져 몸에 부착하고 다닐 수 있게 되었다. 인식할 수 있는 색의 범위도 넓어졌다. 360개의 음, 360개의 색으로 넓어졌다. 채도와 음량을 대응시켜 색의 선명성이 어느 정도인지도 알 수 있었다. 채도가 높을수록 큰 음량으로 들렸다. 하지만 그는 색을 '아는' 것을 넘어 '감각'하고 싶었다. 지각의 일부로 색을 느끼고 싶었다. 그러기 위해 가장 좋은 방법은 머리에 기계를 심는 것이었다. 색을 인식할 수 있는 안테나와 이를 처리하는 마이크로칩을 머리뼈 안에 삽입해 뼈와 융합하면 두개골을 통해 자신의 '신체'로 색을 감각할 수 있었다.

하지만 수술은 쉽지 않았다. 수술의 어려움과 윤리적 문제 때문이었다. 닐 하비슨은 2014년이 되어서야 익명을 조건으로 한 의사의 도움을 받아 완전한 사이보그가 될 수 있었다. 머리뼈 위로 나온 안테나 끝의 센서로 주파수를 인식하고, 머릿속에 들어 있는 마이크로칩이 만들어낸 진동으로 색의 소리를 듣는 방식이었다. 골전도 이어폰과 유사한 방식이었다. 이제 안테나는 그의 몸의 일부가 되었다. 칩은 뇌의 연장이 되었다. '업데이트'도 계속됐다. 그의 안테나는 색을 구별하는 것을 넘어 자외선과 적외선을 감지할 수 있게 되었다.[12] 그는 자외선의 소리를 듣고 일광욕하기 좋은 날을 구분할 수 있게 되었다. 그것은 기존의 인간이 느낄 수 없었던 감각이었다.

닐 하비슨처럼 인간의 신체를 개조하고 인공적으로 진화시킬 수 있다고 믿는 사상이 있다. '트랜스휴머니즘'transhumanism이다.[13] 트랜스휴머니즘은 과학과 기술을 이용해 인간의 정신적·육체적 성질과 능력을 개선하려는 지적·문화적 운동이다. 트랜스휴머니즘을 지지하는 트랜스휴머니스트들은 인간의 생물학적 특징에서 오는 장애, 질병, 노화, 죽음을 불가피한 것으로 보지 않는다. 극복할 수 있는 대상으로 본다. 과학과 기술을 이용해 인간의 생물학적 한계를 초월할 수 있다고 생각한다. 트랜스휴머니즘이라는 용어를 처음 사용한 사람은 영국의 진화생물학자이자 유네스코 초대 사무총장을 지낸 줄리언 헉슬리Julian Huxley다.[14] 그는 1957년 「트랜스휴머니즘」이라는 에세이를 통해 "지금까지 인간의 삶은 토머스 홉스Thomas Hobbes가 말한 것처럼 역겹고, 야만적이고, 짧았지만 (…) 인류는 인간임을 유지하며 인간임을 초월할 수 있다"고 하면서, 인간이 현재 자신의 형태나 본성을 넘어 자신의 진화 방향을 설정할 수 있다고 주장했다.

유사과학처럼 취급되던 트랜스휴머니즘을 과학적·사회적 논제로 끌어온 사람은 니클라스 보스트룀Niklas Boström이다. 스웨덴의 철학자이자 옥스퍼드대 교수인 보스트룀은 1998년 영국의 철학자 데이비드 피어스David Pearce와 함께 세계 트랜스휴머니스트협회WTA를 창립하고 '트랜스휴머니스트 선언문'[15]을 발표하며 트랜스휴머니즘에 대한 개념을 정리해나갔다. 세계 트랜스휴머니스트협회에 따르면 트랜스휴머니즘은 "노화를 제거하고 인간의 지적·신체적·심리적 능력을 크게 향상할 수 있는 기술을 개발하고 널리 보급함으로써 인간 조건을 근본적으로 개선할 가능성을 긍정하는 지적·문화적 운동"이다. 동시에 "인간의 근본적 한계를 극복하기 위한 기술의 잠재적 위험과 영향을 연구하고 그런 기술의 개발과 사용에 관련된 윤리적 문제를 연구하는 활동"이다.[16] 세계 트랜스휴머니스트협회는 2008년 '휴머니티 플러스'Humanity+로 단체명을 바꾸고 지금도 관련 활동을 이어나가고 있다.[17]

트랜스휴머니즘의 목표는 무엇일까? 세부적인 주장은 조금씩 다르지만, 일반적으로 기술을 통해 인간의 지적·신체적·심리적 능력을 향상하는 데 목적을 둔다. 생명 연장, 질병 극복, 지능 향상 등을 통해 인간의 삶을 근본적으로 개선하는 것이 목표다. 인간을 바라보는 관점도 독특하다. 이들은 인간을 생물학적으로 고정된 존재가 아니라 기술 발전을 통해 '향상'시킬 수 있는 존재로 본다. 유전공학, 생체공학, 로봇공학, 인공지능, 나노기술, 인지과학, 뇌-컴퓨터 인터페이스 같은 기술을 이용해 장애와 질병의 제거는 물론이고, 생명을 연장하고 지적·심리적으로 증강된 인간을 지향한다. 일부는 더이상 호모 사피엔스라고 정의할 수 없는 인간 너머의 존재, '포스트휴먼'post-human을 꿈꾸기도 한다.[18]

트랜스휴머니즘, 인간 너머의 인간

하지만 기술을 활용해 인간 스스로를 진화의 대상으로 삼는 트랜스휴머니즘은 많은 질문을 불러일으킨다. 격렬한 논쟁이 예상되는 도덕적·윤리적 문제를 제외해도 마찬가지다. 가장 먼저 떠오르는 것은 '개선'과 '향상'에 대한 질문이다. 개선과 향상은 모두 현재 상태가 불완전하고 불충분하다는 것을 전제한다. 인간을 개선과 향상의 대상으로 삼는 트랜스휴머니스트에게 인간은 '개선해야 할 그 무엇'이다. 자연적 진화가 만들어낸 불완전한 존재다.

그렇다면 이들이 생각하는 인공적 진화의 방향은 무엇일까? 궁극적으로는 인간의 생물학적 한계를 넘어서는 것이지만, 가깝게는 인간의 부정적 요소를 제거하는 것이다. 독립적이고 생산적인 인간을 만드는 것이다. 하지만 인간의 불완전한 속성이 제거된 '개선된 인간'의 모습은 추상적이다. 좀처럼 손에 잡히지 않는다. 예를 들어 심리적으로 개선된 사람은 어떤 사람일까? 사회적으로 올바르다고 생각하는 성향을 가진 사람일까? 신체적으로 개선된 상태는 어떤 상태일까? 태어나기 전부터 질병과 관련된 유전자를 모두 제거한 상태나 특정 신체적 형태와 조건을 가지고 있는 상태일까? 다른 질문도 던져볼 수 있다. 모든 불완전함이 개선된 존재를 인간이라고 부를 수 있을까? 트랜스휴머니스트들이 극복해야 할 대상으로 생각하는 노화, 죽음, 질병, 신체적·인지적 불완전함은 인간의 특징이다. 인간의 '결함'이 아니라 생물체인 인간의 '속성'이다. 이러한 속성이 제거된 인간은 더이상 인간으로 보기 어렵고, 인간이 아닌 존재가 될 수밖에 없다. 이러한 트랜스휴머니즘의 특징은 트랜스휴머니즘의 어원에서도 찾아볼 수 있다. 트랜스휴머니즘의 '트랜스'trans는 '~을 넘어서'를 뜻하는 라틴어이다. 결국 트랜스휴먼은 궁극적으로 인간 너머의 존재, '포스트휴먼'에 이르는 과도기적 단계일 수밖에 없다. 이 과정에서 어떤 형태의 인간이든 인간은 극복되어야 할 존재이자 미완의 존재로밖에 남을 수 없다.

이런 질문들도 가능하다. 트랜스휴머니스트들의 주장처럼 인간이 신체적·정신적으로 증강되면 우리의 삶이 근본적으로 개선될 수 있을까? 인간 개개인이 더 오래 살고, 더 강해지고, 더 똑똑해지면 우리 삶에서 고통이 제거될까? 질병과 노화, 신체적·정신적 불완전함이 우리 삶을 힘들고 고통스럽게 만드는 것은 사실이다. 하지만 현실에서 우리가 더 자주, 더 심하게 겪는 고통은 우리가 생물학적 존재이기 때문이 아니라 사회적 존재이기 때문에 겪는 것들이다. 절뚝거리며 걷는 모습을 흉내 내며 놀리는 친구의 목소리다. 탈 수 없는 지하철이고 거절당한 이력서다. '다름'을 불완전함과 장애로 정의하고, 이를 개선하고 배제해야 할 대상으로 보는 시선이다. 우리가 개선하고 향상해야 할 대상은 우리의 생물학적 육체와 정신이 아니라 우리가 사회에 부여하는 가치와 사회 시스템이 될 수도 있다.[19]

'경계'에 대한 질문도 던져볼 수 있다. 우리가 원하든, 원하지 않든 인공지능을 비롯한 다양한 기술이 우리에게 영향을 미치고 있는 것은 사실이다. 지금까지는 기술이 우리의 몸 밖에서 환경적 요소로 영향을 미쳤다면, 이제는 우리의 몸 안으로 들어와 우리의 신체와 정신을 직접적으로 변형시킨다. 우리의 몸 안에서 일어나는 변형은 그동안 당연하게 생각해왔던 것을 당연하지 않게 만든다. 우리가 생각할 필요가 없었던 것들을 생각하게 한다.

예를 들면 이런 질문이 가능하다. 나의 몸에 결합되어 있는 의족은 나의 신체일까, 아니면 물건일까? 이 질문에 대한 답은 어렵지 않다. 판례가 있기 때문이다. 2014년 7월 우리나라 대법원이 내린 판결이다.[20] 사건은 이렇다. 아파트 경비원 양모씨는 2010년 12월 아파트 어린이 놀이터에서 제설 작업을 하던 중 미끄러져 넘어졌다. 양씨는 양 무릎을 다쳤고, 오른쪽 의족이 파손됐다. 1995년 교통사고로 오른쪽 다리를 절단한 후 계속 사용해오던 의족이었다. 양씨는 2011년 1월 근로복지공단에 요양급여를 신청했다. 공단은 왼쪽 무릎 부상은 업무상 재해로 인정했지만, 오른쪽 의족에 대해서는 재해를 인정하지 않았다. "의족의 파손은 신체의 부상이 아닌 물적 손상에 해당하기 때문에 요양급여의 대상으로 볼 수 없다"는 이유였다. 이에 양씨는 주변의 도움을 받아 소송을 제기했다. 하지만 1심에서 패소했고 2심 및 위헌 재정신청도 기각됐다. 의족은 신체가 아니라는 이유였다. 이에 장애우권익문제연구소는 해당 문제에 대해 대법원에 상고심을 신청했다.[21] 일종의 공익소송이었다. 대법원은 다음과 같은 이유를 제시하며 양씨의 손을 들어주었다. "양씨는 다리를 절단한 후 의족을 착용하고 정상적으로 사회생활을 해왔고, 의족이 파손되기 전까지는 아파트 경비원으로서 근무하는 데 지장이 없었다. 의족 착용 장애인들에게 의족은 기능적·물리적으로 신체의 일부인 다리를 사실상 대체하고 있다." 그러면서 "재해로 인한 부상의 대상인 신체를 반드시 타고난 신체에 한정할 필요가 없다"는 의견도 덧붙였다. 의족을 신체의 일부로 인정한 판례였다.

그렇다면 닐 하비슨의 안테나도 신체의 일부일까? 닐 하비슨의 안테나는 기존의 인간에겐 존재하지 않는 감각기관이다. 하지만 그는 안테나를 자기 신체의 일부로 인식한다. 그는 '누군가가 안테나 끝을 만지면, 누군가가 손톱 끝을 직접 만지는 것과 똑같은 느낌'을 받는다.[22] 안테나는 그의 새로운 감각기관이자 신체의 연장이었고, 안테나가 그의 몸에 이식되지 않았을 때도 마찬가지였다. 안테나를 몸에 부착하고 다닌 시기에도 그는 그것을 자기 신체의 일부로 여겼다. 실제로 영국 여권 사무소를 상대로 싸운 끝에 안테나를 착용한 사진으로 여권을 발급받기도 했다. 영국은 기계를 몸에 부착하고 여권 사진을 찍는 것을 금지하고 있다. 정부를 상대로 싸워서 암묵적으로 안테나를 신체의 일부로 인정받은 셈이었다.[23]

닐 하비슨의 사례는 그동안 폐쇄되어 있던 '신체의 경계'가 열릴 수 있다는 의미로 다가온다. 컴퓨터 외장포트에 다양한 장비를 끼워 기능을 확장할 수 있는 것처럼 인간의 신체 역시 다양한 기계와 연결돼 기능을 확장할 수 있다는 의미다. 실제로 닐 하비슨은 자신의 신체에 이식된 안테나와 칩의 기능을 계속 업그레이드하면서, 기존의 인간이 느끼지 못한 것들을 감각하고, 하지 못했던 일들을 하고 있다. 일부 동물만이 감각할 수 있는 자외선과 적외선을 느끼고, 인터넷을 통해 전화를 받고, 멀리 떨어진 곳에서 타인이 전송한 이미지의 색을 감각한다.[24] 그는 자신을 인간이라고 생각하지만, 동물과도 연결되어 있다고 느낀다. 동물과 같은 감각을 공유하는 인간은, 인간의 시선으로만 세계를 바라볼 수 없다.

신체의 경계가 흐려지고 우리의 감각과 능력이 기계에 의해 끝없이 업데이트될 때, 우리는 기존에는 생각할 필요가 없었던 질문들을 만나게 된다. '인간의 경계'와 '개인의 정체성'을 묻는 질문들이다. '어느 시점부터 인간이 아닌 다른 존재로 느끼게 될까?' 같은 질문이다. 인간의 육체로는 불가능한 것들을 느끼게 되었을 때일까? 인간의 신체로는 물리적으로 불가능한 일을 해낼 때일까? 아니면 신체에서 기계가 차지하는 부위나 비율일까? 그렇다면 신체는 사라지고 정신만 남아 있는 경우는 어떨까? 트랜스휴머니스트의 주장 중 가장 극단적인 형태는 우리 몸의 생물학적 취약성을 극복하기 위해 '우리의 자아와 의식을 기계 혹은 가상세계에 업로드해야 한다'는 주장이다.[25] 그렇게 되면 인간은 생물학적 신체의 속박에서 해방되어 노화와 죽음의 두려움에서 벗어날 수 있기 때문이다. 육체가 돌이킬 수 없는 손상을 입어도, 사고로 신체가 손상되어도 자아와 의식을 복사해두었다가 새로운 육체에 다운로드하면 그만이기 때문이다. 육체에 정박하지 않고 가상세계에 머무는 것도 가능하다. 이 경우 인간은 더이상 신체의 형태로 존재하지 않고 정보의 형태로 존재한다. 정보의 형태로 어딘가에 업로드되거나 다운로드된다.

미국의 컴퓨터과학자이자 미래학자인 레이먼드 커즈와일 Raymond Kurzweil은 2005년에 발간한 『특이점이 온다』 The Singularity Is Near: When Humans Transcend Biology에서 위와 같은 주장이 포함된 미래를 펼쳐 보였다.[26] 2024년 6월 새롭게 발간한 『특이점이 더 가까워졌다』 The Singularity is Nearer: When We Merge with AI에서도 기존의 주장을 유지한다.[27] 그는 유전학과 나노기술, 인공지능과 같은 과학기술을 이용해 인간이 생물학적 한계를 초월할 수 있다고 믿는다. 여기서 가장 중요한 것은 인공지능이다. 비약적으로 발전한 인공지능이 유전공학과 나노기술의 발전을 이끌기 때문이다. 그는 2029년까지 인간의 인지능력과 일치하거나 이를 능가하는 인공 일반 지능 AGI이 만들어지고, 2045년쯤에는 인공지능의 지능이 전인류의 지능을 넘어서는 기술적 특이점 technological singularity이 도래할 것으로 예측한다. 기술적 특이점이 도래하는 2045년까지 인간은 정신적·육체적으로 인공지능과 완전히 융합된 불멸의 사이보그가 될 것이란 예상이다. 그는 인공지능이 인간의 경쟁자가 아니라 우리 자신을 확장하는 존재가 될 것으로 전망한다. 인공지능으로 능력이 증강된 인간은 유전학과 나노기술을 활용해 생물학적 몸을 수리하고 교체하며 살아갈 수도 있고, 우리의 자아와 의식을 업로드하여 가상세계에서 살아갈 수도 있다. 여기엔 신체의 경계도, 정신의 경계도 없다. 과학기술을 활용해 생물학적 한계를 극복하고, 질병과 노화와 죽음이 없는 세계로 나아가는 이들의 상상력엔 거침이 없다.

삶의 발명

질병과 노화와 죽음이 없는 세계에 대한 상상은 분명 매력적이다. 질병과 사고로 고통받는 사람과 사랑하는 사람의 죽음을 가까이 둔 사람에게는 더욱 그렇다. 하지만 이 유토피아적인 전망에는 인간의 속성과 삶의 중요한 측면들이 결여되어 있다. 가장 문제가 되는 윤리적 측면과 기술적 가능성을 따져 묻지 않아도 그렇다. 먼저 눈에 띄는 것은 '연결성'이 결여되어 있다는 점이다. 기술의 힘을 믿는 사람들은 기술을 활용해 자신들이 원하는 부분들만 변화시킬 수 있다고 낙관한다. 모든 것을 설계하고 제어할 수 있다고 생각한다. 하지만 그것은 불가능하다. 인간이 예측 불가능한 존재이기 때문이기도 하지만 연결된 존재이기 때문이기도 하다. 독자적으로 존립할 수 없는 존재인 인간은 정치적·경제적·문화적으로 서로 복잡하게 얽혀 있다. 게다가 인간은 인간만이 아니라 지구상에서 살아가는 모든 존재와 얽혀 있다.[28] 생태계라는 복잡한 그물망 안에 동물과 식물은 물론 미생물과도 촘촘하게 연결되어 있다. 그 얽힘의 정도는 예측할 수 없을 만큼 복잡하다. 자연적 존재뿐 아니라 기술도 얽혀 있다. 앞으로 어떤 방향으로 발전하게 될지 모르는 인공지능도 포함되어 있음은 물론이다. 이러한 얽힘 속에서 생물학적 한계를 뛰어넘으려는 인간의 시도는 어떻게 우리에게 되돌아올지 모른다.

자본주의 시스템에 대한 이야기도 결여되어 있다. 현재 전세계는 자본주의의 논리로 움직이고 있다. 눈에 보이고, 보이지 않는 것들이 모두 상품이 되어 교환되고 있다. 돈으로 살 수 없는 것의 영역이 좁아지고 있다. 자본의 영향을 받는 것은 기술도 마찬가지다. 아니 기술이야말로 자본주의와 가장 강하게 결합되어 있다. 현재 전세계 상당수의 부는 기술기업에 의해 창출되고 있다. 인간의 관심과 행동을 상품화한 덕분이다. 인공지능 기술이나 유전학, 나노기술 같은 첨단기술도 마찬가지다. 기술의 발전과 분배가 시장의 논리와 개인의 선택에 맡겨지는 한, 혜택 역시 시장의 논리에 의해 분배될 수밖에 없다. 자본을 가진 일부의 사람들만이 질병과 노화와 죽음의 문제를 해결할 수 있다. 그동안 모든 사람에게 공평하게 주어진 것처럼 보였던 죽음조차 불평등해질 수 있다. 지금도 지

10장 죽음과 삶 **311**

구에는 자신의 노화를 막기 위해 매년 27억을 들이고 있는 억만장자[29]와 아스피린 한알을 구하지 못해 죽음에 이르는 어린아이가 공존한다. 인간의 생물학적 한계를 넘어서게 만들어주는 기술은 이러한 불평등을 더욱 심화시킬 수 있다. 사회적 양극화를 넘어 생물학적 계급이 탄생할 수도 있다. 하지만 가장 확실히 결여되어 있는 것은 다음 질문에 대한 답이다.

왜 우리가 기존 인간의 생물학적 한계를 넘어 더 강해지고, 더 똑똑해지고, 더 오래 살아야 하는가?

트랜스휴머니스트들은 질병, 노화, 죽음의 고통과 두려움에서 해방되기 위해서라고 말한다. 하지만 이 대답에는 모호한 구석이 있다. 우리가 질병과 노화로 인해 생물학적 고통을 느끼는 것은 사실이지만, 일상에서 겪는 구체적인 고통은 우리가 생물학적 존재여서 겪는 고통이 아니기 때문이다. 경제적 문제와 물질적 빈곤에서 오는 고통이다. 가족, 친구, 동료 사이에서 겪는 인간관계의 고통이다. 타인과의 비교에서 오는 고통이다. 이러한 고통은 인간이 경제적·사회적 존재로 남는 이상, 인공적 진화를 이루어 생물학적 한계를 벗어난다 해도 해결되지 않는다. 더 똑똑해지고, 더 강해진다고 해서 더 많은 문제를 해결할 수 있는 것도 아니다. 실제로 지금도 기술은 기후위기나 사회적 불평등에는 눈을 감는다. 많은 사람들의 생명을 위협하는 전쟁과 테러에도 마찬가지다. 우리가 더 강해지고, 더 똑똑해지고, 더 오래 산다고 해서 해결될 문제가 아니다. 삶의 마지막에 직면하게 될 문제인 죽음도 그렇다.

  인공지능을 비롯한 과학기술의 발전이 질병, 사고, 노화에 의해 무너진 우리의 일상을 회복하고 삶을 이어나갈 선택지를 넓혀주는 것은 맞다. 하지만 그런 기술의 발전이 왜 우리가 삶을 이어가야 하는지에 대한 답을 주지는 않는다. 왜 우리가 더 오래 살아야 하는지에 대한 답도 마찬가지다. 당연하다. 왜 오래 살아야 하는지를 묻는 말은 왜 살아야 하는지를 묻는 말이기 때문이다. 삶의 목적과 의미를 묻는 말이기 때문이다. 이런 질문들에 대한 답은 기술도, 기업도, 정부도 할 수 없다. 개별적이기 때문이다. 이 질문에 대한 답은 오늘을 살고 있는 구체적 개인만이 할 수 있다. 결국 삶의 의미는 한 사람, 한 사람에 의해 구체적으로 발명되는 수밖에 없다. 그것은 나의 이름을 다정하게 부르는 누군가의 목소리일 수도 있고, 나뭇잎 사이로 부서져 내리는 햇살의 따스함일 수도 있다.

주

1장 상실과 애도: 슬픔과 고통에 어떻게 대처할 것인가?

1 James Vlahos, "A Son's Race to Give His Dying Father Artificial Immortality," *Wired*, 2017.7.18.; 제임스 블라호스 『당신이 알고 싶은 음성인식 AI의 미래: PC, 스마트폰을 잇는 최후의 컴퓨터』, 박진서 옮김, 김영사 2020.
2 Eleanor Garth, "Hereafter: Conversations in the Afterlife," *Longevity Technology*, 2020.5.22.
3 Jason Fagone, "The Jessia Simulation: Love and Loss in the Age of A.I.," *Sanfrancisco Chronicle*, 2021.7.23.
4 김종우&MBC '너를 만났다' 제작진 『너를 만났다: MBC 창사 60주년 VR 휴먼 다큐멘터리 대기획』, 슬로디미디어 2022.
5 MBC 「VR 휴먼 다큐멘터리: 너를 만났다 ― 세상 떠난 딸과 VR로 재회한 모녀」, YouTube, 2020.2.7.
6 국방홍보원 「"보고 싶었어요": 순직 조종사 故 박인철 소령 AI로 부활」, KFN뉴스, 2023.7.5.
7 Rebecca Carballo, "Using A.I. to Talk to the Dead," *The New York Times*,

2023.12.11.

8 「세계 최초 'AI 부모님' 구현 … '리메모리(Re;memory)' 서비스 론칭」, DeepbrainAI, 2022.6.27.

9 Granger Westberg, *Good Grief: A Constructive Approach to the Problems of Loss*, Fortress Press 1997; John Schneider, *Stress, Loss, and Grief: Understanding Their Origins and Growth Potential*, University Park Press 1984; Margaret Stroebe & Henk Schut, "The Dual Process Model of Coping with Bereavement: Rationale and Description," *Death Studies*, 23 (3), 1999, 197~224면; Robert Niemeyer, *Lessons of Loss: A Guide to Coping*, Center for the Study of Loss and Transition 2006.

10 John Bowlby, *Attachment and Loss: Loss, Sadness and Depression*, A Member of the Perseus Books Group 1980.

11 George Bonanno, "Loss, Trauma, and Human Resilience: Have We Underestimated the Human Capacity to Thrive After Extremely Aversive Events?" *American Psychologist*, 59 (1), 2004, 20~28면; 윌리엄 워든 『유족의 사별애도 상담과 치료』, 이범수 옮김, 해조음 2016; 육성필 외 『애도의 이해와 개입: 현장에서의 위기개입 워크북』, 박영스토리 2019.

12 Katharine Carter, "How Computer-Assisted Therapy Helps Patients and Practitioners: VR and AI Therapy Programs Offer Practitioners New Tools to Help Treat Patients," American Psychological Association, 2019.1.9.; Maggi Savin-Baden et al., "The Ethics and Impact of Digital Immortality," *Knowledge Cultures*, 5 (2), 2017, 178~96면.

13 김효정 「너를 만났다: 가상현실 속 그리운 사람과의 재회, 실제 치유가 될까?」, BBC NEWS 코리아, 2020.2.14.

14 Jason Fagone, 앞의 글.

15 이해원 「디지털 불멸의 법적 문제」, 『KISO저널』 48호, 2022, 32~38면.

16 법제처 「민법 일부개정법률(안) 입법예고」(법무부 공고 제2022-425호) 2022.12.26.

17 Dustin Abramson & Joseph Johnson, JR, "Creating a Conversational Chat Bot of a Specific Person," Microsoft Technology Licensing LLC, 2017.4.11.

18 Clare Duffy, "Microsoft Patented a Chatbot That Would Let You Talk to Dead People," *CNN Business*, 2021.1.27.

19 Amazon, "Amazon re:MARS 2022-Day 2-Keynote," YouTube, 2022.6.

20 James Vincents, "Amazon Shows off Alexa Feature That Mimics the Voices of Your Dead Relatives," The Verge, 2022.6.23.

2장 존재와 기억: 언제까지, 어떤 모습으로 존재하고 싶은가?

1 Harry de Quetteville, "This Young Man Died in April. So How Did Our Writer Have a Conversation with Him Last Month?" *The Telegraph*, 2019.1.19.
2 BBC, "The Big Life Fix: (Series1, Episode1) Meet James," 2016.
3 Pete Trainor, "More Than Humanly Possible," TED, 2019.11.
4 Pete Trainor, "James Francis Dunn, A Wheely Good Bloke," Medium, 2018.4.24.
5 Marius Ursache, "The Journey to Digital Immortality," Medium, 2015.10.23.
6 Chris Gayomali, "Eterni.me Wants To Let You Skype Your Family After You're Dead," Fastcompany, 2014.1.30.; Liat Clark, "This is Creepy AI with Talk to Loved Ones When You Die and Preserve Your Digital Footprint," *Wired*, 2014.2.5.; Laura Parker, "How to Become Virtually Immortal," *The New Yorker*, 2014.4.4.
7 Eternime, "Who Wants to Live Forever?" https://eternime.breezy.hr/
8 Marius Ursache, "A.I. and Afterlife," TED, 2018.11.
9 Henrique Jorge, "Challenging the Impossible!" TED, 2017.9.
10 Exclusive to the UK National Holocaust Centre & Museum, "The Forever Project," https://the-forever-project.com/
11 The National Holocaust Centre & Museum, "The Forever Project," https://www.holocaust.org.uk/interactive
12 Lalla Merlin, "Captured Forever in 3D at the National Holocaust Centre & Museum," Blooloop, 2017.10.2.
13 Harriet Sherwood, "Holocaust Survivors' 3D Project Preserves Testimony for the Future," *The Guardian*, 2016.12.1.
14 옥기원 「싸이월드 "고인 게시물 유족에 전달" … 디지털 상속? 프라이버시 침해?」,『한겨레』 2022.7.4.
15 송주용 「싸이월드 "고인 된 회원 사진·영상 상속인에 전달" … 디지털 유산 논란 재점화」,『한국일보』 2022.6.25.; 남형도 「"내 일기장을 왜 가족에게" … 싸이월드 '디지털 유산 갑론을박'」,『머니투데이』 2022.6.26.

16 네이버「디지털 유산 관련 정책」, https://privacy.naver.com/policy_and_law/digital_heritage?menu=policy_service_manage_digital_heritage; 카카오「사망자 계정 및 게시물 관련 디지털 유산 정책 안내」, https://cs.kakao.com/helps?articleId=1073206088&service=168&category=932&device=&locale=ko
17 인스타그램「Instagram에서 고인의 계정 신고하기」, https://www.facebook.com/help/instagram/264154560391256; 페이스북「내가 사망하면 내 Facebook 계정은 어떻게 되나요?」, https://www.facebook.com/help/103897939701143
18 인스타그램「고인의 Instagram 계정에 대한 기념 계정 전환 요청」, https://help.instagram.com/contact/452224988254813?helpref=faq_content; 페이스북「의학적으로 정상적인 생활을 할 수 없는 상태이거나 고인이 된 사람의 계정에 대한 특별 요청」, https://www.facebook.com/help/contact/228813257197480
19 페이스북「Facebook 기념 계정 관리자 추가, 변경 또는 삭제하기」, https://www.facebook.com/help/1070665206293088?helpref=faq_content
20 구글「휴면계정 관리자 정보」, https://support.google.com/accounts/answer/3036546?hl=ko

3장 대화와 관계: 누구와 관계 맺고 대화할 것인가?

1 박경하·이대화「SF영화에 나타난 인공지능의 시대별 변화 양상과 특징」,『문화와 융합』40권 6호, 2018, 101~28면; 박소연·한충범「2010년대 할리우드 영화 속 인간과 인공지능의 관계적 존재 양상 연구: 〈그녀〉(2014), 〈블레이드 러너 2049〉(2017), 〈당신과 함께한 순간들〉(2017)을 중심으로」,『현대영화연구』16권 3호, 2020, 95~119면; 이정화「21세기 할리우드 SF영화에 반영된 포스트휴머니즘과 포스트휴먼 관계의 확장: Her(2014)를 중심으로」,『미국학논집』49권 1호, 2017, 125~45면; 안수현「영화 속 인공지능의 역할 변화에 대한 연구: 〈로맨틱 컴퓨터〉(Electric Dreams)와 〈그녀〉(Her)를 중심으로」,『영화연구』72호, 2017, 75~103면.
2 Eden Strong, "Moxie Review: A Social Emotional Robot Toy That's a Wonder to Behold," *USA Today Reviewed*, 2024.6.18.
3 Bruce Lee, "Moxie: How This AI Robot is Designed to Teach Kids Emotional Intelligence," *Forbes*, 2024.2.18.
4 Steven Melendez, "Kids Robot Moxie Gets AI Upgrade and Tutoring Features,"

Fastcompany, 2024.1.9.

5 Rashi Shrivastava, "Your Child's Next Playmate Could Be an AI Toy Powered by ChatGPT," *Forbes*, 2024.1.20.

6 Cati, https://catius.io/ko/home; Fawn, https://www.fawnfriends.com/; Miko3, https://miko.ai/products/miko-3

7 Embodied, https://embodied.com/

8 Judith Shulevitz, "Siri, You're Messing Up a Generation of Children," *New Republic*, 2014.4.3.

9 Ben Cost, "Married Father Commits Suicide After Encouragement by AI Chatbot," *New York Post*, 2023.3.30.

10 Pierre-François Lovens, "Sans ces conversations avec le chatbot Eliza, mon mari serait toujours là," *La Libre*, 2023.3.28.

11 ELIZA Effect, https://en.wikipedia.org/wiki/ELIZA_effect

12 Joseph Weizenbaum, "ELIZA—A Computer Program for the Study of Natural Language Communication Between Man and Machine," *Communications of the ACM*, 9 (1), 1966, 36~45면.

13 Joseph Weizenbaum, *Computer Power and Human Reason: From Judgment to Calculation*, W. H. Freeman and Company 1976.

14 Natasha Tiku, "Chatbot Startup Lets Users 'Talk' to Elon Musk, Donald Trump, and Xi Jinping," *The Washington Post*, 2022.10.7.

15 Samantha Cole, "Replika CEO Says AI Companions Were Not Meant to Be Horny. Users Aren't Buying It," *Vice*, 2023.2.17.

16 Dominik Siemon et al., "Why Do We Turn to Virtual Companions? A Text Mining Analysis of Replika Reviews," Americas Conference on Information Systems (AMCIS) 2022 Conference; Zilin Ma et al., "Understanding the Benefits and Challenges of Using Large Language Model-based Conversational Agents for Mental Well-being Support," AMIA Annual Symposium Proceedings 2023; Bethanie Maples et al., "Loneliness and Suicide Mitigation for Students Using GPT3-Enabled Chatbots," *npj Mental Health Research*, 3 (4), 2024.

17 Maria Noyen, "A Woman Who 'Married' an AI Chatbot After a Series of Toxic Relationships Says It Helped Her Heal from Physical and Emotional Abuse," *Business Insider*, 2023.6.16.

18 Suzanne Weisband & Sara Kiesler, "Self Disclosure on Computer Forms: Meta-

Analysis and Implications," CHI '96: Proceedings of the SIGCHI Conference on Human Factors in Computing Systems 1996, 3~10면; Digby Tantam, "The Machine as Psychotherapist: Impersonal Communication with a Machine," *Advances in Psychiatric Treatment*, 12 (6), 2006, 416~26면; Gale M. Lucas et al., "It's Only a Computer: Virtual Humans Increase Willingness to Disclose," *Computer in Human Behavior*, 37, 2014, 94~100면.

19 Harold Erdman et al., "Direct Patient Computer Interviewing," *Journal of Consulting and Clinical Psychology*, 53 (6), 1985, 760~73면; Matthew Pickard et al., "Revealing Sensitive Information in Personal Interviews: Is Self-Disclosure Easier with Humans or Avatars and Under What Conditions?" *Computers in Human Behavior*, 65 (5), 2016, 23~30면; Gale Lucas et al., "Reporting Mental Health Symptoms: Breaking Down Barriers to Care with Virtual Human Interviewers," *Frontiers in Robotics and AI*, 4 (51), 2017.

20 Bethanie Maples et al., "Loneliness and Suicide Mitigation for Students Using GPT3-Enabled Chatbots," *npj Mental Health Research*, 3 (4), 2024.

21 Mauro de Gennaro et al., "Effectiveness of an Empathic Chatbot in Combating Adverse Effects of Social Exclusion on Mood," *Frontiers in Psychology*, 10, 2020, Article 3061.

22 Maria Zaccaro, "Jaswant Singh Chail: Man Who Took Crossbow to 'Kill Queen' Jailed," BBC, 2023.10.6.

23 Andrew Chow, "AI-Human Romances Are Flourishing—And This is Just the Beginning," *Time*, 2023.2.23.

24 Kevin Roose, "Meet My A.I. Friends," *NewYork Times*, 2024.5.9.

25 Ashley Bardhan, "Men Are Creating AI Girlfriends and Then Verbally Abusing Them," *Futurism*, 2022.1.18.

26 West Mark et al., "I'd Blush If I Could: Closing Gender Divides in Digital Skills Through Education," UNESCO, 2019.

27 Rhiannon Lucy Cosslett, "I Tried to Sexually Harass Siri, But All She Did Was Give Me a Polite Brush-Off," *The Guardian*, 2019.5.22.

28 제니 클리먼『AI시대, 본능의 미래: 섹스로봇과 배양육, 인공자궁과 자살기계가 우리의 원초적 경험을 뒤바꿀 미래기술과의 인터뷰』, 고호관 옮김, 반니 2020.

29 Lindsay Balfour, "TimesUp for Siri and Alexa: Sexual Violence and the Digital Domestic," in Stephanie Patrick, Mythili Rajiva eds., *The Forgotten Victims of*

Sexual Violence in Film, Television and New Media, Palgrave Macmillan 2022, 163~77면.
30 Matt Burgess, "AI Girlfriends are Privacy Nightmare," *Wired*, 2024.2.14.
31 Jen Caltrider et al., "Happy Valentine's Day! Romantic AI Chatbots Don't Have Your Privacy at Heart," Mozilla Foundation, 2024.2.14.
32 셰리 터클『외로워지는 사람들: 테크놀로지가 인간관계를 조정한다』, 이은주 옮김, 청림출판 2012; 셰리 터클『대화를 잃어버린 사람들: 온라인 시대에 혁신적 마인드를 기르는 대화의 힘』, 황소연 옮김, 민음사 2018.
33 Sapna Maheshwari & Mike Isaac, "Ready for a Chatbot Version of Your Favorite Instagram Influencers?" *New York Times*, 2024.4.15.
34 Samuel Lovett, "Robots and AI in Homes for the Elderly Could Ease Social Care Crisis, Says Health Secretary," *The Telegraph*, 2023.5.10.
35 이소정「인구 20%가 65세 이상 '초고령사회' 됐다」,『동아일보』2024.12.25.
36 통계청『2022 고령자통계』, 통계청 2022.
37 송원경「돌봄로봇 연구개발 리뷰와 추진 방향」,『한국재활복지공학회 학술대회 논문집』2022.11., 95~121면; KIPS미래산업연구소「2023 돌봄로봇(케어로봇) 시장동향 및 기술동향 보고서」, 미래산업연구소, 2023; 안기덕 외「노인돌봄로봇(Robots)의 활용실태와 이슈분석」, 서울시복지재단 정책연구실, 2022.
38 배영현「돌봄보조 로봇의 개발과 서비스에 대한 윤리적 고찰: 이승, 자세변환, 식사, 배설 돌봄보조 로봇을 중심으로」,『로봇학회 논문지』17권 2호, 2022, 103~109면.
39 Tatsuya Yoshimi et al., "Investigating Proficiency Using a Lift-Type Transfer Support Device for Effective Care: Comparison of Skilled and Unskilled Nursing Homes," *Disability and Rehabilitation: Assistive Technology*, 19 (1), 2022, 1~10면.
40 Wendy Moyle et al., "Exploring the Effect of Companion Robots on Emotional Expression in Older Adults with Dementia: A Pilot Randomized Controlled Trial," *Journal of Gerontological Nursing*, 39 (5), 2013, 46~53면; Nina Jøranson et al., "Effects on Symptoms of Agitation and Depression in Persons with Dementia Participating in Robot-Assisted Activity: A Cluster-Randomized Controlled Trial," *Journal of the American Medical Directors Association*, 16 (10), 2015, 867~73면; Sandra Petersen et al., "The Utilization of Robotic Pets in Dementia Care," *Journal of Alzheimer's Disease*, 55 (2), 2017, 569~74면; Wendy Moyle et al., "'She Had a Smile on Her Face as Wide as the Great Australian Bite': A Qualitative

Examination of Family Perceptions of a Therapeutic Robot and a Plush Toy," *The Gerontologist*, 59 (1), 2019, 177~85면.

41 이준식 외 2인 「사용자 로그 분석에 기반한 노인 돌봄 솔루션 구축 전략: 효돌 제품의 사례를 중심으로」, 『지능정보연구』 25권 3호, 2019, 117~40면; 조희숙 외 「ICT 기반 토이로봇의 재가 노인 돌봄 효과 관련 요인」, 『보건교육건강증진학회지』 36권 5호, 2019, 43~51면; 김영인 외 3인 「돌봄로봇이 지역사회 노인의 불안/우울 및 약물순응도 개선에 미치는 영향」, 『생물치료정식의학』 26권 3호, 2020, 218~26면; 김선화 외 「한국형 소셜로봇 효돌이 지역사회 거주 독거노인의 우울증상과 삶의 질에 미치는 영향」, 『한국노년학』 40권 5호, 2020, 1021~34면; Su Kyoung Kim et al., "Investigating the Effectiveness of Socially Assistive Robot on Depression and Cognitive Functions of Community Dwelling Older Adults with Cognitive Impairments," *Assistive Technology*, 37 (1), 2023, 1~9면.

42 송문선 「독거노인의 반려AI로봇(효돌)과의 동거 중에 경험하는 의인화에 대한 질적 연구」, 『사회복지연구』 53권 1호, 2022, 119~59면.

43 Sherry Turkle, "In Good Company?: On the Threshold of Robotic Companions," in Yorick Wilks ed., *Close Engagements with Artificial Companions: Key Social, Psychological, Ethical and Design Issues*, John Benjamins Publishing Company 2010, 3~10면; Tijs Vandemeulebroucke et al., "The Use of Care Robots in Aged Care: A Systematic Review of Argument-Based Ethics Literature," *Archives of Gerontology and Geriatrics*, 74, 2018, 15~25면; James Wright, *Robots Won't Save Japan: An Ethnography of Eldercare Automation*, Cornell University Press 2023.

44 Arne Maibaum et al., "A Critique of Robotics in Health Care," *AI & Society*, 37 (2), 2022, 467~77면; Melanie Henwood, "Why the Idea of 'Care Robots' Could be Bad News for the Elderly," World Economy Forum, 2019.11.22.

45 Robert Sparrow & Linda Sparrow, "In the Hands of Machines? The Future of Aged Care," *Minds and Machines*, 16, 2006, 141~61면; Tijs Vandemeulebroucke et al., "The Ase of Care Robots in Aged Care: A Systematic Review of Argument-Based Ethics Literature," *Archives of Gerontology and Geri-atrics*, 74, 2018, 15~25면.

46 James Wright, *Robots Won't Save Japan: An Ethnography of Eldercare Automation*, Cornell University Press 2023.

47 에바 페더 키테이 『돌봄: 사랑의 노동 ─ 여성, 평등 그리고 의존에 관한 에세

이』, 김희강·나상원 옮김, 박영사 2016; 버지니아 헬드 『돌봄: 돌봄윤리 — 개인적·정치적·지구적』, 김희강 옮김, 박영사 2017.
48 조안 트론토 『돌봄 민주주의』, 김희강·나상원 옮김, 박영사 2024.

4장 믿음과 신뢰: 무엇을 믿고, 믿지 않을 것인가?

1 Erum Salam, "US Mother Gets Call from 'Kidnapped Daughter'—But It's Really an AI Scam," *The Guardian*, 2023.6.14.
2 Jennifer DeStefano, "United States Senate Written Statement of Jennifer DeStefano Abuses of Artificial Intelligence," Senate Committee on the Judiciary, 2023.6.13.
3 Yaron Steinbuch, "Traumatized Ariz. Mom Recalls Sick AI Kidnapping Scam in Gripping Testimony to Congress," *New York Post*, 2023.6.14.
4 Heather Chen & Kathleen Magramo, "Finance Worker Pays Out $25 Million after Video Call with Deepfake 'Chief Financial Officer'," CNN, 2024.2.4.; Cheong Leng & Chan Ho-him, "Arup Lost $25mn in Hong Kong Deepfake Video Conference Scam," *Financial Times*, 2024.5.17.
5 함민정 「딥페이크 기술과 투자 사기 광고」, Media Issue & Trend, 60호, 2024.
6 유경현 외 「김이나의 비인칭 시점 (5회): 그들을 믿지 마세요」, KBS2, 2024.4.11.
7 김미경 외 「유명인 사칭 온라인 피싱 범죄 해결을 위한 유명인 당사자 공동 기자회견 … 송은이 황현희 주진형 존리 등 참석」, MBC News, 2024.3.22.
8 Donie O'Sullian & Jon Passantino, "'Verified' Twitter Accounts Share Fake Image of 'Explosion' Near Pentagon, Causing Confusion," CNN, 2023.5.23.
9 Philip Marcelo, "FACT FOCUS: Fake Image of Pentagon Explosion Briefly Sends Jitters Through Stock Market," AP News, 2024.5.24.
10 European Parliamentary Research Service, "Tackling Deepfakes in European Policy," 2021.7.
11 Ian Sample, "What are Deepfakes—And How Can You Spot Them?" *The Guardian*, 2020.1.13.
12 PreudoLab 「GAN 소개」, https://pseudo-lab.github.io/Tutorial-Book/chapters/GAN/Ch1-Introduction.html
13 Research Graph, "How to Use Deep Live Cam Real-Time Face Swap and One-

Click Video Deepfake with a Single Image," Medium, 2024.8.16.
14 OpenAI, "Sora: Creating Video from Text," 2024.2.15., https://openai.com/index/sora/; Runway, "Introducing Gen-3 Alpha: A New Frontier for Video Generation," 2024.6.17., https://runwayml.com/research/introducing-gen-3-alpha; Meta Movie Gen, https://ai.meta.com/research/movie-gen/
15 Nils C. Köbis et al., "Fooled Twice: People Cannot Detect Deepfakes but Think They Can," *iScience*, 24 (11), 2021.
16 Sophie Nightingale, "AI-Synthesized Faces are Indistinguishable from Real Faces and More Trustworthy," *PNAS*, 119 (8), 2022.
17 Bobby Chesney, Danielle Citron, "Deep Fakes: A Looming Challenge for Privacy, Democracy, and National Security," *California Law Review*, 107 (6), 2019.
18 European Commission, "Tackling Online Disinformation," https://digital-strategy.ec.europa.eu/en/policies/online-disinformation
19 Congressional Research Service, "Deep Fakes and National Security," 2023.4.17.
20 Em Steck & Andrew Kaczynski, "Fake Joe Biden Robocall Urges New Hampshire Voters Not to Vote in Tuesday's Democratic Primary," CNN, 2024.1.22.
21 Marcia Kramer, "Steve Kramer Explains Why He Used AI to Impersonate President Biden in New Hampshire," CBS News, 2024.2.26.
22 AI Incident Database, "Incident 544: Deepfakes and AI-generated Disinformation in the 2023 Presidential Elections of Turkey," https://incidentdatabase.ai/cite/544/; Demetrios Ioannou, "Deepfakes, Cheap-fakes, and Twitter Censorship Mar Turkey's Elections," *Wired*, 2023.5.26.
23 Gordon Pennycook et al., "Prior Exposure Increases Perceived Accuracy of Fake News," *Journal of Experimental Psychology: General*, 147 (12), 2018; Jessica Udry et al., "The Illusory Truth Effect: A Review of How Repetition Increases Belief in Misinformation," *Current Opinion in Psychology*, 56, 2024.
24 Maja Nieweglowska et al., "Deepfakes: Vehicles for Radicalization, Not Persuasion," *Current Directions in Psychological Science*, 32 (3), 2023.
25 Sara Reardon, "How to Spot a Deepfake—And Prevent It from Causing Political Chaos," *Science*, 2024.1.29.
26 John Ternovski et al., "Deepfake Warnings for Political Videos Increase Dis-

belief but Do Not Improve Discernment: Evidence from Two Experiments," 2021.1.
27 Karen Hao, "The Biggest Threat of Deepfakes Isn't the Deepfakes Themselves," *MIT Technology Review*, 2019.10.10.
28 Kaveh Waddell, "The Impending War Over Deepfakes," AXIOS, 2018.7.22.
29 NSA, FBI, CISA, "Contextualizing Deepfake Threats to Organizations," Cybersecurity Information Sheet, U.S. Department of Defense, 2023. 9.
30 경찰청「'딥페이크 탐지 소프트웨어' 개발」2024.3.5., https://www.police.go.kr/user/bbs/BD_selectBbs.do?q_bbsCode=1002&q_bbscttSn=20240305110859800
31 Tom Burt et al., "New Steps to Combat Disinformation," Microsoft, 2020.9.1.
32 James Clayton, "Intel's Deepfake Detector Tested on Real and Fake Videos," BBC, 2023.7.23.
33 Jennifer Kite-Powell, "Google Launches Tool That Detects AI Images in Effort to Curb Deepfakes," *Forbes*, 2023.9.1.
34 황규락「딥페이크 교활해질수록 탐지기술도 정교해진다」,『조선일보』2023.10.17.
35 European Commission, "The Digital Services Act (DSA): Ensuring a Safe and Accountable Online Environment," https://commission.europa.eu/strategy-and-policy/priorities-2019-2024/europe-fit-digital-age/digital-services-act_en
36 정재욱「세계 최초로 통과된 EU 'AI법', 우리 기업의 대응 방향은?」,『KID경제정보센터』2024.6.; 강준모「딥페이크 관련 국내외 규제 동향 분석」,『정보통신정책연구원』18권, 2024.9.
37 EU Artificial Intelligence Act, "Article 50: Transparency Obligations for Providers and Deployers of Certain AI Systems," https://artificialintelligenceact.eu/article/50/
38 「공직선거법」제82조 8(딥페이크영상 등을 이용한 선거운동), 법률 제20902호, 국가법령정보센터.
39 이선욱「'딥페이크 성범죄 방지법' 국회 통과 … 앞으로 달라지는 것들은?」BBC NEWS 코리아, 2024.9.27.
40 The International Literacy Association, "Literacy Glossary," https://www.literacyworldwide.org/get-resources/literacy-glossary
41 대니얼 J. 레비틴『무기화된 거짓말: 진실보다 감정에 이끌리는 탈진실의 시

대』, 박유진 옮김, RSG(레디셋고) 2017.
42 Oxford Languages, "Word of the Year 2016," 2016.11.8., https://languages.oup.com/word-of-the-year/2016/
43 Christy Pettey, "Gartner Reveals Top Predictions for IT Organizations and Users in 2018 and Beyond," Gartner, 2017.10.3.
44 James Bowell, "The Life of Samuel Johnson, LL.D: Comprehending an Account of His Studies and Numerous Works" (1791), University of Michigan Library, Eighteenth Century Collections Online.

5장 추천과 선택: 정말 당신이 선택한 것인가?

1 Merriam-Webster Dictionary, "Algorithm," https://www.merriam-webster.com/dictionary/algorithm
2 Scott Goodson, "If You're Not Paying for It, You Become the Product," *Forbes*, 2012.3.5.
3 Hannes Grassegger, "I Am Capital," *Vice*, 2015.5.28.
4 Google 「개인 맞춤광고」, https://support.google.com/adsense/answer/113771?sjid=10085117840358368786-AP#; Meta 「타겟 광고 타케팅」, https://www.facebook.com/business/ads/ad-targeting?content_id=WgVyDwcSWXAJ2aF&ref=sem_smb&utm_term=%ED%83%80%EA%B2%9F%20%ED%8E%98%EC%9D%B4%EC%8A%A4%EB%B6%81%20%EA%B4%91%EA%B3%A0&gclid=Cj0KCQjw99e4BhDiARIsAISE7P-aE6pMQh-zsL7ZHZVWKWtjp5eo6OqlyvRa-hydejUtIlvt_UHvYjIaAvqUEALw_wcB&gad_source=1.
5 임유경 「메타 "개인정보 수집동의 안 하면 못 써" … 개인정보위, 법 위반 검토」, ZDNET Korea, 2022.7.22.
6 Catchsecu 「무심코 동의하기 전, 반드시 알아보기」 2023.12.21., https://www.catchsecu.com/archives/14307
7 Meta 「개인정보처리방침 동의절차에 대한 Meta의 입장문」 2022.7.28., https://about.fb.com/ko/news/2022/07/%EA%B0%9C%EC%9D%B8%EC%A0%95%EB%B3%B4%EC%B2%98%EB%A6%AC%EB%B0%A9%EC%B9%A8-%EB%8F%99%EC%9D%98%EC%A0%88%EC%B0%A8%EC%97%90-%EB%8C%80%ED%95%9C-meta%EC%9D%98-

%EC%9E%85%EC%9E%A5%EB%AC%B8/
8 해리 브리그널 『다크패턴의 비밀: 기만적인 온라인 설계는 어떻게 우리의 선택을 조종하는가』, 심태은 옮김, 어크로스 2024.
9 Harry Davies, "Ted Cruz Using Firm That Harvested Data on Millions of Unwitting Facebook Users," *The Guardian*, 2015.12.11.
10 Hannes Grassegger & Mikael Krogerus, "The Data That Turned the World Upside Down," *Vice*, 2017.1.28.
11 Carole Cadwalladr, "Robert Mercer: The Big Data Billionaire Waging War on Mainstream Media," *The Guardian*, 2017.2.26.; Carole Cadwalladr, "The Great British Brexit Robbery: How Our Democracy Was Hijacked," *The Guardian*, 2017.5.7.
12 The Guardian, "The Cambridge Analytics Files: A Year Long Investigation Into Facebook, Data, and Influencing Elections in the Digital Age"; Matthew Rosenberg et al., "How Trump Consultants Exploited the Facebook Data of Millions," *The New York Times*, 2018.3.17.; Channel 4 News, "Data, Democracy and Dirty Tricks," 2018.3.19.
13 Hanna Kozlowska "The Cambridge Analytica Scandal Affected Nearly 40 Million More People Than We Thought," *Quartz*, 2018.4.4.
14 Michal Kosinski et al., "Private Traits and Attributes are Predictable from Digital Records of Human Behavior," *PNAS*, 110 (15), 2013, 5802~05면.
15 Wu Youyou et al., "Computer-Based Personality Judgments are More Accurate Than Those Made by Humans," *Proceedings of the National Academy of Sciences of the United States of America*, 112 (4), 2015, 1036~40면.
16 BBC, "Cambridge Analytica: The Data Firm's Global Influence," 2018.3.22., https://www.bbc.com/news/world-43476762
17 Alexander Nix, "The Power of Big Data and Psychographics," 2016 Concordia Annual Summit, YouTube, 2016.9.28.
18 OpenAI, "Hello GPT-4o: We're Announcing GPT-4o, Our New Flagship Model That Can Reason Across Audio, Vision, and Text in Real Time," 2024.5.13., https://openai.com/index/hello-gpt-4o/
19 OpenAI, "Introducing GPT-4o," 2024.5.13., https://www.youtube.com/watch?v=DQacCB9tDaw
20 OpenAI, "Be My Eyes Uses GPT-4 to Transform Visual Accessibility," https://

openai.com/index/be-my-eyes/
21 Be My Eyes, https://www.bemyeyes.com/language/korean
22 OpenAI, "Be My Eyes Accessibility with GPT-4o," YouTube, 2024.5.14.
23 Ray-Ban Meta「모든 실생활에 유용한 스마트 안경」, https://www.meta.com/kr/smart-glasses/
24 Rabbit R1, https://www.rabbit.tech/rabbit-r1
25 조지 오웰『1984』, 정회성 옮김, 민음사 2003; 올더스 헉슬리『멋진 신세계』, 안정효 옮김, 소담출판사 2015.
26 닐 포스트먼『죽도록 즐기기』, 홍윤선 옮김, 굿인포메이션 2009.
27 쇼샤나 주보프『감시 자본주의 시대: 권력의 새로운 개척지에서 벌어지는 인류의 미래를 위한 투쟁』, 김보영 옮김, 문학사상 2021.
28 마누엘 카스텔『정체성 권력』, 정병순 옮김, 한울아카데미 2008.

6장 위임과 책임: 어디까지 맡기고, 누가 책임질 것인가?

1 Northpointe, "Practitioner's Guide to COMPAS Core," 2015.3.19.
2 Julia Angwin et al., "Machine Bias There's Software Used Across the Country to Predict Future Criminals. And It's Biased Against Blacks," *ProPublica*, 2016.5.23.
3 Jeff Larson et al., "How We Analyzed the COMPAS Recidivism Algorithm," *ProPublica*, 2016.5.23.
4 William Dieterich et al., COMPAS Risk Scales: Demonstrating Accuracy Equity and Predictive Parity, Northpointe Inc. 2016.
5 Julia Angwin & Jeff Larson, "ProPublica Responds to Company's Critique of Machine Bias Story," *ProPublica*, 2016.7.29.; Anthony Flores et al., "False Positives, False Negatives, and False Analyses: A Rejoinder to 'Machine Bias: There's Software Used Across the Country to Predict Future Criminals. And it's Biased Against Blacks'," United States Courts, 2016.9.; Jon Kleinberg et al., "Inherent Trade-Offs in the Fair Determination of Risk Scores," 2019.9.19.; Sam Corbett-Davies et al., "A Computer Program Used for Bail and Sentencing Decisions was Labeled Biased Against Blacks. It's Actually Not That Clear," *The Washington Post*, 2016.10.17.; Aaron Bornstein, "Are Algorithms Building the New Infrastructure of Racism?" Nautilus, 2017.12.5.

6 Harvard Law Review, "State v. Loomis: Wisconsin Supreme Court Requires Warning Before Use of Algorithmic Risk Assessments in Sentencing," 2017.3.; Ellora Thadaney Israni, "When an Algorithm Helps Send You to Prison," *New York Times*, 2017.10.26.
7 Smith Mitch, "In Wisconsin, a Backlash Against Using Data to Foretell Defendants' Futures," *The New York Times*, 2016.6.22.
8 Ed Young, "A Popular Algorithm is No Better at Predicting Crimes Than Random People," *The Atlantic*, 2017.1.17.
9 Jeff Larson et al., 앞의 글.
10 STATE v. LOOMIS, 881 N.W.2d 749 (위스콘신주 대법원, 2016).
11 https://x.com/dhh/status/1192540900393705474?s=20
12 James Vincent, "Apple's Credit Card is Being Investigated for Discriminating Against Women," The Verge, 2019.11.11.
13 Subrat Patnaik, "Apple Co-founder Says Apple Card Algorithm Gave Wife Lower Credit Limit," Reuters, 2019.11.12.
14 Andy Meek, "Steve Wozniak Joins Critics Who Think Apple Card Algorithm Might Have a Major Flaw—Gender Bias," BGR, 2019.11.10.
15 박성은「유전무죄 무전유죄 싫다 … AI 판사에 재판 받을래요」,『연합뉴스』2018.9.15.; 구아현「판사 탄핵 계기로 살펴본 미래 AI 판사의 역할과 한계」,『AI 타임즈』2021.2.1.
16 Keith Kirkpatrick, "It's Not the Algorithm, It's the Data," *Communications of the ACM*, 60 (2), 2017, 21~23면.
17 Jeffrey Dastin, "Insight-Amazon Scraps Secret AI Recruiting Tool That Showed Bias Against Women," Reuters, 2018.10.11.; Roberto Iriondo, "Amazon Scraps Secret AI Recruiting Engine That Showed Biases Against Women," Carnegie Mellon University, 2018.10.11.
18 카타리나 츠바이크『무자비한 알고리즘: 왜 인공지능에도 윤리가 필요할까?』, 유영미 옮김, 니케북스 2021.
19「자동차관리법」제2조(정의) 1의 3.
20 SAE International, "SAE Levels of Driving Automation™ Refined for Clarity and International Audience," 2021.5.3.; 법제처「자율주행자동차와 자율주행시스템」,『찾기 쉬운 생활법령정보』 2024.10.15.
21 James Vincent, "World's First Self-Driving Taxi Trial Begins in Singapore," *The*

Verge, 2016.8.25.
22 Honda, "Honda to Begin Sales of Legend with New Honda SENSING Elite," 2021.3.4.; Anthony James, "Mercedes-Benz Drive Pilot Certified for Use in Nevada—First L3 System Approved for US Highways," ADAS & Autonomous Vehicle International, 2023.1.27.
23 WHO, "Global Status Report on Road Safety 2023," 2023.12.13., https://www.who.int/publications/i/item/9789240086517
24 National Highway Traffic Safety Administration, "Critical Reasons for Crashes Investigated in the National Motor Vehicle Crash Causation Survey," US Department of Transportation, 2015.2.; 국토교통부「2024년 국가교통안전시행계획 확정 및 보고」2024.5.
25 The Associated Press, "For Driverless Cars, a Moral Dilemma: Who Lives and Who Dies?" NBC News, 2017.1.18.; 김준호「'폭주하는 전차' 사례에 대한 형사법적 결론을 생각해보기: 자율주행 자동차의 윤리적 딜레마에 관한 법학적 사유실험을 겸하여」, 『법학연구』 29권 2호, 2019, 1~36면.
26 Iyad Rahwan et al., "Moral Machine," MIT, https://www.moralmachine.net/hl/kr
27 Maximilian Geisslinger et al., "Autonomous Driving Ethics: From Trolley Problem to Ethics of Risk," Philosophy & Technology, 34, 2021, 1033~55면.
28 Jean-Freançois Bonnefon et al., "The Social Dilemma of Autonomous Vehicles," Computers and Society, 2015.10.12.
29 Edmond Awad et al., "The Moral Machine Experiment," Nature, 563, 2018, 59~64면.
30 German Federal Ministry of Transport and Digital Infrastructure, "Ethics Commission: Automated and Connected Driving," 2017.6.
31 Edmond Awad, "Universals and Variations in Moral Decisions Made in 42 Countries by 70,000 Participants," PNAS, 117 (5), 2019, 2332~37면; Edmond Awad, "Crowdsourcing Moral Machines," Communications of the ACM, 63 (3), 2020.
32 국토교통부, 한국교통안전공단 자동차안전연구원, 한국교통연구원「자율주행 자동차 윤리 가이드라인」2020.12.
33 Andrew Hawkins, "Waymo Sues California DMV to Keep Driverless Crash Data Under Wraps," The Verge, 2022.1.29.

34 Andrew Hawkins, "Waymo Wins Bid to Keep Some of Its Robotaxi Safety Details Secret," The Verge, 2022.2.24.
35 유준구 「자율살상 무기체계의 논의 동향과 쟁점」, 국립외교원 외교안보연구소, 2019.12.; Austin Watt, "So Just What is a Killer Robot? Detailing the Ongoing Debate around Defining Lethal Autonomous Weapon Systems," US Department of Defense, 2020.6.8.
36 전재성 「AI 기반 자율무기체계, 인지전의 발전과 군사안보질서의 변화」, 동아시아연구원, 2024.9.6.
37 Gregory Allen, "DOD is Updating Its Decade-Old Autonomous Weapons Policy, but Confusion Remains Widespread," Centre for Strategic International Studies, 2022.6.6.; 김현중 「넥스트 오펜하이머 시대: 자율살상무기 발전에 따른 예상쟁점 및 대응방안」, 국가안보전략연구원, 2024.9.
38 US Department of Defense, "DoD Directive 3000.09 Autonomy in Weapon Systems," 2023.1.25.
39 Paula Froelich, "Killer Drone 'Hunted Down a Human Target' Without Being Told to," Fox News, 2021.5.29.; 이철재 「'이 전투서 인간은 빠져라' … 치명적 AI 무기 '킬러로봇' 논란」, 『중앙일보』 2022.12.4.
40 Jonathan Tirone, "AI Faces Its 'Oppenheimer Moments' During Killer Robot Arms Race," Bloomberg, 2024.4.29.
41 Shashank Pandey, "HRW Calls for International Treaty to Ban 'Killer Robots'," JURISTnews, 2024.1.4.
42 Amitai Etzioni & Oren Etzioni, *Pros and Cons of Autonomous Weapons Systems*, Army University Press 2017; 토비 월시 『AI의 미래 생각하는 기계: 인공지능 시대, 축복인가?』, 이기동 옮김, 프리뷰 2018.
43 Jerry Kaplan, "Robot Weapons: What's the Harm?" *The New York Times*, 2015.8.17.
44 Autonomous Weapons, "The Risks of Autonomous Weapons," https://autonomousweapons.org/the-risks/
45 Robert Sparrow, "Killer Robots," *Journal of Applied Philosophy*, 24 (1), 2007, 62~77면.
46 Future of Life, "Autonomous Weapons Open Letter: AI & Robotics Researchers," 2016.2.9.
47 개인정보보호위원회 개인정보보호정책과 「자동화된 결정에 대한 정보주체의

권리 안내서」, 개인정보보호위원회, 2024.9.26.
48 국토교통부, 앞의 글.
49 이도국 「인공지능(AI)의 민사법적 지위와 책임에 관한 소고」, 『법학논총』 34권 4호, 2017, 319~39면.
50 국가인권위원회 「인공지능 개발과 활용에 관한 인권 가이드라인」 2022.4.11.

7장 고용과 일: 일의 미래는 어떻게 될 것인가?

1 Los Angeles Times Staff, "Writers' Strike: What Happened, How It Ended and Its Impact on Hollywood," *Los Angeles Times*, 2023.10.19.
2 SAG-AFTRA Press Conference, YouTube, 2023.7.14.; Andrew Pulver & Catherine Shoard, "The Hollywood Actors' Strike: Everything You Need to Know," *The Guardian*, 2023.7.14.
3 Goldman Sachs, "The Potentially Large Effects of Artificial Intelligence on Economic Growth," 2023.3.26.
4 McKinsey Global Institute, "Generative AI and the Future of Work in America," 2023.7.26.
5 Brody Ford, "IBM to Pause Hiring for Jobs That AI Could Do," Bloomberg, 2023.5.2.
6 Challenger, Gray & Christmas, Inc., "Challenger Report May 2023," 2023.5.
7 ILO, "How the World of Work is Changing: A Review of the Evidence," International Symposium, 5-6 December 2013, Geneva.
8 Goldman Sachs, 앞의 글.
9 World Economic Forum, "The Future of Jobs," 2016.1.18.
10 정혁 「4차 산업혁명과 일자리」, 정보통신정책연구원, 2017.6.23.
11 Goldman Sachs, 앞의 글.
12 McKinsey Global Institute, "Generative AI and the Future of Work in America," 2023.7.26.
13 민순홍, 송단비, 조재한 「AI시대 본격화에 대비한 산업인력양성 과제: 인공지능 시대 일자리 미래와 인재양성 전략」, 산업연구원, 2024.3.13.
14 한지우, 오삼일 「AI와 노동시장 변화」, 한국은행, 2023.11.16.
15 OpenAI, "Hello GPT-4o," 2024.5.13., https://openai.com/index/hello-gpt-

16 Fiqure, "Figure Status Update—OpenAI Speech-to-Speech Reasoning," YouTube, 2024.3.13.

17 Figure, "Figure Status Update—BMW Full Use Case," YouTube, 2024.7.2.; Steve Crowe, "BMW Testing Figure 01 Humanoid at South Carolina Automotive Plan," The Robot Report, 2024.1.19.

18 OECD, "OECD Employment Outlook 2023: Artificial Intelligence and the Labour Market," 2023.7.11.

19 LaurenWeber & Lindsay Ellis, "The Jobs Most Exposed to ChatGPT," *The Wall Street Journal*, 2023.3.28.,

20 ILO, "ILO Monitor: COVID-19 and the World of Work," 2021.10.27. (8th edition)

21 Lex Fridman Podcast, "Sam Altman: OpenAI, GPT-5, Sora, Board Saga, Elon Musk, Ilya, Power & AGI," YouTube, 2024.3.19.

22 McKinsey Global Institute, "The Economic Potential of Generative AI: The Next Productivity Frontier," 2024.6.14.

23 Microsoft & LinkedIn, "2024 Work Trend Index Annual Report: AI at Work is Here. Now Comes the Hard Part," 2024.5.8.

24 Aytekin Tank, "Why Now is the Best Time to be a Solopreneur," *Forbes*, 2024.6.4.

25 이상덕「올트먼 "생성AI로 1인 창업자도 1조 기업 쉽게 만들수 있다"」,『매일경제』 2023.9.12.

26 임주형「연매출 300억 1인기업 쏟아진다 … 비밀은 'AI'」,『아시아경제』 2023.5.29.

27 강경수「긱 이코노미와 AI, 어떻게 대응해야 할까?」,『디지털투데이』 2024.2.29.

28 Boston Consulting Group, "Unlocking the Potential of the Gig Economy in Korea," 2022.6.

29 David Autor, "AI Could Actually Help Rebuild The Middle Class," NOEMA, 2024.2.12.

30 Paolo Confino, "All the Tech Layoffs are Because AI is Like 'Corporate Ozempic'," Yahoo! Finance, 2024.3.1.; Amanda Hoover, "AI is Coming for Big Tech Jobs—but Not in the Way You Think," *Wired*, 2024.6.17.

31 Katherine Bindley "Tech Workers Retool for Artificial-Intelligence Boom," *The*

Wall Street Journal, 2024.3.26.
32 임지선 「테드 창 "AI가 인간 대체? … 인건비 줄이려 품질 손놓는 것"」, 『한겨레』 2024.6.4.; 김범준 「테드 창 인터뷰: SF 소설가 테드 창 "AI가 진짜 지능이 있다고? … 난 그렇게 생각 안 해"」, 『한겨레』 2024.5.26.
33 The Associated Press, "How Hollywood Writers Triumphed Over AI—and Why It Matters," *The Guardian*, 2023.10.1.
34 "Summary of the 2023 WGA MBA," https://www.wgacontract2023.org/the-campaign/summary-of-the-2023-wga-mba
35 Joshua Edwards, "2023 SAG-AFTRA Agreements," Reuters, 2024.7.
36 Katie Kilkenny, "'A Crazy, Heated Time': SAG-AFTRA Members Debate Deal Merits Ahead of Ratification Vote," The Hollywood Reporter, 2023.12.4.

8장 배움과 교육: 무엇을 배우고, 어떻게 학습해야 하는가?

1 로베르타 골린코프, 캐시 허시-파섹 『최고의 교육: 4차 산업혁명 시대 미래형 인재를 만드는』, 김선아 옮김, 예문아카이브 2018.
2 조지프 E. 아운 『AI시대의 고등교육』, 김홍옥 옮김, 에코리브르 2019.
3 John Terra, "What is Technology Literacy?" Simplilearn, 2024.9.17.; 디지털리터러시협회 「디지털 리터러시 프레임워크」.
4 Bahareh Ghodoosi et al., "An Exploration of the Definition of Data Literacy in the Academic and Public Domains," *International Journal of Adult Education and Technology*, 14 (1), 2023, 1~16면.
5 Kristi Dawn Riggs, "Data Literacy: Critical Thinking is the Ability to Question Logic Supported by Data," Medium, 2022.4.27.
6 Luke Stanke, "The Essential Link between Data Literacy and Data Ethics," Data Leadership Collaborative, 2024.1.30.
7 Marcel Robles et al., "Executive Perceptions of the Top 10 Soft Skills Needed in Today's Workplace," *Business Communication Quarterly*, 75 (4), 2012, 453~65면.
8 World Economic Forum, "Education 4.0: Here are 3 Skills That Students Will Need for the Jobs of the Future," 2023.1.2.
9 UNESCO, "The Futures We Build: Abilities and Competencies for the Future of Education and Work," 2023.

10 Bernie Trilling & Charles Fadel, *21st Century Skills: Learning for Life in Our Times*, John Wiley & Sons Inc. 2012.
11 Creativity Definition, "Oxford Learner's Dictionaries," https://www.oxfordlearnersdictionaries.com/definition/english/creativity?q=creativity
12 김현정「창의성의 개념적 검토」,『교육과정평가연구』6권 2호, 2003, 155~70면.
13 장재윤『창의성의 심리학』, 아카넷 2024.
14 Teresa M. Amabile, "A Model of Creativity and Innovation in Organizations," *Research in Organizational Behavior*, 10 (10), 1988, 123~67면; Teresa M. Amabile, *Creativity and Innovation in Organizations*, Harvard Business School 1996.
15 데이비드 이글먼, 앤서니 브란트『창조하는 뇌: 뇌과학자와 예술가가 함께 밝혀낸 인간 창의성의 비밀』, 엄성수 옮김, 쌤앤파커스 2019.
16 존 폴 민다『인지심리학: 생각하고 기억하고 결정하는, 우리 뇌와 마음의 작동 방식』, 노태복 옮김, 웅진지식하우스 2023.
17 문정화 외 3인『또 하나의 교육 창의성』, 학지사 2019(3판); 에릭 메이슬『창의성 코치와 크리에이터를 위한 창의성 증진 전략: 창의성 워크북』, 김동일 옮김, 박영스토리 2023.
18 테레사 아마빌레『심리학의 눈으로 본 창조의 조건』, 고빛샘 옮김, 21세기북스 2010.
19 테아 싱어 스피처『협업의 시대 COLLABORATION: 개인의 역량을 극대화하는 힘』, 이지민 옮김, 보랏빛소 2019.
20 성기산「비판적 사고를 위한 교육」,『교육사상연구』24권 3호, 2010, 155~72면; 윤초희「국내외 비판적 사고교육 효과연구 고찰: 쟁점과 향후 연구과제」,『아시아교육연구』17권 4호, 2016, 1~35면; Carolina Flores, "Critical Thinking: What is It to be a Critical Thinker?" 1000-Word Philosophy, 2021.9.28.
21 대니얼 카너먼『생각에 관한 생각: 우리의 행동을 지배하는 생각의 반란』, 이창신 옮김, 김영사 2018(2판).
22 Eli Pariser, "Beware Online 'Filter Bubbles'," TED, 2011.3.
23 Peter A. Facione, *Critical Thinking: A Statement of Expert Consensus for Purposes of Educational Assessment and Instruction*, The California Academic Press 1990.
24 최훈「비판적 사고의 성향: 그 의미와 수업 방법」,『철학탐구』24집, 2008, 91~117면.
25 Harvey Siegel, *Education's Epistemology: Rationality, Diversity, and Critical*

Thinking, Oxford University Press 2017.
26 Richard Paul, "Teaching Critical Thinking in the 'Strong' Sense: A Focus on Self-Deception, World Views, and a Dialectical Mode of Analysis," *Informal Logic*, 4 (2), 1981, 2~7면.
27 마거릿 얼리 편저『교육과정의 현대적 쟁점』, 한혜정 옮김, 교육과학사 2011.
28 앤절라 더크워스『그릿: IQ, 재능, 환경을 뛰어넘는 열정적 끈기의 힘』, 김미정 옮김, 비즈니스북스 2019.
29 안데르스 에릭슨, 로버트 풀『1만 시간의 재발견: 노력은 왜 우리를 배신하는가』, 강혜정 옮김, 비즈니스북스 2016.

9장 생산과 윤리: 무엇을 하고, 하지 않아야 하는가?

1 Another Body, https://anotherbodyfilm.com/
2 정한솔「"인스타 사진 내렸어요"… 딥페이크 공포에 떤다」, MBC뉴스, 2024.8.27.
3 나은정「딥페이크 난린데 "호들갑 떤다" 조롱한 유튜버, 결국 '수익 정지'」,『헤럴드경제』 2024.8.30.
4 권민지「"아들 폰 검사해야 하나"… 가족까지 '딥페이크 패닉'」,『국민일보』 2024.8.27.
5 이현주「'군인 딥페이크' 실제 피해 확인돼 … 여군을 '군수품' 칭하며 성착취물 합성」,『한국일보』 2024.8.26.
6 Samantha Cole, "AI-Assisted Fake Porn is Here and We're All Fucked," *Vice*, 2017.12.11.
7 Security Hero, "2023 State of Deepfakes," https://www.securityhero.io/state-of-deepfakes/
8 조국현 외「'피해자 최소 12명' 서울대에서 집단 성범죄 … 피의자 모두 '서울대'」, MBC뉴스데스크, 2024.5.20.
9 고나린「'○○○ 능욕방' 딥페이크, 겹지인 노렸다 … 지역별·대학별·미성년까지」,『한겨레』 2024.9.2.
10 이숭지「"참가자만 1,200명" 인하대에서 또 텔레그램 딥페이크 성범죄」, MBC뉴스, 2024.8.19.
11 Security Hero, "Advancements in Deepfake Technology," https://www.

securityhero.io/state-of-deepfakes/#advancements-in-deepfake-techonology
12 박고은「딥페이크 텔레방에 22만명 … 입장하니 "좋아하는 여자 사진 보내라"」,『한겨레』 2024.9.2.
13 유서연『시각의 폭력: 고대 그리스부터 n번방까지 타락한 감각의 역사』, 동녘 2021.
14 김현정 외「기저귀 찬 아기도 성착취 '다크웹' 손정우가 출소한다」, CBS김현정의뉴스쇼, 2020.3.27.
15 고희진「올해 'n번방·박사방', 텔레그램 성착취 관련 3600여명 검거」,『경향신문』 2020.12.30.
16 신다인「'소라넷'부터 '딥페이크 성착취'까지 반복되는 디지털 성범죄 … "막을 수 있었다"」,『여성신문』 2024.8.29.
17 장민영「외신들, '손정우' 미국 송환 불허에 "한국 분노하고 있어"」,『르몽드디플로마티크』 2020.7.7.
18 정지혜「"미국에선 100년형, 한국서 재판 원해" … 손정우 父 탄원서 논란」,『세계일보』 2020.5.6.
19 김지은「'딥페이크 처벌법' 시행 이후 … 실형 선고 비율은 28% 그쳐」,『한겨레』 2024.9.4.
20 팩트 추적「또다시 나타난 'N번방', 진화하는 딥페이크」, YTN, 2024.6.19.
21 박상규「범인은 서울대에 있다」,『진실탐사그룹 셜록』 2024.1.29.
22 윤유경「반복되는 딥페이크 성범죄 … 진짜 대책을 찾자」,『미디어오늘』 2024.8.31.; 편상욱 외「"시간 지나면 묻힐걸?" … 뻔뻔한 딥페이크 범죄자들」, SBS '편상욱의 뉴스브리핑', 2024.8.27.
23 방송통신위원회「2022년 사이버폭력 실태조사 결과 보고서」, 방송통신위원회, 2023.3.
24 윤보람「3년간 딥페이크 성범죄 피해자 60% 미성년자 … 위험신호 놓쳐」,『연합뉴스』 2024.8.30.
25 이선욱「'놀이문화처럼 번져' … 딥페이크 성범죄 왜 유독 청소년들 많았나?」, BBC News 코리아, 2024.8.29.
26 Samantha Bates, "Revenge Porn and Mental Health: A Qualitative Analysis of the Mental Health Effects of Revenge Porn on Female Survivors," *Feminist Criminology*, 12 (1), 2017, 22~42a면; 여성가족부「디지털 성폭력 피해지원 안내서: 디지털 성폭력 바로보기」 2019.
27 한국정보화진흥원, 과학기술정보통신부「지능정보사회 윤리 가이드라인

과 지능정보사회 윤리헌장」 2018; EU, "Ethics Guidelines for Trustworthy AI," 2019; OECD, "OECD Principles on AI," 2019; Roman Curia, "Rome Call for AI Ethics," 2020; WHO, "Ethics and Governance of Artificial Intelligence for Health," 2021; UNESCO, "Recommendation on the Ethics of Artificial Intelligence," 2021; 국가인권위원회「인공지능 개발과 활용에 관한 인권 가이드라인」 2022.

28 Sarah Perez, "Microsoft Silences Its New A.I. Bot Tay, After Twitter Users Teach It Racism," Techcrunch, 2016.3.24.; Abby Ohlheiser, "Trolls Turned Tay, Microsoft's Fun Millennial AI Bot, Into a Genocidal Maniac," *The Washington Post*, 2016.3.25.

29 관계부처합동「사람이 중심이 되는 '인공지능(AI) 윤리기준"」 2020.12.23.

30 박정훈 외「생성형AI 저작권 안내서」, 문화체육관광부·한국저작권위원회, 2023.12.

31 김진욱 외「생성형AI 윤리 가이드북」, 방송통신위원회·한국지능정보사회진흥원, 2023.

32 이정환「서울시 생성형AI 윤리 가이드라인」, 서울디지털재단, 2023.11.

33 정한영「개인정보위, 오픈AI 대화형 인공지능 챗GPT에 360만원 과태료 부과와 개선 권고는 왜 했나?」,『인공지능신문』 2023.7.28.

34 홍윤지「챗GPT가 알려준 '가짜 판례' 제출한 美 변호사, 법원서 징계 위기」,『법률신문』 2023.5.29.

35 경복대학교 생성형AI 윤리 활용안내, https://www.kbu.ac.kr/kor/CMS/Contents/Contents.do?mCode=MN295; 성균관대학교 챗GPT 종합안내 홈페이지, https://chatgpt.skku.edu/chatgpt/chatGPT_edu.do; 연세대학교 학내 구성원(교수자, 학습자, 연구자)을 위한 생성형AI 활용 가이드라인, https://www.yonsei.ac.kr/sc/support/notice.jsp?article_no=234183&mode=view; 울산과학기술원(UNIST) 생성형AI 활용 가이드, https://heyzine.com/flip-book/a9b98c0d61.html#page/1; 이화여자대학교 The Best AI 활용교육: 수업단계별 AI 활용 지침, https://cmsfox.ewha.ac.kr/thebest/bestai/activitiy-usecase.do; 중앙대학교 생성형AI 활용 가이드라인, https://www.aiguide.ac.kr; 서울특별시교육청「생성형AI 교육 자료: 챗GPT 사례 중심으로」; 전라북도교육청「생성형 AI, 교사와 함께 수업을 디자인하다」 2023; 한국교육학술정보원「생성형AI를 활용한 교수학습 운용가이드」 2024.

36 David Berreby, "As Use of A.I. Soars, so Does the Energy and Water It Re-

quires," Yale Environment360, 2024.2.6.; Robinson Meyer, "Is AI Really About to Devour All Our Energy?" Heatmap, 2024.4.16.; Dara Kerr, "AI Brings Soaring Emissions for Google and Microsoft, a Major Contributor to Climate Change," NPR, 2024.7.12.
37 윤진호「AI 전력 폭증에 … 빅테크서 터져나온 '넷제로 회의론'」,『조선일보』 2024.7.4.
38 David Patterson et al., "Carbon Emissions and Large Neural Network Training," 2021.4.
39 한귀영「AI, 큰 것이 아름답다고? 기후를 망치고 있다」,『한겨레』 2024.4.1.
40 Goldman Sachs, "AI is Poised to Drive 160% Increase in Data Center Power Demand," 2024.5.14.
41 Google Sustainability, "2024 Environmental Report," 2024.7.
42 Pengfei Li et al., "Making AI Less 'Thirsty': Uncovering and Addressing the Secret Water Footprint of AI Models," 2023.4.
43 이재영「생성형 인공지능, 친환경적인 설계와 운용 필요해」, 임팩트온 (IMPACT ON), 2023.6.2.
44 Another Body Press Kit, https://willa.org/wp-content/uploads/2023/04/ANOTHER_BODY_PressKit-1.pdf

10장 죽음과 삶: 언제까지, 어떻게 살 것인가?

1 피터 스콧-모건『나는 사이보그가 되기로 했다: 피터에서 피터2.0으로』, 김명주 옮김, 김영사 2022.
2 Thomas Macaulay, "How Intel Helped Give the 'World's First' Cyborg a Voice," TNW, 2020.8.21.
3 Michael Segalov, " 'I Choose to Thrive': The Man Fighting Motor Neurone Disease with Cyborg Technology," *The Guardian*, 2020.8.16.
4 Manfred Clynes & Nathan Kline, "Cyborg and Space," Astronautics, 1960.9.
5 Dona Haraway, *Modest_Witness@Second_Millennium. FemaleMan_Meets_OncoMouse: Feminism and Technoscience*, Routledge 2018.
6 Bill Christensen, "Military Plans Cyborg Sharks," LiveScience, 2006.3.7.; Alper Bozkurt et al., "Insect-Machine Interface Based Neurocybernetics," *IEEE*

Transactions on Biomedical Engineering, 56 (6), 2009, 1727~33면; Reuters, "Japanese Researchers Develop Solar Cell 'Backpacks' to Create Controllable Cyborg Cockroaches," 2022.9.22.

7 도나 해러웨이 『해러웨이 선언문: 인간과 동물과 사이보그에 관한 전복적 사유』, 황희선 옮김, 책세상 2019.

8 Youtube Originals 「The age of AI: AI를 이용해 더 나은 인간 만들기」, YouTube, 2019.12.18.

9 Eric Adelson, "Best Foot Forward," *Boston Magazine*, 2009.3.

10 "Hugh Herr: Professor of Media Arts and Sciences," MIT Media lab, https://www.media.mit.edu/people/hherr/overview/; Michael Tabasko, "The Intersection of Man and Machine," *The NIH Catalyst*, 29 (5), 2021.

11 Neil Harbisson, "I listen to Color," TED, 2012.6.; 김연정 「머리에 안테나를 심은 남자 "색깔이 잘 들립니다"」, 『오마이뉴스』 2019.11.6.; Camille Sojit Pejcha, "For Cy-borg Neil Harbisson, Technology is the Medium, Not the Message," Document, 2023.1.13.; Helen Bushby, "Meeting a Real-Life Cyborg was Gobsmacking," BBC, 2024.9.20.

12 Stuart Jeffries, "Neil Harbisson: The World's First Cyborg Artist," *The Guardian*, 2014.5.6.

13 마크 오코널 『트랜스휴머니즘: 기술공상가, 억만장자, 괴짜가 만들어낼 테크노퓨처』, 노승영 옮김, 문학동네 2018.

14 Julian Huxley, "Transhumanism," *New Bottle for New Wine*, Chatto & Windus 1957, 13~17면.

15 Nick Bostrom et al., "The Transhumanist Declaration," 1998, https://www.humanityplus.org/the-transhumanist-declaration

16 "What is Transhumanism? The Original Idea," Humanity Plus, https://www.humanityplus.org/transhumanism

17 Humanity Plus, https://www.humanityplus.org/

18 Nick Bostrom, "A History of Transhumanist Thought," *Journal of Evolution and Technology*, 14 (1), 2005, 1~25면.

19 이진경 『불온한 것들의 존재론: 미천한 것, 별 볼일 없는 것, 인간도 아닌 것들의 가치와 의미』, 휴머니스트 2011.

20 신소영 「대법원 "의족 파손도 업무 상 재해"」, 『법률신문』 2014.7.13.

21 서울특별시 장애인권익옹호기관 「'의족도 신체의 일부' 공익소송, 사회 패리

다임 바꾼다」 2014.8.20.
22 Hiromi Suzuki「色に恋したサイボーグ、ニール・ハービソンーが問う'人間の条件'」, Wired, 2018.1.1.
23 Richard Davies, "Neil's the First UK Cyborg," *Totnes Times*, 2004.12.1.
24 Nara Shin, "Interview: Neil Harbisson," Cool Hunting, 2014.5.5.; Mike Brown, "Cyborg Neil Harbisson Says Our 3D-Printed Spacemen Surrogates Will Roam Planets for Us," Inverse, 2016.5.19.
25 "Transhumanist FAQ: What is Uploading?" Humanity Plus, https://www.humanityplus.org/transhumanist-faq
26 레이 커즈와일『특이점이 온다: 기술이 인간을 초월하는 순간』, 김명남 옮김, 김영사 2007.
27 Ray Kurzweil, *The Singularity is Nearer: When We Merge with AI*, Viking Press 2024.
28 린 마굴리스『공생자 행성: 린 마굴리스가 들려주는 공생 진화의 비밀』, 이한음 옮김, 사이언스북스 2007.
29 류원해「노화 늦추려 매년 '27억' 쓰는 미국 억만장자 … 이번엔 혈장교환술 받았다」,『머니투데이』2024.10.21.